금강산,
평화를 마중하다

금강산, 평화를 마중하다

초판 1쇄 인쇄 2018년 6월 15일
초판 1쇄 발행 2018년 6월 22일
-
엮은이 (사)남북경제협력포럼
펴낸이 이방원
기 획 이윤석
편 집 김명희 · 강윤경 · 홍순용 · 윤원진
디자인 손경화
마케팅 최성수
-
펴낸곳 세창미디어

출판신고 2013년 1월 4일 제312-2013-000002호

주소 03735 서울특별시 서대문구 경기대로 88 냉천빌딩 4층

전화 02-723-8660 | 팩스 02-720-4579

이메일 edit@sechangpub.co.kr | 홈페이지 http://www.sechangpub.co.kr
-
ISBN 978 - 89 - 5586 - 524 - 0 03060

이 도서의 국립중앙도서관 출판시도서목록(CIP)은 서지정보유통지원시스템 홈페이지(http://seoji.nl.go.kr)와
국가자료공동목록시스템(http://www.nl.go.kr/kolisnet)에서 이용하실 수 있습니다. (CIP제어번호: CIP2018018082)

통일의 오작교, 금강산에서의 남북교류 기억

금강산, 평화를 마중하다

(사)남북경제협력포럼 엮음

세창미디어
MEDIA

목 차

발간사/이오영 • 6
머리말/심의섭 • 9
격려사/이종석 • 11
격려사/이영하 • 14

1장 평화와 통일의 물꼬

금강산, 다시 평화와 통일의 문을 열기 위하여 /이승환 • 18
금강산관광의 역사와 내용 /박병직 • 31
금강산관광 재개를 위한 제언 /김영윤 • 55
금강산 기업인의 목소리 /최요식 • 68
'신계사'로 복원된 남북협력 /대한불교조계종 • 73
금강산관광의 재개와 향후 남북관광 발전방향 /신용석 • 91
특집 - 《남북교류와 남북관광 재개전략과 발전방향》 정책토론회 • 109

2장 금강산의 기억

평화의 노래, 남북방송교류 /김용기 • 128
전기와 함께 한 금강산 /김광석 • 152
금강산에서 이룬 작은 통일 /윤창원 • 165
백두대간 종주의 날 /김선수 • 175
처음으로 열린 금강산 세존봉 /양경숙 • 198
북녘 사람들의 시선 /강민숙 • 209
지금도 금강산이 부른다 /류재복 • 222
다시 가고 싶은 금강산 /유창근 • 237

3장 금강산 사랑

금강산은 평화의 못자리였다 /심의섭 • 250

금강산은 부른다 /이정수 • 274

금강산박물관을 설립하자 /임병규 • 278

기다려요~ 내 사랑 금강산아! /전숙희 • 294

평화의 산 금강산 황금화 /이 훈 • 303

특별대담 1 - 금강산을 심어 준 작곡가 최영섭 • 311

특별대담 2 - 금강산사랑을 돌아보며 • 326

부 록

간추린 금강산의 역사 /임병규 • 346

금강산관광사업 약사 /심의섭 • 364

사진으로 보는 금강산관광 /현대아산(주) • 368

금강산관광 재개 촉구를 위한 시민단체 연대 성명서 • 377

『금강산, 평화를 마중하다』를 발간하며

이오영
남북경제협력포럼 이사장
법무법인 한결 변호사

그동안 우리를 짓눌러 온 동북아와 한반도 정세가 큰 변화를 맞는 시기에 남북교류와 남북관광을 담은 『금강산, 평화를 마중하다』를 발간하게 되어 매우 기쁘게 생각합니다. 책의 내용은 제1장은 총론에 해당하는 금강산 관광역사, 재개 현안, 향후 발전방향을, 제2장은 금강산에서의 다양한 남북교류와 관광의 기억을, 제3장은 금강산 사랑모임의 활동내용과 대담을 담았으며, 부록에 금강산 약사와 사진 모음을 첨부하였습니다.

책의 발간 기획은 남북관계가 단절된 시기에 시작되었습니다. 남북관계와 남북교류의 단절이 10년간 계속되면서 단체 내부에서 '남과 북의 교류와 협력이 우리의 미래'라는 모토에 회한이 쌓일 즈음, 이전 활발했던 남북교류의 역사를 떠올려 보았습니다. 책의 발간으로 한편으로는 스스로 추운 겨울을 이기는 위로와 힘을 얻고, 또 한편으로는 금강산의 봄날을 기억하고 기록하여 남북교류 재개의 작은 발판으로 삼자는 의중이었습니다. 평창 올림픽이 열리면 금강산관광과 교류에 관한 논의가 떠오를 수도 있어 이에 대비하자는 생각도 작용하였습니다.

그리하여 금강산 사랑 모임 대담도 하고, 가곡 「그리운 금강산」을 작곡하신 최영섭 선생님을 모시고 노래에 얽힌 사연도 들으며 기록하였습니다. 하지만 아직 시절 인연이 닿지 않았는지 한반도를 둘러싼 긴장이 고조되는 가운데 진행에 힘이 실리지 않고 원고 취합도 늦어졌습니다. 그사이 새정부가 출범하고 남북관계에도 새로운 변화가 생기며, 우리의 작업도 속도를 낼 수 있었습니다. 그리고 남북정상회담을 앞두고 열린 《남북교류와 남북관광 재개전략과 발전방향》 정책토론회를 통해 원고 내용을 보완할 수 있었으며, 현대아산㈜으로부터 생생한 사진을 얻어 책에 담을 수 있었습니다.

책을 준비하며 새삼 알게 된 것은 금강산관광과 교류에 참으로 많은 사람과 단체들의 노고와 헌신이 배어 있다는 사실입니다. 현대아산㈜과 한국관광공사, 금강산 관련 기업, 그리고 금강산을 찾아 남과 북의 교류에 참여한 사람들. 그들이 있어 금강산의 봄날은 가능하였고 금강산은 평화의 못자리가 될 수 있었습니다. 여러모로 미숙하고 부족한 이 책을 감히 그들에게 바쳐 그 헌신을 기리며 그들이 애써 가꾼 봄날을 기억하고자 합니다. 그리고 여러 어려움을 뚫고 금강산이 열릴 날을 고대하며, 그날을 여는 데 이 책이 자그마한 기여가 되기를 소망합니다.

이 책을 내고자 하는 저희의 소박한 바람과 열정을 처음부터 함께 하여 주신 세창미디어와 책 전반을 기획하여 주신 심의섭 상임고문님, 바쁜 가운데에도 소중한 글을 보내 주신 분들께 감사드립니다. 또 책의 내용이 부족함이 명백함에도 축사로 격려하여 주신 이종석 전 통일부장관님과 현대아산㈜ 이영하 대표이사님께도 감사드립니다.

남북단절의 시기에 시작된 책이 남북교류 재개의 기운이 돋는 때에 마무리되어 세상 밖으로 나오니 참으로 그 감회가 큽니다. 이제 우리는 판문점 남북정상회담의 감동과 함께 새로운 역사로 가는 길에 서 있습니다. 고질과 같은 분단을 극복하고 평화와 통일로 가는 길에 긴장과 갈등이 계속되겠지만, 오랜 간절함은 모든 어려움을 뚫고 끝내 새날을 맞을 것입니다. 그리하여 마침내 금강산이 다시 열리는 날, 따뜻했던 봄날을 기억하며 벅차게 평화를 마중하여 그 길을 끝까지 걸어갈 것입니다.

2018. 5

더욱 깊어진 금강산 사랑

심의섭
금강산사랑회 대표
명지대 명예교수

　세상만사가 다 그렇듯이 남북관계가 잘돼 갈 때는 통일운동에서 보람을 느낄 수 있었다. 하지만 남북관계가 경색되면서 빛바랜 추억의 너울을 반추할 때는 세월이 무상하고 더디게만 흐르는 것 같았다. 그럴수록 '금강산 사랑운동' 일꾼들은 할 일을 찾아야 한다면서 금강산관광 관련 책을 집필하자고 뜻을 모았다. 분단시대에 통일의 반석과 같은 역할을 담당한 금강산관광에 대한 평가는 여러 가지 형태로 남겨야 할 의무 같았다. 그러나 그것도 마음뿐 한동안 성과를 쌓을 수 없었다. 더구나 금강산 통일운동에서 보석처럼 활동하신 임병규 선생과 이병태 박사가 금강산 사랑과 통일운동에 참여한 산 증인으로서 남기고 싶은 이야기도 많았을 터인데 홀연히 다시 못 올 길을 떠나셨다.

　하지만 세월이 약이라던가….

　남북 간 평화 정착을 위한 신선한 조짐이 감지되고, 역사적 먼동이 트기를 기대하며 다시 마음을 가다듬기 시작했다. 집필에 참여하고 싶은 분들은 많은데 여러 가지 준비할 것이 많았다. 집필에 참여한다고 해도 실제 오랜 기억을 더듬어 정리하기는 쉽지 않은 일이다. 그래도 각인되고 빛바랜 기억을 더듬다 보니 한 권의 책으로 내기에는 이야깃거리가 너무 많았다. 또 금강산에 대한 토막 이야기를 정리하다 보니 금강산의 소중함을 몇 권의 책으로 내도 부족할 것 같았다. 하지만 제한이 많은 여건에서 주제를 골라 뽑아 정리할 수밖에 없었다.

먼저 원로들의 이야기로 보따리를 풀어 갔다. 돌아가신 두 분에 대한 좌담회를 마련하고, 한국가곡의 거장이신 최영섭 선생님과의 대담에서 기록의 보람을 느낄 수 있었다. 원고 마감을 위해 시간을 재촉하다 보니 지레 포기한 분들도 생겼다. 하지만 바쁜데도 기억을 되살려 글을 써 주신 기고자들께 감사드린다.

이 책을 마련하기 위해 필자들과 더불어 금강산사랑회 회원 여러분들의 노고가 많았다. 특히 이 책을 만들기 위해 수시로 의기를 투합해 주신 편집위원들께 감사드린다. 아울러 이 책의 출판을 기꺼이 맡아 주신 세창미디어 이방원 사장님과 책을 멋지게 다듬어 만들어준 이윤석 실장님께도 감사드린다. 아무쪼록 금강산이 평화와 통일의 성지로 자리매김할 수 있도록 금강산관광이 재개되고 세계의 금강산으로 거듭나기를 바라면서, 험난한 평화와 통일의 여정에 이 책을 감히 바치고 싶다.

2018. 5

다시금 금강산을 꿈꾸며

이종석
세종연구소 수석연구위원
전 통일부장관

"금강산 찾아가자 1만2천 봉…" 어린 시절 누이들이 고무줄놀이를 하며 부르던 이 노랫말을 떠올리면 아직도 아련한 설렘과 함께 회한이 밀려온다. 나의 초중등학교 시절 금강산관광은 온 국민의 소원이었다. 휴전선에서 남북 간 군사적 충돌이 일상이었던 때였지만 우리 모두 민족의 명산인 북녘의 금강산을 그리워했다. 비록 남북 대결로 인해 금강산 구경은 "꿈"에서나 가능한 일이었지만 그것은 통일의 염원을 담은 소중한 가치였다.

철저한 반공·반북정책을 폈던 독재자 박정희 대통령조차 1971년 4월 대통령선거 유세과정에서 3차 5개년 계획이 끝나는 5년 후에는 남북 간 도로를 연결하고, 남과 북이 각각 3억 달러와 2억 달러씩을 내서 금강산을 개발할 수 있을 것이라고 공언할 정도였다. 비록 대통령 선거를 의식한 것이기는 하나 이 발언은 치열한 냉전시대에도 북한이 길을 열어 주지 않아 못 갈 뿐이지, 길이 열린다면 우리가 금강산관광을 마다하지 않으리라는 것을 상징적으로 보여 준다. 사실 그때 돈 3억 달러면 현재 시가로 30억 달러가 훨씬 넘을 텐데, 지금 같으면 보수층으로부터 당장 '북에 퍼주는 대통령은 하야하라'는 비판이 나올 법한 주장이었지만 당시 그의 말에 토를 다는 사람은 없었다.

그로부터 28년이 지난 1989년 1월 현대그룹 정주영 회장이 북한을 방문하여 김일성 주석을 면담하고 금강산관광사업 관련 합의서를 체결하는 쾌거를 이룩하였다. 이후 우여곡절 끝에 1998년 11월에 동해 NLL을 넘어 금강산관광선을 띄웠다. 금강산관광은 한반도 정세의 불안정과 각박하게 움직이는 세태의 변화 속에서 갖은 어려움을 뚫고 지속하였으며 점차 제도화의 기반을 쌓아 나갔다. 이 과정에서 북방한계선과 휴전선을 뚫고 남북을 오간 금강산관광 선박과 버스 덕분에 동해와 동부 전선에서 남북 간 군사충돌도 사라졌다.

그러나 이명박 정부는 2008년 7월에 발생한 박왕자 씨 피살사건을 계기로 이 귀중한 사업을 중단시켜 버렸다. 그 뒤 10년 가까운 세월 동안 금강산관광은 '우리의 소원'에서 남북관계의 '천덕꾸러기'로 취급받았다. 민족의 화해협력과 군사적 긴장완화의 상징이 '퍼주기'의 대명사로 완벽하게 둔갑한 시기였다.

그러나 한반도 평화시대의 도래를 온몸으로 느끼는 오늘, 우리는 금강산관광에 덧씌워진 부당한 오명을 말끔히 씻어내고 '우리의 소원'이라는 원래의 미명(美名)을 찾아 주어야 한다. 그래서 적대와 대결이 응축된 휴전선의 얼음장을 녹이고 남북의 겨레를 교류케 하고 하나로 만들어가는 원래의 기능을 되찾아 주어야 한다. 바로 그 노력의 실질적인 첫걸음은 당연히 금강산관광 재개가 되어야 한다.

이 책은 바로 이러한 염원을 지닌 분들의 마음이 모여 만들어졌다. 어려운 시절에도 굴하지 않고 금강산관광 재개와 남북화해 협력을 향해 뛰었던 분들의 글이기에 나에게 그 울림도 크다. 아무쪼록 금강산관광 재개 소식이 하루빨리 전해져서 필자들과 온 겨레의 마음이 따뜻해지는 날이 오기를 기원한다.

2018. 5

금강산, 평화의 길

이영하
현대아산(주) 대표이사

역사적인 《2018 남북정상회담》을 통해 한반도에 새로운 평화의 온기가 싹트고 있는 가운데, 『금강산, 평화를 마중하다』의 발간 소식을 접할 수 있어서 기쁘고, 뜻깊은 출판을 진심으로 축하드립니다.

『금강산, 평화를 마중하다』는 각계각층의 다양한 시각으로 금강산관광의 역사와 의미를 재조명하고, 앞으로 나아갈 발전방향을 심층적으로 접근했다는 데 큰 의미가 있습니다. 특히, 남북 화해와 협력의 상징인 금강산관광의 재개를 한 목소리로 담아내고 있는 만큼, 평화의 기운이 감돌고 있는 현재의 한반도와 남북의 번영을 꿈꾸는 국민적 열망이 잘 반영되었다고 생각합니다.

실제로 금강산관광 10년의 역사는 우리 모두에게 남북 공존과 평화의 실현 가능성을 보여 주었습니다. 반세기 분단의 벽을 허물고 200만 명 관광객이 금단의 군사분계선을 넘었고, 학자·청소년·종교인·예술인·노동자·농민 등 남북 각계의 사람들이 금강산에 모여 마음속의 통일을 나누며, 남북 화해와 협력을 몸소 실천할 수 있었습니다.

또한, 금강산은 남북 이산가족들의 해한(解恨)의 장소이기도 했습니다. 금강산에서 진행된 17차례 남북 이산가족 상봉행사는 수없이 많은 감동의 눈물을 훔치게 했고, 상시상봉을 위해 건립한 〈금강산이산가족면회소〉는 다음 생으로 만남을 미뤄야 했던 고령의 이산가족들에게 작은 희망을 품을 수 있게 해 주었습니다.

금강산의 소중한 경험은 고스란히 2003년 개성공단으로 옮겨져 120여 개 공장이 불을 밝히며 5만여 남북 근로자가 같은 목표를 가지고 함께 일할 수 있었습니다. 이 또한 금강산관광이 잉태한 남북협력의 대표적 산물이며, 우리가 꿈꾸고 희망하는 상생협력의 모범적인 사례로 평가받고 있습니다.

이처럼 금강산관광으로 다져진 남북 간 깊은 신뢰는 모든 국민의 남북 평화와 번영에 대한 염원을 담아 다방면의 중대한 남북교류를 견인하고, 다양한 남북협력 사업들도 실현해 왔습니다. 비록 지금은 10년 가까이 '관광 중단'이라는 극심한 성장통을 앓고 있지만, 금강산을 사랑하는 모든 분의 성원에 힘입어 머지않아 다시 한 번 금강산 '평화의 길'이 활짝 열릴 것이라 확신합니다.

금강산관광은 단순히 현대아산(주)과 북측만의 남북경협사업이 아니라, 남북 평화와 협력을 염원하는 남과 북 모든 분의 애정과 관심이 집약된 결정체라고 생각합니다. 과거 금강산관광이 힘들 때마다 모두가 힘을 모아 다시 생기를 불어넣었던 것만큼, 이번 『금강산, 평화를 마중하다』의 출간을 계기로 다시 한 번 우리가 열망하는 '평화의 금강산'으로 거듭날 수 있기를 기대합니다. 감사합니다.

2018. 5.

1장

평화와
통일의 물꼬

금강산, 다시 평화와 통일의
문을 열기 위하여

이승환
남북교류협력지원협회 회장

한반도의 봄

2018년 벽두, 남북관계 획기적 개선 의지를 밝힌 북한 김정은 위원장의 신년사와 그에 이은 평창동계올림픽 북한 참가, 그리고 판문점 남북정상회담과 북미정상회담. 한반도는 이제 비로소 탈냉전의 늦봄을 맞이하고 있다.

북한이 비핵화에 진정성을 보이는 조짐은 여러 곳에서 나타난다. 그중에서도 가장 인상적인 것은 북한의 제7기 3차 노동당 전원회의이다. 핵·미사일 시험 중단과 풍계리 핵시험장 폐기 선언도 놀랍지만, 더 놀라운 것은 북한이 이른바 '핵-경제병진노선' 대신 국가의 모든 사업에서 경제를 우선시하는 '경제건설총력집중노선'을 제기한 것이다. 북한 건국 이래 3대에 걸쳐 고수해왔던 국방-경제 혹은 핵-경제 '병진노선'의 폐기는 북한 역사상 가장 큰 노선 변화라 해도 과언이 아니다. 인민경제 활성화, 자립적·현대적 사회주의 경제, 과학기술과 교육 중시 등을 강조한 김정은의 경제총집중노선은, 그 내용과 의미에서 중국 개혁개방의 전환점이 되었던 1978년 중국공산당 11기 3중전회에서의 등소평의 '4개 현대화노선' 제시와 능히 비견될 만하다.

북한의 이런 변화에 따라 남북경협에 대한 기대도 현실화되고 관련된 논의들도 크게 활성화되고 있다. 물론 실질적인 남북경협 활성화는 국제 대북제재시스템의 해제 없이 불가능하고, 현재로서는 한·미 양국의 '핵 폐기 없이 제재 해제 불가' 입장도 분명해 보인다. 하지만 북한의 안전보장 문제가 일정한 진전이 이루어진다면, 북한의 빠른 비핵화와 빠른 발전국가 진입에 대한 한·미와 북 사이의 이해관계가 일치하기 때문에 핵 폐기와 대북제재시스템 해체가 빠르면 2019년 안에 실현될 가능성도 배제하기 어렵다.

민족적 화해와 통일은
금강산관광 재개로부터

2018년 한반도의 봄은 북한 스스로의 노선 변화와 함께 역대 미국 행정부와 전혀 다른 트럼프 정부의 동맹정책 변화 등을 문재인 정부가 일관된 한반도 평화 추진 정책으로 엮어 낸 기적 같은 성과이다. '신의 옷자락을 붙잡았다'는 표현이 전혀 틀리지 않는다.

물론 한반도 비핵화와 평화체제 성립은 앞으로도 많은 난관을 넘어야 하고, 남북관계의 해빙 역시 난마처럼 얽힌 남북관계의 각종 현안을 고려할 때 조심스럽고 신중하게 진행해 나갈 수밖에 없다. 조심스러운 남북관계

해빙의 과정에서 반드시 거쳐야 할 길목은 남북관계 동결의 첫 시작이었던 금강산관광 재개문제라 할 수 있다. 금강산관광은 국제적 대북제재와 상관없이 '박왕자 씨 피살사건'이라는 우발적 요인에 의해 결정되었고 이후에도 여러 차례 재개의 계기가 있었음에도 남북관계의 단절과 동결 심화로 인해 방치된 문제이다.

금강산관광의 재개 없이는 남북관계의 정상화를 말할 수 없을 만큼 금강산관광은 민족화해와 통일을 상징하는 사업이다. 금강산관광사업은 북의 자연환경과 남의 자본·기술을 결합한 관광특구사업으로, 어느 한쪽을 일방적으로 돕는 시혜적 사업이 아니라 남북이 서로 이익을 교환하는 상생협력 사업이다. 금강산관광은 1998년 11월 18일 처음 시작한 이후 지난 10년 동안 약 194만 명이 넘는 우리 관광객이 금강산을 방문하면서 남북 상호 간의 이해를 증진하는 데 큰 기여를 하였다. 또한 금강산관광은 북한의 군사시설 북쪽 이전 등 한반도 평화 분위기 조성에도 크게 기여하였다. 이명박 정부 말기 종교계와 시민사회가 힘을 모아 설립한 '금강산관광재개범국민운동본부'는 '출범선언문'에서 금강산관광 재개의 필요성을 이렇게 설명하고 있다.

"금강산은 이산가족면회소가 건립된 남북 이산가족 상봉의 상징적 장소이기도 하다. 금강산관광 중단으로 인해 이산가족의 상봉마저도 중단되고 있는 것은 참으로 안타까운 일이 아닐 수 없다. 이산가족 상봉은 시간을 다투는 시급한 사업이다. 금강산관광을 재개하여, 고령의 이산가족이 생전에 북녘 가족을 상봉하는 기회를 하루라도 빨리 실현시켜야 한다. 금강산관광의 장기 중단은 남북경제협력사업이 정부의 조치로 언제든지

이산가족 야외상봉, 현대아산(주) 제공.

후퇴할 수 있음을 보여 주는 나쁜 사례가 되고 있다. 남북경제협력사업이 안정적으로 지속되기 위해서라도, 남북 양 당국은 금강산관광 재개를 위한 실질적인 조처를 마련해야 할 것이다. 특히 남북 당국은 금강산관광 재개의 관건이 되는 신변보장 문제에 대해 건설적이고 유연한 해결 방안을 도출해야 할 것이다.

금강산관광은 남북관계 정상화만이 아니라 남북의 지속적인 공존·번영을 위해 조속히 재개되어야 한다. (중략) 남북관계 정상화와 국민 재산의 보호 등에 정부의 성의 있는 노력은 필수적이다."[1]

한편 금강산관광재개범국민운동본부가 2012년 11월 17일 '다시가자 금강산'이라는 명칭으로 추진한 고성 방문 행사에서 당시 문재인 대통령 예비후보는 금강산관광 재개의 필요성을 다음과 같이 강조하였다.

"이제 정치가 금강산관광을 재개하는 능력과 지혜를 보여 줘야 합니다. 절망을 희망으로 바꾸는 능력을 발휘해야 합니다. (중략) 내년 봄에는 금강산관광 재개의 춘풍이 반드시 불어올 것입니다. 제가 대통령에 당선되면 북한에 특사를 우선적으로 보내고 취임식에 초청할 것이며, 곧바로 금강산관광 재개를 위한 회담에 착수하겠습니다. 다시는 금강산관광 중단과 같은 사태가 벌어지지 않도록 하겠습니다. 저는 국민 여러분들에게 공약한 바 있습니다. 남북경제연합 구상은 강원도의 미래와 직결되어 있습

---

1 〈금강산광광재개범국민운동본부 출범선언문〉. 금강산관광재개범국민운동본부는 2012년 9월 5일 종교계, 시민단체, 기업, 지자체, 정당 등 각계가 참여하여 결성되었으며, 자승 총무원장, 김덕룡 민족화해범국민협의회 의장, 최문순 강원도지사, 최요식 금강산지구기업협의회장, 인명진 대북민간지원단체협의회 회장, 남부원 YMCA 총무 등이 공동대표를 맡았다.

제진역의 금강산 가는 남측 역사 안, 김용기 제공.

니다. 금강산과 비무장지대, 설악산과 평창을 잇는 국제적인 관광단지 조성, 남·북·러 3자 간의 동해선과 시베리아 철도연결 사업, 남·북·러 천연가스 파이프라인 건설 참여 등이 추진될 것입니다. 이른바 '환동해경제권'이 만들어지는 것입니다. (중략) 강원도의 힘은 남북협력의 힘으로 거듭날 것입니다. 고성 군민과 강원 도민들에게 희망의 미래를 보여 드릴 것입니다. 다시는 중단되지 않는 금강산관광이 되도록 만들겠습니다. 평화가 경제라고 합니다. 금강산관광 재개는 강원의 경제도 살리고 한반도의 평화도 살리는 길입니다."

2012년 당시 문재인 후보의 메시지는 2018년 봄에 들어와 비로소 현실로 다가서고 있다.

금강산관광 재개와 관련된
몇 가지 문제들

2008년 7월 금강산관광이 중단된 이후 남북 당국 사이에는 금강산관광 재개를 둘러싸고 복잡한 논란이 전개되었다. 그러나 당국 간 논의는 2010년 이명박 정부의 2·8실무회담 고의결렬 의혹 등을 거쳐 2010년 8월 22일 남측의 현장인력 16명마저 추방됨으로써 남북관계의 전면 복원이 이루어지지 않는 한 금강산관광은 사실상 재개 불능 상태로 종결되었다. 아래 〈표〉는 금강산관광 중단 이후 남북 당국 사이의 논의를 간략히 정리한 것이다.

〈표〉 2008년 7월 금강산관광 중단 이후 남북 간 금강산관광 재개문제의 논의 경과

▲ 2009년 5월, 북한의 제2차 핵실험으로 국제환경 변화와 대북 제재 분위기 확대

▲ 2009년 8월, 현정은 현대그룹 회장은 북한 방문 김정일 위원장과 회동, 아·태평화위원회와 5개 합의사항을 도출
- 비로봉 포함 금강산관광, 개성관광 재개, 백두산 관광 개시
- 추석 이산가족상봉 행사개최
- 군사분계선 육로 통행과 북한 측 지역 체류의 원상회복
- 개성공단 활성화
- (관광객 신변안전에 대한 김정일 위원장의 구두보장: '앞으로 절대 그런 일 없을 것')

▲ 2010년 2월 8일, 북한측 제의로 금강산관광문제 관련 남북간 실무회담 개최(개성, 남북경협협의사무소)
- 북한은 신변안전 내용을 담은 개성관광과 금강산관광 재개 합의서 초안 제시, 남한은 관광사업 재개를 위한 3대 조건(진상규명, 재발방지 약속, 신변안전 보장) 선결 요구로 실무회담 성과 없이 종료2

▲ 2·8실무 회담 이후 북한의 대남조치
- 2010.3.4: 「아·태평화위」 대변인 담화 성명, 금강산관광사업과 관련된 계약 파기, 부동산 동결조치 예고
- 3.26-31: 금강산관광지구 내 남한기업의 부동산 및 시설들에 대한 실제 조사
- 4.13: 정부와 한국관광공사의 자산인 「이산가족면회소」, 「소방서」, 「문화회관」, 「온천장」과 「면세점」 등에 대해 '동결'조치, 이산가족상봉면회소의 중국 관리원 추방
- 4.23: 명승지종합개발지도국 명의로 상기 5개 부동산에 대한 몰수조치, 기타 자산에 대해서는 동결조치
- 4.30: 이산가족면회소와 소방대, 문화회관, 온천장 및 면세점 동결, 최소 관리직원 16명 제외한 관리인원 추방 조치 단행
- 2011.4.8: 금강산관광지역에 대한 현대아산의 독점권 취소 발표
- 4.29: 금강산지역을 국제관광특구로 지정하는 '금강산국제관광특구법' 채택(2011.5.31발효)
- 7.29: 남측 명의의 자산을 임대·양도·매각 중 택일 강제, 응하지 않을 경우 법적인 처분 단행 통보, 이에 남한 정부는 금강산에서 남북 당국간 실무회담을 열어 금강산관광사업과 관련한 당면 문제를 협의하자는 내용의 통지문('남한 사업자의 재산권 보호를 최우선으로 금강산 관광 재개문제도 논의 대상에 포함될 수 있다'는 내용)을 보냈으나 북한은 이에 대해 반응하지 않음.
- 8.22: 부동산 처분 실천 조치 통보, 물자반출금지 조치와 함께 남은 현장 인력 16명 마저 모두 추방

출처: 금강산관광재개범국민운동본부 건의서, 〈금강산관광을 하루 속히 재개해 주십시오〉(2013. 1. 24).

금강산관광 재개방안과 관련하여 앞서 언급한 '금강산관광재개범국민운동본부'는 2012년 1월 24일 19대 (박근혜)대통령직인수위원회에 금강산관광

재개 방안을 담은 건의문을 제출한 일이 있다.[3] 금강산관광 재개 필요성과 방안에 대한 이 보고서의 내용은 남북관계가 사실상 동결상태에 있는 지금도 여전히 유효하다고 판단하여 아래에 조금 길게 인용하였다.

물론 북한의 핵무력 완성 선언 이후 국제적 대북제재시스템이 강화된 현재 상황을 고려할 때 금강산관광 재개문제는 과거와 달리 매우 복잡해진 것은 사실이나, 기본 골격은 여전히 동일하다고 판단하기 때문이다. 대북제재 하에서의 남북교류 추진이라는 근본문제를 논외로 하면, 금강산관광 재개를 둘러싼 핵심쟁점은 ① 박왕자 씨 피살사건과 같은 비극의 재발 방지대책, ② 현대아산에 대한 금강산 독점권 보장문제, ③ 금강산지역 남측 자산 회복 문제, ④ 입산비 등 금강산관광 대가 현금지급 대체 문제 등이다.

"최근의 대결국면이 완화될 수 있도록 포괄적 노력을 지속해 나가는 것을 전제로, 정부는 금강산관광 재개와 관련한 절차를 다음과 같이 밟아 나갈 수 있다. (중략) 먼저 정부는 남북간 신뢰 회복을 위한 첫 조치로 '이산가족상봉과 대북인도지원'을 적극 추진하겠다는 의지를 천명하고 적십자사와 민간단체들을 통한 인도지원부터 개시해 나가야 한다.

이때 금강산관광 재개 조건에 대해서는 지난 정부가 요구한 북측의 신변안전 및 재발방지 약속을 전제로 관광 재개를 하겠다는 입장을 재확인하면

---

2 2·8실무회담에서 북한이 신변안전 내용을 담은 합의서를 제시했음에도 불구하고 정부가 이를 고의로 은폐했다는 의혹이 제기되기도 했다. 민주당 홍익표 의원은 "류우익 통일부 장관은 그동안 대정부질문과 상임위·국정감사장에서 여러 차례 의원들에게 북측이 금강산 관광객 신변안전에 대해 당국 간 논의, 확인만 해 주면 관광을 재개하겠다고 했다"고 말했는데 "북한이 이미 2010년 2월 문서로 제시한 것을 통일부가 지금까지 숨기고 왜곡하고 발표하지 않은 것"이라며 "그새 금강산관광사업에 투자한 사업가는 물론이고 고성 지역 주민들의 삶이 피폐화됐다"고 주장하였다. 『연합뉴스』(2012.11.2).

3 『연합뉴스』(2013.1.24).

서, 관광 재개 이전에라도 금강산을 대규모 이산가족 상봉의 장소로 사용할 수 있도록 활용하는 방안을 적극 실현에 옮길 필요가 있다.

그리고 이산가족 상봉이 이루어지는 과정에서 자연스럽게 금강산관광 재개를 위한 실무회담을 개최하는 방안을 추진할 수 있을 것이다. 그런데 금강산관광 재개를 위해서는 협상을 통해 남과 북 양측의 요구가 적절한 수준에서 타협, 조정되도록 하는 것이 중요하다.

여기서 확인할 것은 우리 정부의 관광객 피격사건에 대한 진상규명, 재발방지책 마련, 관광객 신변안전보장 요구에 대해 북한은 이미 남이 해달라는 조치에 대해 최고의 수준에서 담보했다고 말해 왔고, 또 2010년 2.8 당국 접촉에서도 북한이 이를 서면화한 바 있으므로, 이러한 의사를 재확인·수용하는 차원에서 처리할 수 있고, 그것이 자연스럽다.

한편 북한의 중국 관광객 유치 등으로 인해 발생하는 '금강산 지역에 대한 현대아산의 독점적 사용문제'는 금강산관광 활성화와 직결되는 문제이기 때문에, 금강산관광이 재개되는 즉시 북에게 독점적 사용을 요구하고 그 대가로 금강산관광의 활성화를 위한 노력을 북에 약속할 수 있다고 생각된다.

또 북한의 금강산 지역 자산 몰수문제에 대한 대응은 대북협상 시 북한이 건물 및 부동산을 어떤 경우든 제3자에게 매각이나 양도하지 않게 하는 한편, 사용권을 남측에 절대적으로 보장할 수 있도록 하며, 실질적인 사용을 통해 소유권을 재확보할 수 있도록 추가 협상해 나가는 것이 적절하다. 그리고 기타 관광지구의 개발과 관리운영, 기업의 경영활동과 관련된 문제는 '금강산관리위원회'를 만들어 제반 문제를 협의할 수 있도록 하면 될 것이다.

또 우리 사회 일각에서 제기하는 금강산관광 대가의 현금 지급에 대한 우려 문제는 '장기적인 협상 과제'로 설정하여 북한이 필요로 하는 원자재와 공산품 또는 다른 경협을 통한 대가 지급으로 연계하는 방안을 지속적으로 협의하되, 이를 당장의 핵심 협상 목표로 설정하지 않는 것이 적절하다. 그리고 금강산관광이 재개될 때는 관련 시설 보수가 불가피하므로 정부 차원에서 이를 지원하는 문제를 적극 검토할 필요가 있을 것이다."[4]

남북관계의 획기적 개선과 금강산관광문제

금강산관광 재개가 중요한 이유는, 무엇보다 지난 10년간 생존에 몸부림쳐온 강원 북부지역 주민들의 목소리가 더는 외면되어서는 안 되기 때문이다. "난 아무것도 바라는 것이 없다. 그저 금강산관광만 빨리 재개해 달라."[5] 그리고 금강산관광 재개는 문재인 정부가 추구하는 '한반도 신경제지도구상'의 핵심 포인트의 하나이다. 한반도 신경제지도 구상은 한반도를 하나의 시장으로 묶어 내고, 3대 경제협력벨트를 구축하는 내용이며, 거기에서 금강산관광은 환동해벨트권의 중심부에 위치한다.

'환동해 경제협력벨트'는 나선·청진경제권, 원산·함흥경제권, 단천경제

---

4 민화협 정책위원회 강원도청 연구용역보고서 「금강산관광 중단으로 인한 고성군 지역주민 피해 실태조사 및 보상방안 연구」(2013. 5. 10).
5 앞의 연구용역보고서 중에서 고성주민 심층면접기록.

권을 협력거점으로 조성하고 강릉·속초지역과 원산지역을 연계하는 관광벨트를 구축하며 동해안지역의 관광·에너지·자원연계망을 러시아 극동지역으로 확대해 나가고자 하는 계획이다.

한반도신경제지도 구상은 한마디로 한반도 경제공동체 실현을 통한 남북연합의 실현이라 할 수 있다. 그런 점에서 금강산관광의 재개는 한반도 경제공동체 실현의 길목에 있는 과제인 셈이다. 그러나 대북제재시스템이 지속되는 현실적 조건에서 금강산관광의 전면 재개는 일정한 조건과 시일을 요할 수 밖에 없다. 이런 현실을 고려할 때 우리 정부가 취할 수 있는 현실적 조치는 금강산에 대한 접근 확대 및 다양한 활용방안 추진부터 시작해서 관광 재개로 이르는 단계적 수순을 밟아 나가야 할 것이다.

정부는 우선 당국 차원에서 금강산관광 재개를 결정할 수 있는 국내외 환경이 조성될 때까지 금강산을 이산가족 상봉 및 각종 민간교류와 접촉의 상징으로 활용하는 노력을 적극 지원해야 할 것이다. 이를 위해 정부는 이산가족 상봉은 물론 종교인들의 평화음악회, 남북청년학생과 청소년들의 공동행사와 체육행사 등의 장으로 금강산을 적극 활용할 수 있도록 정부가 장려, 지원하는 노력이 필요하다. 이는 남측이 먼저 선도적으로 금강산에 대한 접근제한을 해제하여, 금강산관광 재개를 준비하는 동안 금강산(과 관련 시설)을 실질적으로 가동하는 의미를 갖는다. 물론 남북 사이의 재발 방지 등 관광 재개와 관련된 실무적 논의는 별개의 문제들이다. 국제적 대북제재와 갈등하지 않으면서 금강산관광 재개의 준비와 명분을 쌓아 가는 방안인 셈이다.

이러한 노력이 2018년 하반기까지 지속되면 겨울철에 북한이 자랑하는 '마식령스키장'에서 남측 동계스포츠 선수단의 훈련, 남북 간의 경기 등도 추진할 수 있을 것이며, 나아가 이를 양양-원산 항로 개설 등으로 연결하여 금강산관광과 환동해경제권을 연결하는 작업을 추진할 수 있게 될 것이다.

금강산관광의 역사와 내용

박병직
한국관광공사 강원지사장

금강산관광의 역사적 고찰

금강산은 남북 강원도와 경계를 마주하며 한반도의 동해안을 따라 남북으로 뻗은 태백산맥의 북쪽 언저리에 위치하며, 면적은 400㎢, 길이는 60㎞, 동서의 폭은 40㎞에 달한다. 금강산의 최고봉은 높이 1,639m의 비로봉이다. 금강산에는 750여 종의 식물, 38종의 동물, 130종의 조류, 9종의 파충류, 10종의 양서류, 24종의 어류가 서식하기도 한다(현대아산, 한국관광공사, 2003). 금강산의 봄은 새싹이 돋아나고 만물이 소생하며 다양한 종류의 식물이 꽃 피는 향기가 그윽하며 금강석과 같이 아름다운 보석에 비유하여 금강산이라 하며, 여름은 녹음이 우거지고 흰 구름과 안개가 감도는 마치 신선과 선녀가 사는 산이라 하여 봉래산, 가을은 기암절벽과 단풍이 어우러져 한곡의 멋진 풍악을 울리는 듯하여 풍악산, 겨울은 기기묘묘한 바위들에 흰 눈이 덮인 의미를 내포한 개골산 또는 설봉산이라 불린다.

금강산은 예로부터 중국의 고대 시나 소설에도 등장하는 것으로 보아 이 당시에도 타국에도 널리 알려진 명산이었던 것을 알 수 있다. 11세기 송나라 시인 소동파(蘇東坡)는 "原生高麗國 一見金剛山(고려에 태어나서 한 번만이라도 금강산을 보았으면)"라고 하면서 금강산 보기를 소원했다고 한다. 스웨덴 국왕 구스타프 6세는 1926년 금강산을 여행하고 나서 '신이 천지를 창조하신 엿새 중에서 마지막 하루는 오직 금강산을 만드는 데 보내셨을 것이다'라고 금강산을 예찬하였다. 강소천(姜小泉) 작사 나운영(羅運榮) 작곡으로, 1953년에 국정 음악 교과서를 통하여 발표된 '금강산 찾아가자 일만이천 봉'이라는 동요로도 유명한 금강산은 우리 국민이 한번 방문하고 싶은 민족의 혼이 서려 있는 산이다.

금강산의 특별한 점은 한반도 내에서 '가장 아름다운 자연'이라는 오랜 시간에 걸쳐 형성된 특유의 장소 신화가 전승되고 있다는 점이다(신성희, 2016). 김부식의 삼국사기에 의하면 신라 경순왕이 치세 9년 10월에 고려의 태조에게 항복하겠다고 하자, 마의태자가 금강산에 귀의해 마의초식하며 생을 마감했다고 하는 이야기는 금강산에 대한 역사적 의미를 다시 한 번 생각해 보게 된다. 조선시대에는 특권층인 사대부들이 금강산을 여행하고 남긴 금강산 유람 기록에 보면 이들도 금강산 유람 시 안전 중시 의식을 가지고 있었다(육재용, 2010). 현대 여행에서 안전이 매우 중요한 고려요소인데, 조선시대에도 여행의 안전을 중시했다는 것이 매우 흥미롭다. 17세기 후반부터 금강산 유람 열풍이 불기 시작하여 수많은 유람객이 금강산을 방문한 것을 기록을 통해서 알 수 있다. 연암 박지원은 19세 때인 1765년(영조 41) 가을에 금강산으로 유람을 다녀왔다(김명화, 2016).

구한말 시대의 금강산관광에 관한 기사는 흥미로운 요소가 매우 많다.

금강산 풍경, 이정수 제공.

구한말 관광에 대한 최초의 기사는 『한성통보』인 것으로 판단된다. 그리고 1887년 『독립신문』에 금강산관광객을 모집하는 광고가 게재된 것으로 보아 이때부터 근대관광이 나타나고 있는 것을 알 수 있다. 광고는 태덕엽이라는 사람이 농산공부의 인가를 받아 금강산관광객을 모집한 것으로 한국 근대 최초의 관광광고라 할 수 있다. 19세기 말 근대관광의 개념이 도입 확산하면서 유력한 관광지로 상정된 것이 금강산이었다(조서운, 2016).

금강산관광은 1914년 8월 경원선의 개통으로 접근성이 양호해져 이전 시기보다 매우 편리해졌다. 1910년대 금강산관광은 단체 관광보다 개인 위주로 이루어졌는데, 조선의 귀족, 사대부, 총독부의 고관, 외국인 등으로 대중화되지는 못했다. 이처럼 금강산관광이 특권층 위주로 이루어짐에 따라 당시 사회적인 위화감이 조성되었을 것이다. 1915년 매일신보사에서 금강산 탐승회를 조직하였으며, 같은 해 조선철도국에서 정원 25명에 왕복 6인의 단체 요금으로 1인당 25원에 금강산 유람단을 모집했으나 실행에 옮기지는 못했다. 1916년에 러시아 관광객 3,000명, 1917년에 3,600명이 방문한 기록도 보인다. 이것은 100년 전에 금강산에 국제관광객을 유치한 것으로 매우 흥미로운 자료다.

1914년 8월 경원선과 함께 금강산선은 1919년에 철원역-김화-창도·내금강 구간 공사를 시작하여, 1924년 철원-김화 구간이 개통되고 1931년 7월까지 내금강 전체 구간이 개통됨으로써 금강산 관광객을 쉽게 수송할 수 있게 되었다. 1925년에 186명이던 금강산 관광객 수송 인원은 금강산 전철의 종점이 창도까지 개통(1927)되자 연간 1,752명으로 늘고, 이어 내금강역 개통으로 1930년에는 11,220명, 1938년에는 24,892명까지 증가한다. 또한 전철을 포함한 전체 금강산 관광객 수는 1927년 13,398명에서 1934년 33,710

명으로 증가하였는데 이중 조선인 18,270명, 일본인 15,241명, 기타외국인 199명이 방문하였다(신성희, 2016).

춘원 이광수는 1923년 금강산을 다녀와서 잡지 『신생활』에 후기를 연재한 후, 1924년 『금강산유기』를 편찬하였다. 여기서 조선시대 김시습은 8번이나 금강산을 다녀왔는데 자신은 겨우 2차례밖에 다녀오지 못했다고 애통해 하는 대목이 있다. 옛날이나 지금이나 여행에 대한 자랑과 자부심, 그리고 동경은 인간의 가장 근본적인 욕구라는 생각이 든다.

이처럼 금강산은 고려시대에는 탐승지로 기록되었으며, 조선시대에는 꼭 한번 그 절경을 보고자 하는 평생의 소원이었던 최고의 '여행 로망지'였던 것이다. 일제강점기가 되자 금강산 철도가 놓이고 당시 첨단의 관광개발이 도입되면서 많은 관광객이 쉽게 접근할 수 있게 된다. 확실히 교통 접근성과 인프라의 개선은 관광수요를 유발하는 직접적인 요인이 된다. 일제의 금강산 개발은 식민지 통치 전략과 마주한다는 것을 알 수 있다. 즉 식민지배의 우월성과 관광의 기회제공을 통해서 식민지 정당성의 홍보수단으로 활용한 전략적인 측면이 있다.

1931년 김도학의 『금강산 유람기』에 나오는 명경대에서 사진사를 만나 사진을 찍었다는 기록으로 보아 당시 관광지에 사진사가 존재했다는 것을 알 수 있다. 지금은 카메라의 대중화와 함께 관광지에서의 사진사는 역사 속으로 점차 사라지고 있다. 당시 금강산 여행의 안내자는 대부분 스님이 담당하였다. 하지만 금강산 안내인 제도가 편성되고 안내조합이 설치되어 조합에서 안내를 담당하기 시작한다. 또한 1930년대 금강산관광은 쾌락 유희관광의 수단으로 활용되기도 하였다. 식민지 조선의 금강산 개발 주체는 조선총독부 철도국이었으며, 1932년 금강산관광을 총체적으로 개발하고 관광사업을 담당할 금강산협회가 설립됨으로써 이 단체가 금강산관광을 담당하였다(유승훈, 2009).

1945년 일본의 패망과 더불어 한국은 광복을 맞이했지만, 좌우 이념으로 갈라진 한반도는 남측에는 1948년 8월 15일 대민민국 정부가, 북쪽에는 1948년 9월 9일 북측 정권이 수립되고 1950-1953년 한국전쟁을 겪으면서 남북분단이 굳어졌다. 북측은 1949-1950년 8.15경축 관광단, 남반구 해방지구 인민대표 관광단, 해방지구 2차 관광단, 제1차 남강원도 인민관광단/노동자, 농민, 애국투사, 학생 등 관광단 행사를 조직 운영하였으며(최정애, 2013), 1953년 조선국제여행사 설립, 1984년 합영법 제정, 1985년 조선국제청소년 여행사 설립, 1985년 국가관광지도총국 설립(1986년 국가관광총국으로 명칭 변경), 1987년 UNWTO(세계관광기구) 가입, 1994년 조선국제체육여행사 설립 등의 과정을 거치면서 체제선전 위주의 관광정책 수립과 관광객 유치활동을 전개하였다.

한국은 1945년 미군정청에 육운국(陸運局) 발족, 1950년 서울교통공사 설립, 교통부 총무과 소속으로 관광계의 신설, 1954년 교통부 육운국에 관광과 설치, 1957년 교통부가 국제관설관광기구(현 UNWTO 전신)에 가입, 1962년 한국관광공사 설립, 1975년 교통부가 WTO(세계관광기구)에 가입하였다. 이처럼 동서냉전 시기에 남북은 군사분계선으로 분단된 채 독자적으로 관광진흥 정책을 수립 추진하면서 오랜 단절과 갈등의 세월을 거치게 된다.

금강산관광 추진 현황 및 경과

1945년 일본으로부터의 해방과 1950년 6.25전쟁, 1953년 남북분단, 그리고 1990년대까지 남과 북은 대립과 갈등의 연속이었다. 남북화해와 협력은 요원했으며, 남북관광 협력사업의 접점을 찾기도 매우 어려웠다. 금강산관광개발은 1972년 7월 남북공동성명 발표를 통해 당시 최초로 공동개발 제안이 있었다. 한국의 통일부가 1982년 2월 설악산, 금강산 자유무역지역 개발 제안했으나 북측이 호응하지 않아 무산되었다. 북측의 김일성 주석은 현대그룹과 금강산 개발에 합의하기 전인 1980년 초부터 금강산관광지 조성 사업을 구상하고 있었던 것으로 알려진 바 있다.

한국관광공사와 현대의 금강산관광 개발을 위한 다양한 연구 시도 이전에 이미 정부 차원에서도 금강산 개발을 위한 시도가 여러 차례 있었다. 1990년 8월 남북교류협력 법적 장치인 「남북교류협력에 관한 법률」 제정을 계기로 당시 교통부는 1990년 10월 남북관광사업 협력을 위한 「남북관광교류 추진위원회」의 구성과 금강산 및 비무장 지대를 관광지구로 개발할 것을 제안하였다. 1991년 1월에는 동해안과 금강산 지역 및 서해안지역을 연결하는 남북관광 루트의 개발과 동경-서울-평양-북경을 잇는 항로 개설 추진계획을 발표한 바 있다. 1991년 12월 '남북기본합의서'가 체결되면서 금강산 개발이 남북경제협력의 유망사업 분야로 부상하게 되었다. 한편 1992년 남북이 기본합의서를 채택하고 이어 9월 부속합의서에서 교통망의 연결과 관광교류 협력을 약속하였지만 이렇다 할 진전이 없다가 1998년 4월30일 '남북경협활성화 조치'가 발표된 이후 남북관광 협력 차원에서 새로운 전환점을 맞이하게 되었다.

고성항 부두 준공식, 현대아산(주) 제공.

금강산관광의 성사는 이러한 정부의 적극적인 노력과 민간사업자인 현대아산의 적극적인 북측과의 협상에 기인한다. 정주영 현대 회장의 1998년 2회에 걸친 1,001마리의 소 떼 방북과 김정일 국방위원장과의 회담을 통해 1998년 10월에 「금강산관광사업에 관한 합의서 및 부속합의서」가 체결되었으며, 정부에서는 1998년 8-9월에 현대에게 금강산관광 사업의 협력 사업자 지정 및 승인을 허가하였다.

이에 따라 1998년 11월 18일 역사적인 금강산관광이 시작되었다. 1998년 11월 20일에는 봉래호가, 1999년 5월 14일에는 풍악호가 각각 출항하였다. 이어서 2003년 9월 1일에는 비무장 지대를 관통하는 육로관광이 실현되었다. 금강산관광은 여러 위기와 정치적인 환경 변화에도 꾸준히 진행되다가 2008년 7월 11일 금강산 관광객 피격사건에 따라 중단된 후 2018년 현재까지 재개되지 못하고 있다.

1998년 11월 금강산관광이 시작된 이후 2008년 7월 중단까지 1,995,951명의 내국인과 12,817명의 외국인이 금강산을 방문하였다.

연도별 금강산 방문 관광객 수(단위, 명)

구분	1998-2002년	2003년	2004년	2005년	2006년	2007년	2008년	총계
관광객 수	516,270	77,683	272,820	301,822	238,497	248,263	200,596	1,955,951
외국인 관광객 수	1,933	468	2,110	1,864	1,863	3,203	1,376	12,817

자료: 한국관광공사 남북관광센터

금강산관광 시작 당시 해로에 의한 크루즈관광이 도입되었는데 공해상으로 항해함에 따라 15시간 이상 소요되었다. 또한 관광비용이 고가여서 경쟁력이 저하됨에 따라 관광객이 급감하고 유동성 위기가 초래되었다. 이에 따라 2003년 육로관광이 실현되었으며 해로관광은 2004년 완전히 중단되었다.

금강산관광의 북측 지급금 문제도 주요 이슈였다. 금강산관광 계약 당시 럼섬(lump sum) 방식(월정액) 계약으로 과도한 대가 지급으로 관광사업이 위기에 처하자, 기간별로 두당 인원에 의한 지급 방식으로 변경하였다.

금강산관광 북측 지급금

구분	2001.6	2005.5	2006.7.10이후
당일 관광	$10 (2004.7월 시작)	$15	$30
1박 2일	$25 (2004.7월 시작)	$35	$48
1박 3일(육로)	$50	$70	$80
2박 3일(해로)	$100 (2004.1월 중단)		-

금강산관광코스는 초기에 시작할 당시 구룡연, 만물상 코스 2개 코스로 시작하여 금강산관광이 점차 확대되면서 코스도 확대되었다.

금강산관광코스는 다음과 같다.

① **구룡연 코스**

• 소요시간(왕복 4~5시간)

• 산행코스: 목란관→수림대→앙지대→삼록수→금강문→옥류동→연주담→

구룡폭포→상팔담(약 4.3km)

② **만물상 코스**

- 소요시간(왕복 4시간)
- 산행코스: 만상정→삼선암→칠층암→절부암→안심대→하늘문→천선대→ 망양대(약 3km)

③ 삼일포/해금강 코스

- 소요시간(왕복 3시간)
- 산행코스: 삼일포→연화대→봉래대→해금강

④ 세존봉/동석동 코스

- 소요시간(왕복 6~8시간)
- 산행코스: 동석동 →합수목 →세존봉 전망대→사자목→ 구룡연→구룡연주 차장(약 15km)

⑤ 수정봉 코스

- 소요시간(왕복 3~4시간)
- 산행코스: 만물상 입산초소→와우폭포→금강수정 표식비→자라바위→누 운사람 바위 얼굴→비둘기 바위→금강수정문 →수정봉

⑥ 내금강 코스

- 소요시간(왕복 4~5시간)
- 산행코스: 표훈사-만폭동-진주담-보덕암-묘길상-상불암

금강산관광 숙박시설은 호텔과 펜션, 빌리지 이외에 캠핑이나 야영촌 등

다양한 숙박시설을 갖추고 있다. 대표적인 숙박시설인 금강산호텔은 천혜의 자연경관과 함께 봉우리를 한눈에 볼 수 있는 12층 스카이라운지도 마련되어 있다. 또 다른 숙박시설인 호텔 해금강은 2006년 초 리모델링을 통해 내부를 새롭게 단장했다. 외금강호텔은 2006년 7월, 금강산호텔에 이어 두 번째로 새롭게 단장한 호텔로 멋진 전망과 함께 편리한 교통을 자랑한다. 금강산에는 금강산호텔(215실), 호텔 해금강(159실), 금강패밀리비치호텔(96실), 외금강호텔(173실) 금강펜션타운(34동), 온천빌리지(65실), 포레스트돔(20실), 해변마을(24실), 구룡빌리지(100동), 금강카라반(34실) 등 총 920실이 있다. 그러나 오랫동안 관광이 중단됨으로 인해 시설이 노후화되어 관광 재개 시에는 개보수와 리모델링을 실시해야 할 것이다.

금강산 선택 관광은 금강산 온천욕과 금강산교예단 공연관람이 있다.

금강산 온정리에 위치한 금강산 온천은 예로부터 온천으로 유명한 곳으로 피부질환, 관절염, 류머티즘, 고혈압, 신경통 및 피부미용에 효험 있기로 유명하다. 지하 250m에서 용출되는 45°C의 100% 천연온천수를 사용하며 40°C의 중탄산나트륨으로 수질이 매우 부드럽다. 가족이 함께할 수 있는 개별탕과 다양한 사우나 시설 및 금강산을 조망하면서 온천을 즐길 수 있는 노천탕이 있는 대중탕으로 구성되어 있다. 음양의 조화를 위해 약 1개월에 한 번씩 남탕과 여탕을 서로 바꾼다.

금강산교예단 공연은 금강산문화회관에서 눈꽃조형, 널뛰기, 장대 재주 등 여러 종목을 공연한다. 금강단교예단은 40일 단위로 공중교예를 포함한 수준 높은 교예 종목을 새롭게 교체한다.

기타시설 중 북측식당으로는 평양 옥류관의 분점인 금강산옥류관, 구룡연 절경을 감상하며 산행의 허기진 배를 채울 수 있는 목란관, 최고급 호텔에서 북측 요리사가 직접 요리하는 음식을 맛볼 수 있는 금강산호텔 식당, 담백한 북측 음식의 진수를 맛볼 수 있는 역사와 전통을 자랑하는 북측 최고급 식당인 금강원이 있으며, 남측 식당으로는 북측의 싱싱한 자연산 활어와 해산물을 북측 봉사원들의 서비스와 함께 즐길 수 있는 고성항 횟집(2007년 9월 5일 재개장), 북측에서 직접 재배한 신선한 채소와 뷔페식의 다양한 음식을 맛볼 수 있는 온정각(서관)관광식당, 현대적인 실내 디자인과 요리과정을 직접 볼 수 있는 열린 주방을 통해 금강산 최고의 한식메뉴를 즐길 수 있는 광개토, 전통주만을 고집하는 국순당의 금강산 직영점으로 품격 있게 만든 백세주 마을 등이 있다.

금강산관광은 주변 정치 환경과 관광객 억류사건, 그리고 SARS(중증급성호흡기증후군) 발생 등으로 여러 차례 중단된 적이 있었으나 그때마다 위기를 잘 극복하고 지속해서 진행되었다. 그러나 2008년 7월 북측군의 총격에 의한 남측 관광객의 사망사건 이후 중단된 금강산관광의 재개는 요원한 실정이다. 금강산관광은 자본주의 학습장이라고 할 수 있는데, 정치적인 요인과 긴급한 사태 등 외부 요인에 따라 영향을 받지 않는 제도적 장치 마련과 신뢰 구축이 필요하다.

금강산관광중단 일지

일 자	주요 중단 경과
1999.6.23	금강산 관광객 민영미 씨 억류사건(42일간 중단)
2003.4.26-6.27	SARS 발생(남측, 중국 및 러시아 등 모든 국경 56일간 폐쇄)
2003.8.6	정몽헌 회장 타계(7일간 중단)
2008.7.11	금강산 관광객 박왕자 씨 북측 군인에게 피격(7.12부터 관광 중단)

자료: 한국관광공사 남북관광센터

우리 정부는 남측 관광객 박왕자 씨 피격 사망사건으로 인한 금강산관광 중단의 재개 조건으로 진상규명, 재발방지 대책 마련, 신변안전 보장을 북측에 요구하였다. 하지만 북측은 2010년 4월 우리 측의 부동산에 대한 몰수·동결조치를 취한 데 이어 2011년 4월 현대아산의 금강산관광사업 독점권 취소를 일방적으로 발표하였다. 동년 5월에는 기존의 「금강산관광지구법」을 대체하여 「금강산 국제관광특구법」을 제정 발표함으로써 우리 측을 압박하였다.

2011년 7월에 두 번에 걸친 「민관합동 협의단」의 회담은 성과 없이 끝나고 현대아산의 3차에 걸친 방북 협의도 성과 없이 종료되었다. 북측은 금강산관광중단 기간에 외국 언론사 및 관광회사 관계자를 대상으로 '나선-금강산 시범 크루즈관광' 등 만경봉호에 의한 크루즈관광을 3차에 걸쳐 실시하고 또한 북측의 육로를 통한 금강산관광을 독자적으로 실시하는 등 금강산관광의 독자적인 운영을 추진하였으나 여러 제약요인으로 인해 성공하지 못했다.

필자도 금강산관광이 중단되고 나서 2011년 6월 29일과 7월 13일 금강산관광 민관협상단 일원으로 2차례에 걸쳐 금강산을 방문하였으나, 1차는 회담이 불발되었으며, 2차는 상호 견해차만 확인하였다. 그 이후 2018년 현재까지 남북은 금강산관광 재개를 위한 협상의 장을 마련하지 못하고 있다.

다음은 한국관광공사의 금강산관광사업 참여과정을 살펴보았다. 1998년 11월 북측 아·태와 현대의 독점계약으로 시행된 금강산관광은 과도한 관광 대가 및 해로에 의존한 관광으로 수익성이 악화하자 정부는 남북협력기금을 한국관광공사에 융자하여 금강산관광 회생의 과정을 밟게 된다. 2000년 8월 한국관광공사는 현대아산과 해외홍보 및 마케팅, 남북연계 상품개발 등에 관한 업무협약을 체결하였다. 2001년 6월 8일에는 현대아산과 북측 아·태간에 육로관광, 특구지정, 관광대가 조정 등 금강산관광 활성화 방안을 합의하였다. 한국관광공사는 동년 6월 20일 현대아산과 국내외 관광객 유치 홍보, 모집 및 운송, 수익사업 및 관광기반 시설 운영사업 등에 관한 금강산관광사업 참여 합의서를 체결하였다.

통일부는 6월 23일 남북협력사업자에 관광공사 추가하였으며, 관광공사는 통일부에 남북협력기금 900억 원을 대출 신청하고 통일부는 사업자금 900억 원을 대출 승인하였다. 관광공사는 단계적으로 금강산에 투자하여 현대아산으로부터 문화회관, 온천장, 온정각 휴게소 36.3% 지분을 인수하고 현대에 재임대하여 현대는 관광공사에 임대료를 지급하는 과정을 통해 금강산 사업이 운영되었다. 관광공사는 남북협력기금 900억 원 중 원금 45억 원을 상환하였으나 잔액 855억 원에 대한 이자 누적으로 원금과 이자가 계속 누적되고 있다. 부채탕감을 원하는 관광공사 입장과 금강산 재개 후 해결하자는 통일부의 견해차를 보임에 따라 관광공사의 남북협력기금 부채 문제는 금강산관광이 재개되어야 해결의 실마리를 찾을 수 있을 것으로 예상된다.

금강산관광의 평가

　남북 분단 이후 1998년 50여 년 만에 성사된 금강산관광은 2008년 7월 중단되기까지 대규모 인적 교류를 통해 상호이해와 협력, 그리고 한반도 평화통일 기반 조성에 이바지하였다고 평가할 수 있다. 정치 군사적으로는 북방한계선과 군사분계선의 북상을 통해 한반도 긴장완화에 이바지하였으며, 군사분계선을 통한 관광객의 이동으로 남북 긴장완화의 역할을 충분히 하였다. 아울러 정치적 대립의 완충과 가교역할 수행, 코리아 디스카운트 해소를 통한 한반도 평화안정을 대내외에 과시하였다.

　사회문화적으로는 분단 이후 최초의 대규모 인적 교류로 민족 동질성 회복과 사회문화교류의 새로운 장을 마련하였으며, 상호 이질감 해소, 이산가족 상봉을 통해 상호 이해증진의 폭을 넓히게 되었으며, 남북 간 법 제도적 절차 조율의 기회를 제공하였다. 경제적으로는 북측에 자본주의 시장경제 학습의 기회를 제공하였으며, 북측경제 개발 및 통일비용의 감축 효과를 가져다주었다. 금강산관광의 부문별 성과는 다음과 같다.

금강산관광의 성과

정치·군사적	• 한반도 긴장 완화에 기여 : 북방한계선과 군사분계선 북상 　- 해상 100㎞ 후퇴(전선까지 이동시간 2시간 지연), 군사분계선을 관통한 관광객의 출입왕래 • 정치적 대립의 완충과 가교 역할 수행 : 당국간 대화 채널 유지 　- 비공식적 외교 채널 역할 수행, 남북정상회담 성사 기반 조성 • 코리아 디스카운트 해소 : 한반도의 평화와 안정을 대내외 과시
사회·문화적	• 민족적 동질성 회복 : 분단 이후 최초의 대규모 인적 교류로 사회 문화교류의 새로운 장을 마련 • 북한 사회에 대한 이해 증진 : 상호 이질감 해소, 이산가족 상봉의 공간 제공 • 남북 간 법제도적 격차 조율 기회 제공 : 북한 법제 인프라 개선에 기여

금강산 육로시범관광, 현대아산(주) 제공.

| 경제적 | • 자본주의 시장경제 학습의 장 : 금강산은 관광서비스업 중심, 개성공단은 제조업 중심
• 북한 경제 개발 및 통일비용 감축 효과 : 민간의 북한 경제 활성화 지원으로 정부 차원의 통일비용 절감 효과 기대 |

금강산관광의 16주년의 의미와 과제(현대경제연구원, 2014).

이러한 금강산관광의 긍정적인 평가에도 불구하고, 북측에 대한 퍼주기와 금강산관광비용의 핵무기 제조 사용 논란을 불러일으켜 금강산관광사업은 보는 관점에 따라서 평가가 엇갈리는 실정이다.

금강산관광의 발전 방향

남북 간에 금강산관광 재개를 위한 일부 협상과 시도가 있었지만 2010년 3월 천안함 폭침, 11월 연평도 포격과 지속적인 미사일 발사, 그리고 2006년 10월부터 2017년 9월까지 총 6차례의 핵실험으로 남북관계가 계속 악화하고 있다. 평창동계올림픽이 열리는 2018년에는 금강산관광이 중단된 지 10년이 된다. 10년이면 강산도 변한다고 하는데 금강산관광 재개의 접점 모색과 돌파구 마련이 절실한 시점이다.

금강산관광이 장기간 중단되자 북측은 독자적으로 2011년 5월 '금강산 국제관광특구법', 동년 11월에는 '금강산국제관광특구 기업 창설, 운영규정 시행세칙'을 제정했다. 북측은 2011년 10월부터 2020년까지 개발계획기간으로 설정하고 금강산을 동북아 5개국과 육로, 해로, 항공으로 연결하고,

그리고 원산-금강산의 중간지점인 강원도 통천군에 '통천자유경제무역개발구' 건설계획을 수립하였다. 북측은 2014년 최고인민위원회정령(6.11)으로 원산-금강산 국제관광지대를 설정하고, 동년 9월에 '2014월드옥타(World-OKTA) 중국 경제인 대회'에서 원산지구 개발 총회사 대표가 원산-금강산 국제관광지대를 홍보했다.

북측은 2014년 3월 10일부터 20일까지 국가관광총국 조성걸 부총국장이 이끄는 친선참관단이 중국 상하이 등지를 방문했으며, 4월 9일에는 총국 산하 선전국 김영일 국장 일행이 한인 러시아 이주 150주년 행사의 하나로 하바롭스크에서 관광설명회를 개최하고 관광프로그램을 추진키로 합의하기도 하였다. 2015년 1월 북측은 김정은 위원장이 유학한 적이 있는 스위스 베른의 엑스포센터에서 개최된 '베른 홀리데이 박람회(Holiday an Travel Fair: Berne)'에 참가해 금강산의 마식령 스키장을 홍보했다. 2016년 5월 27에는 원산-금강산 국제관광개발 지대 개발을 위한 투자설명회가 금강산에서 개최되었으며, 대외경제성 산하 원산지구 개발 총회사 오응길 사장은 동년 2월 20일 "개발과 관광을 동시에 밀고 나가는 것이 지대개발의 기본방향이며, 이 지대를 세계적인 관광지로 만드는 것이 목표"라고 밝힌 바 있다.

또한 북측은 금강산관광이 장기간 중단됨에 따라 2011년 8월 만경봉호를 개조하여 미국, 영국, 중국, 일본 등이 언론인과 관광종사자 128명을 초청해 금강산 크루즈 시범관광을 실시했으나 관광객 유치 저조, 선박 시설 및 서비스 제공 미흡으로 중단되었다. 이후 자체적으로도 나진 선봉에서 금강산 크루즈 운항 계획을 수립하였으나 외국 투자 유치 실패로 실현되지 못했다.

북측은 UN 경제제재가 존재하는 한 독자적으로 금강산관광사업을 성공적으로 이끌 수 없다. 금강산관광에 대한 가장 큰 배후시장은 한국 관광객이기 때문이다. 더욱이 금강산관광의 재개와 발전을 위해서는 해결해야 할 과제들이 산적해 있다. 금강산관광 재개의 3대 선결과제의 해결, 그리고 북측에서 현대의 독점사업권을 폐지하고 국제관광특구로 제정한 것도 역시 해결해야 할 과제이다. 그러나 무엇보다 핵실험과 미사일 발사로 국제사회의 제재 상황에서 금강산관광 재개의 접점을 찾기는 쉽지 않다. 더욱이 미국은 2017년 9월 1일 자로 자국민의 북측여행 금지조치를 시행하고 있다.

현재 교착상태에 있는 금강산관광이 재개될 경우 그동안의 경험을 바탕으로 금강산과 설악산을 연계하는 다양한 관광 루트의 개발을 추진하여야 한다. 금강산관광이 남측 주민의 일방적인 북측 관광이었다면 앞으로는 북측에서 남측으로 내려오는 양방향의 관광이 바람직하다. 특히 2018년 평창에서 개최되는 동계올림픽과 금강산관광을 연계할 경우 남북의 평화관광에도 크게 이바지할 것으로 전망된다.

금강산관광은 자연환경의 장점에도 불구하고, 접근수단 및 전반적인 관광상품으로서의 경쟁력에 문제가 있다(한국관광공사, 개성관광종합계획, 2005)고 지적되고 있다. 이러한 부문은 금강산관광 재개 후 개선 보완해야 할 것이다.

한국관광공사는 금강산관광이 중단된 이후, 2008년 11월 금강산을 관광하고 온 15세 이상 남녀 800명을 대상으로 조사한 결과 고객만족도가 전년 대비 9.9점 하락하였다. 여기에는 '북측식당'의 하락 폭(-13.5점)이 가장 컸으며, 특히 금강산 재방문 의향이 없다는 비율이 전년 대비 20.4%나 증가하였는데 이는 금강산 관광객 피격사망사건 이후 관광에 대한 부정적 인식이 확대된 것으로 분석된다. 아울러 금강산관광은 '단체관광'(74.6%), 가족관광(13.5%), 개별관광(11.9%)으로 단체관광이 제일 큰 비중을 차지하며, 금강산관광 운영에 있어서 '북측 출입국 절차의 간소화', '관광비용 절감 방안', '금강산관광 신청방법 및 절차의 간소화' 등에 대한 개선이 필요한 것으로 나타났다.

향후 금강산 연계 관광의 경우 서울, 부산의 한국 관광객이 고성―금강산―원산―칠보산, 나진 선봉―훈춘-연길―백두산 등의 코스와 중국 러시아 쪽에서 나진 선봉을 통해 금강산-군사분계선을 통해 남쪽으로 내려오는 쌍방향의 연계관광 실현을 위해 남북 양측은 적극적으로 협력해야 할 것이다. 또한 관광에 앞서 금강산 지역의 산림자원 보호를 위한 대책도 수립되어야 할 것이다.

이와 함께 현대아산은 2007년 6월 「금강산관광특구 개발종합계획」을 수립하였다. 2006년에서 2025년까지 2단계에 걸쳐, 총 2조 1244억 원($22억 6천만 원)을 투자(관광시설 1조 3997억 원, 기반시설 7247억 원)하는 대규모 개발 계획으로 강원도 고성군, 금강군, 통천군, 원산시 일원에 10개의 관광특화지구를 건설한다는 종합계획이다. 현대아산은 2003년 7월 WTO(세계관광기구)와 금호엔지니어링, KPMG(영국계 컨설팅회사) 등과 용역을 체결하여 최종보고서 작성(2005년 11월)한 후, 이를 2005년 12월 북측에 전달하고 실무협의를 거쳐 3차례 수정을 거친 후, 2007년 6월 최종안을 북측에 제출하였다.

현대가 북측에 제안한 내용은 천혜의 절경 금강산을 중심으로 휴양·문화 시설이 어우러진 "친환경적인 국제관광명소"이다. 즉 자연중시형 친환경지구, 차별화된 관광지구, 경쟁력 있는 4계절형 관광지구, 남북문화교류의 거점 관광지구로 개발하는 것이다. 개발지역은 강원도 고성군, 금강군, 통천군, 원산시 일원 약 109㎢ 총 10개 지구를 해변형(해금강, 고성항, 원산지구), 호반형(삼일포, 시중호, 동정호), 산악형(온정리, 고성봉, 통천, 내금강)으로 설정하였다.

1단계 개발(2005-2010년)은 연 방문객 100만 명 이상을 수용할 수 있는 지구별 숙박 및 편의시설을 확충하는 것이다. 이를 위해 2010년까지 연 방문객 138만 명, 1일 이용객 7000명 이용을 예상하여 필요 객실 수 4600실로 확충할 것을 계획하였다. 2단계 개발(2011년 이후)은 내금강, 통천, 시중호, 동정호, 원산지구 등으로 단계적으로 개발 확대하며, 통천국제공항건설 등 접근성 개선, 2020년까지 연 방문객 226만 명, 1일 이용객 11000명이 이용할 수 있는 필요 객실 수 7300실을 확충하는 구상인데 금강산관광 중단과 함께 진전되지 못하고 있다.

또한 금강산관광이 장기간 중단된 상태에서 북측의 금강산 개발계획을 분석 조사해 보는 것도 향후 금강산관광 재개 시 우리 측 전략을 마련하는 데 도움이 될 수 있다. 북측 김정일 위원장은 2000년 9월 30일 금강산을 방문하고 나서 "국제관광특구 금강산에서"라는 친필 사인을 남겼다. 이어서 북측은 2002년 금강산을 금강산관광지구로 지정하였다. 그리고 현대에게 2048년까지 독점사업권을 부여하였다. 하지만 2008년 7월에는 북측은 현대의 독점사업권을 폐지하고 남측 재산을 동결 또는 몰수 조치하였다.

남북관계가 진전되어 금강산관광이 재개될 경우, 금강산관광사업 초기에 남북협력사업자가 금강산관광사업에 대해 운영 관리를 책임지고 정부가 뒤에서 지원하던 방식에서 벗어나 정부와 민간개발업자, 북측과 역할 기능적인 분담과 협력이 필요하다. 따라서 금강산 특구내 관리 운영을 제도화하기 위한 금강산 관리위원회 조직을 설치할 필요가 있으며, 이는 외국 관광객과 금강산 특구내 출입, 체류하고 있는 우리 국민의 신변안전과 재산권 보호 등 체계적인 안전관리를 담당하기 위함이다. 다음으로 기업의 창설 승인, 영업허가, 토지이용권, 건물, 차량 등 재산 등록 등 행정업무를 담당하여 우리 기업들의 투자 재산권을 보호하고 현지에서 필요한 각종 공공서비스 제공을 통해 안정적으로 관리 운영할 수 있다. 또한 위원회는 금강산 특구 지역이 친환경적으로 개발될 수 있도록 관광계획의 작성 및 관광자원의 조사와 개발관리, 투자유치, 국내홍보 마케팅 등의 특구 개발 사업에 대한 체계적인 지원대책을 마련할 수 있다.

2017년 5월, 새로운 정부가 출범하였다. 문재인 정부의 국정운영 5개년 계획 중 전략 2의 '남북 간 화해협력과 한반도의 비핵화'에서 국정과제 90'의 '한반도 신경제지도 구상 및 경제통일 구현'에서 보면 남북을 연결하는 동해권 에너지·자원 벨트, 서해안 물류 환경·환경·관광벨트 구축과 DMZ 환경·관광 벨트 구축에서는 설악산, 금강산, 원산, 백두산을 잇는 관광벨트 구축 및 DMZ를 생태·평화안보지구로 개발하는 구상이 포함되어 있다. 또한 남북경협 재개를 위해 유연하게 민간경협 재개를 추진하고, 개성공단 정상화 및 금강산관광을 재개하고 남북 공동 자원 활용을 위한 협력추진이 포함되어 있다. 이러한 새로운 정부의 구상은 국제사회의 제재 국면과 북측의 핵실험 및 미사일 발사의 위기국면 해소와 더불어 남북관계 돌파구의 접점이 마련되어야 한다.

2018년 2월에 강원도 평창, 강릉, 정선에서 동계 올림픽이 개최되었다. 정부에서는 평창 동계올림픽을 평화올림픽으로 개최하려는 적극적 의지를 표방하였다. 관광과 스포츠는 평화를 가져오는 긍정적인 요소이다. 더욱이 북한의 김정은 위원장은 신년사에서 한국에서 개최되는 평창 동계올림픽에 참가할 의사를 피력하였다. 이렇게 북한의 참가로 세계인의 스포츠 축제인 평창 동계올림픽이 평화올림픽으로 개최 가능성이 커졌다. 그리고 남북당국자 회담을 통해 남북 평창올림픽 참가를 최우선으로 논의할 계획이다. 북한의 평창 동계올림픽 참가를 계기로 남북관계가 크게 진전되고 핵문제의 구체적인 성과가 이루어지며, 나아가 금강산관광 재개의 길이 열릴 뿐만 아니라 남북화해와 협력의 길로 나아가기를 소망한다.

금강산
관광 재개를 위한 제언

김영윤
(사)남북물류포럼 회장

머나먼 북녘의 하늘을 마침내 보다

금강산관광, 이것은 남북 분단 50년사에 새로운 획을 그은 사건이었다. 내가 금강산을 처음 방문한 것은 1998년 11월 동해에서 장전항으로 가는 두 번째 배였다. 북으로 향하는 봉래호에서 북측 땅을 밟아 본다는 설렘으로 밤을 새웠다. 이른 새벽 도착한 장전항에서 바라본 북녘, 그렇게 머나먼 북녘의 하늘이 바로 내 곁에 있었다. 새벽 어스름과 배 안의 조명으로 잘 보이지는 않았지만, 고개만 들면 창을 통해 칠흑 같은 북녘의 땅이 다가오고 있었다. 왠지 모르게 눈물이 났다. 저기 저곳에 같은 말을 쓰는 내 동포가 옆에 있다는 생각, 그리고 현실에서 대치되는 상황이 모순으로 다가왔기 때문이다. 그날부터 시작된 금강산 방문은 북측을 직접 들여다보는 기회가 되었다. 얼어붙은 북녘을, 우울한 현실의 그들 모습을 충분하지는 않았지만 확인할 수 있는 공간이자 학습장이었다.

비무장지대를 가로질러 마주치는 휴전선에서는 누구나 할 것 없이 모두 군사적 긴장과 국토 분단이라는 물리적 단절을 느낀다. 그리곤 거의 반사적으로 이질감을 느끼게 된다. 순간, 분단된 남북측에 평화가 무엇이며, 통일이 우리에게 주는 의미를 떠올린다. 이런 의미에서 금강산관광은 진정한 통일이 마음의 통합에 있고 통일을 위해 우리는 무엇이 필요한지를 생각하게 해 주었다. 그리고 애써 초라함을 감추려는 그들의 모습에서 내 마음은 오히려 한 걸음 더 다가서고 있었다.

다시금 생각건대 금강산은 민족을 실질적으로 이은 소중한 통로였다. 그 통로를 통해 북측을 분명히 감지할 수 있었다. 그들이 장전항의 군사시설을 옮기고, 군사분계선과 비무장지대를 개방한 것은 물론 돈 때문이었다고 하나, 변화하려는 결심이 있었기에 가능했던 것은 아니었을까?

금강산관광은
관광만을 위한 것이 아니다

민간 차원에서 많은 교류 협력이 금강산에서 이루어졌다. 수많은 행사와 지원도 있었다. 2007년에는 남북이 공동으로 '신계사'를 복원하는 성과를 만들기도 했다. 북측지역 소실 문화재를 남북이 공동으로 복원, 민족 동질성을 회복하는 실마리를 제공했던 곳도 금강산이다. 그곳엔 이산가족이 언제라도 혈육을 만날 수 있는 면회소가 번듯하게 있다. 이렇게 우리는 금강산에서 북측 사람들을 거듭 만나면서 그들이 변화하는 모습을 확인할 수 있었다.

그렇다! 금강산관광은 단순히 멋진 경치를 즐기는 것이 아니다. 그것은 남북측 주민 모두를 위한 것이고 남측 주민을 위해서 더 필요한지도 모른다. 내 주위엔 지금도 금강산에 가고 싶은 사람이 많다. 사계절 변하는 금강산의 모습을 사진에 담고 싶어 하는 사람도 허다하다. 비로봉을 바라보며 온천을 즐기려는 사람도 부지기수다. 금강산은 그 자체로도 독특한 사회·문화적 욕구를 충족시켜 줄 수 있는 잠재력이 있기 때문이다.

남측 주민이 금강산에 간다고 하면 흔히 북측에 '돈을 퍼준다'고만 생각한다. 그리고 금강산에 가서 지출하는 돈이 모두 북측에 가는 것으로만 생각하는 사람이 많다. 그런 사람들은 북측에 '어떤 형태의 이익이라도 주어서는 안 된다'는 말을 한다. 그러나 기실 생계를 위해 금강산관광에 직·간접적으로 참여한 사람 중에는 오히려 남측 사람이 더 많다. 관광객을 모집하고 수송하는 여행사와 버스회사, 현지에서 영업하는 수많은 사업자, 속초나 고성군 지역 숙박업체, 음식점, 주유소, 기념품점을 운영하는 사람은 개성과 금강산관광으로 생계를 꾸리는 사람들이다. 금강산으로 자재를 납품했던 업체만 해도 수백 개. 이 같은 사업을 통해 얻었던 경제적 이익은 북측이 얻은 이익보다 훨씬 컸다고 본다. 시간이 지날수록 경제적 효과 이외에 미래가치로서도 금강산관광의 가치는 더 컸다.

앞서 언급한 것처럼 금강산관광사업은 민족공동체 형성의 실질적 수단이라 생각한다. 관광을 통한 남북협력 증진은 궁극적으로 북측의 정치·경제·사회와 주민의 삶에 영향을 미칠 수밖에 없다. 관광사업을 위한 대북투자는 북측 경제개방을 전제하는 대안이다. 이를 통해 만들어지는 남북경제협력 토대는 남북측 경제통합에도 상당한 역할을 할 수 있다.

금강산관광은 IMF 구제금융 당시 위기에 처했던 경제 상황을 호전시키

경의선 및 동해선 철도 도로 연결착공식, 현대아산(주) 제공.

는 데도 직·간접으로 이바지했다. 한반도에서 군사적 긴장은 곧바로 외국인 투자자의 투자의욕 감소와 외국인 관광객 감소로 이어져 우리 경제에 타격을 줬으나, 금강산관광이 그런 불안한 심리를 어느 정도 상쇄하였다고 생각한다. 이처럼 남북협력증진과 민족경제공동체 형성에 이바지하는 효과들이 지속적이고 장기적으로 축적될 경우에는 남북측 실질적 통합비용을 감소시키는 효과도 기대할 수 있다. 다만, 이러한 관광을 통한 남북측 교류협력을 장기간 지속해야만 그런 효과를 볼 수 있을 것이다.

이제 다시 금강산관광을 생각하자

지난 정부는 금강산관광 재개 희망을 외면해 왔다. 그러면서도 이산가족 상봉만은 지속하는 모순된 행동을 취했다. 금강산관광사업을 사업 자체 문제가 아닌, 정치적 차원 문제로 해결하려고 했기에 생긴 모순이다. 더욱이 이러한 압박을 통해 북측의 변화를 강제하는 차원에서 남북관광 문제를 풀어 나가려고 했기 때문에 그 해결이 점점 더 어려웠다. 금강산관광객 피격 사건과 관련, 남측 당국이 내건 3대 재개 조건은 북측에 변화를 강제하는 수단이었다. 관광객 신변안전에 대해 강력한 보장을 요구하는 것은 당연하나, 핵 문제 해결을 포함하여 변화를 강제하는 차원에서 이루어졌기 때문에 문제 해결의 유연성을 발휘할 수 없었다고 생각된다.

북측의 입장을 충분히 세우면서 남측이 원하는 관광객 신변안전을 얻어내는 것이 최선이지 않았을까? 무엇보다도 금강산관광을 재개하는 일과 함께 협의를 추진했어야 했을 것이다. 가장 아쉬웠던 것은 정부가 금강산 관광사업을 중단시킨 책임을 북측에 인식시키면서도 관광 재개 가능성에 대해서는 열어 두지 못한 것이다.

금강산관광사업 문제를 해결하려면 무엇보다 먼저 정부가 태도를 결정 해야 한다. 지난 정부는 '북측의 진정성 있는 태도와 변화'만을 요구했다. 북측이 우리가 요구하는 바를 들어주지 않기 때문에 들어줄 때까지 기다리 는 식이었다. 이는 정책이 아니다. 남북관광을 못 해도 손해날 것이 없다는 인식이라면 잘못돼도 한참 잘못된 정책이다. 민간단체가 남북관광 재개를 요구하는데 정부가 북측 핵실험과 천안함 사건을 끌어들여 "대북 제재가 이루어지고 있는 상황에서 금강산관광 재개는 시기상조"라는 말만 되풀 이해서는 안 된다.

금강산관광 재개 문제를 대북 압박 수단으로 계속 연계시켜 가는 것은 효과가 없다고 본다. 금강산관광 중단이 대북 압박 차원에서 이루어졌으 나, 아직 아무것도 해결되지 않고 있음은 그와 같은 수단이 실효성이 없다 는 것을 의미한다. 금강산관광을 중단해 북측이 스스로 핵 문제를 해결하 도록 유도하는 것도 아무 소용이 없다. 시간이 지날수록 북측은 더더욱 핵 무장이라는 위험한 선택을 하는 상황이 이를 반증한다.

북측 핵 문제는 국제정치적인 문제다. 그 해결에는 앞으로도 많은 시간 이 소요될 수밖에 없다. 정부가 남북측 문제를 신뢰 문제로 보는 것은 타당 하나, 신뢰는 먼저 쌓는 쪽이 나중에 더 큰 것을 얻는다. 먼저 작은 신뢰라 도 구축하려는 의지를 내보이는 것이 중요하다고 본다.

정부의 인식 전환이 필요하다

무엇보다도 지난 정권 때 가졌던 북측에 대한 자세와 생각을 버려야 한다. 지난 정부는 박왕자 씨 사망을 통해 북측에 전면적 항복을 얻어 내는 데 모든 것을 걸다시피 했다. 천안함과 연평도 포격사건은 물론, 북측 핵 문제까지도 해결하려는 기세였다. 북측을 강하게 밀어붙이면 그들이 항복하거나, 그 와중에 붕괴할지도 모른다는 생각도 마다치 않았다. 참으로 근거 없고 무책임한 생각이다.

더 나아가 금강산관광 재개를 위해 정부가 내밀었던 3대 조건은 과연 현실적이었는가를 성찰해야 한다. 다시 말해 과연 남측 정부가 제시한 조건을 북측이 들어주지 않아서 관광사업을 재개하지 못하는 것인가 하는 점이다. 그런 조건이 반드시 충족돼야만 할 것이었다면 더욱더 구체적이고 자세한 이야기를 왜 공개적으로 하지 않았는지 모르겠다.

충격 사건은 기본적으로 들어가서는 안 될 지역에 관광객이 들어갔기 때문에 발생한 것이다. 금강산 지역이 관광 지역이긴 해도 그곳은 엄밀히 말해 북측군이 경계를 서는 적진이나 마찬가지다. 북측에서 발표한 내용은 그들의 위수지역에 들어온 정체불명의 사람에게 정지를 명령했으나 응하지 않았기 때문에 총격을 가했다. 북측군 초병이 자신의 의무를 다했다고 한다면 할 말이 없어진다. 입장을 바꿔 한국군의 경계 지역에서 그런 일이 발생했으면 어떻게 했겠는가?

그리고 군이 경계를 선 지역에 사건에 대한 진상조사를 한다는 것은 어떤 형태와 범위 여부를 떠나 북측으로서는 일종의 주권 침해라고 생각할 것이다. 만약 중국 군사 지역에 한국 여행객이 어떤 이유에서건 총격 사건으로 사망하였다고 해서 우리가 주도적으로 진상조사를 할 수 있겠는가? 가까운 예로 필리핀에서 피살되는 한국 관광객이 한 해 10명 이상이다. 이에 대해 한국 정부는 어떤 조치를 취하고 있는가?

유사 사건 재발 방지나 관광객 신변안전 제도적 장치와 관련해서도 남측 정부는 더욱 정교한 북측 설득전략을 폈어야 했다. 현대아산 현정은 회장이 북측을 방문했을 때 북측은 김정일이라는 절대 권력자가 더는 그런 사건이 발생하지 않겠다고 보장한 것으로 이미 문제를 해결했다는 입장을 보였다. 북측에서 본다면 최고 권력자인 김정일 위원장이 언급한 사안이라면 그것보다 더 확실한 것이 없다. 최고 수준으로 한 약속이다. 한국 정부가 그것을 끝까지 문서형식으로 받는 것이 중요했다면 더 전략적인 접근을 해야 했다. 하지만 신변안전보장이 문서로 갖추어졌다고 신변보장이 완벽해지는 것도 아니다. 또한 현대아산이 그 기회를 제대로 활용하지 못한 아쉬움도 있다. 금강산관광을 재개하겠다는 남측의 의사를 보다 적극적으로 전달했다면 문제는 크게 달라졌을 것이다. 현대아산은 금강산 지역을 관광특구로 지정하면서 김정일 위원장의 친필 사인을 받아 낸 사례를 기억할 필요가 있다.

금강산관광 재개와 관련해 항상 제기되는 문제 중 다른 하나는 금강산관광 대가로 가는 자금이 북측의 대량살상무기와 관련이 있다는 것이다. 현금 유입이 금강산관광 재개 불가 이유가 된다면 북측과 할 수 있는 일이 아무것도 없게 된다. 살상무기로 연결되는 현금 유입이 문제라면 현물 인도나 북측이 필요로 하는 물품을 보내는 방법을 찾아낼 필요가 있다. 이는 금강산관광을 시행하면서도 얼마든지 가능하다.

우리의 의지는 무엇인가?

금강산관광 재개는 한국 정부의 의지와 의사 표명이면 충분하다. 나머지는 실무적인 문제다. 한국 정부가 남북관광사업을 재개하겠다는 의지를 표명한다면 어떻게 될까? 북측이 응할 가능성은 크다. 물론, 실제 금강산관광을 재개하는 과정에는 한국이 원하는 대로 된다는 보장이 없다. 기존에 해왔던 금강산관광사업 환경이 크게 변했기 때문이다.

북측은 금강산관광이 중단된 이후 일련의 조치를 통해 현대아산이 가졌던 금강산관광 지역 독점적 사용 권한을 변경했다. 북측 '조선아시아태평양평화위원회'는 "북측 지역을 통한 금강산관광은 우리가 맡아 하되 해외 사업자에게 위임할 수 있고, 남측 지역을 통한 관광은 현대가 계속 맡아 한다"는 입장을 통고한 바 있다. 독점권 취소는 독점권 회수를 의미하는 것이 아니라 엄밀히 말해 금강산 지역 독점적 사용을 변경한 것이다. 이 때문에 금강산관광 지역권 사용도 과거보다 훨씬 더 까다롭게 됐다. 금강산 지역에서 분쟁이 발생할 경우에도 과거에는 제3자 개입 여지가 있었으나, 현재는 협의로 해결할 수 없을 때는 북측이 정하는 재판 절차에 따라야 한다. 그렇다면 한국 정부는 어떻게 이 문제에 접근해야 할까?

먼저 한국 정부는 기존 금강산관광 합의서를 무시하는 것이 좋다. 북측이 합의서 이전, 계약 무효를 내세우고 있기 때문이다. 장사하라고 내준 가게를 사용하지도 않고 더욱이 월세도 안 주니 임대계약을 취소하겠다는 입장이다. 체결된 합의서 효력을 원천적으로 무시하는 상황에서 합의서를 제시하며 원칙만을 고수하는 것은 아무 소용이 없다. 그보다 먼저 관광을 재개하는 방향으로 추진하되, 금강산 지역 실질 독점권을 남측이 확보하는

금강산 묘길상, 김광석 제공.

것이 바람직하다. 물론, 정부나 기업이 선뜻 받아들이기 어려울지도 모른다. 이럴 경우, 과거 계약은 무효가 되고 북측이 일방적으로 만든 새로운 특구법을 인정하는 셈이 되기 때문이다.

그러나 금강산 지역 실질 독점을 우리가 획득한다면 이것을 바탕으로 새로운 합의에 도달하는 것이 더 현실적인 방법이다. 즉, '관광이 중단된 기간에는 독점적 사용이 배제될 수밖에 없으나, 금강산관광이 재개되는 즉시 우리에게 독점적 사용을 보장해야 하며, 이를 실질적으로 뒷받침할 수 있는 관광 활성화를 위한 노력을 해 줄 것'을 제시하는 것이다. 이와 함께 금강산 지역 사용과 관광 운용에 대한 제3자와의 협의 사안과 관련해서는 반드시 남측 동의를 받아야 할 것을 명시하는 것이다. 단번에 독점 사용권을 보장받기는 쉽지 않겠지만, 관광 재개를 통한 금강산관광 활성화로 북측의 인식을 바꾸어 가는 것이 훨씬 효율적이다.

앞서 언급한 것처럼 현 상태에서는 북측과 맺은 그 어떤 계약서도 효력이 없다. 금강산관광사업에 참여하는 남측 기업은 새로 등록 절차를 거치고 다시 시설물을 임대해야만 하며, 세무등록, 세관등록도 해야 한다(금강산국제관광특구법 제26조 참조). 특구관리운영 및 관광사업에 지장을 준 자는 원상복구·손해배상·벌금부과, 안전 침해 및 사회질서 위반 시 행정적·형사적 책임을 부과하고 있다(금강산국제관광특구법 제40조 참조). 만약 이와 관련 분쟁이 일어났을 경우, 과거에는 제3자가 개입할 수 있는 여지가 있었으나 이제는 그마저 쉽지가 않다. 관광지구 개발과 관리 운영, 기업 경영활동과 관련해 발생한 의견 상이는 당사자들 사이에 협의로 해결하게 돼 있기 때문이다(금강산국제관광특구법 제41조 참조). 북측 자신도 만약 협의 방법으로 해결할 수 없으면 당사자들이 합의한 중재절차로 해결하거나 공화국의 재판 절차로 해결하는 것을 명시하고 있다. 따라서 정부는 금강산관광사업이 북측이 주도하는 사업이 된 점을 일단 수용하되, 금강산관광 활성화 과정에서 협상을 통해 변경할 수 있도록 하는 것이 중요하다고 본다.

다시 금강산에 가자

더는 대북 정서에 의존하는 대북 정책은 그만해야 한다. 이는 하책 중에서도 하책이다. 이제 북측이 먼저 우리가 원하는 조건을 들어주어야만 한다는 이야기는 그만하자. 들어주지 않는 북측을 협상을 통해 들어주게 하는 것이 상책이고 제대로 된 전략이 아니겠는가? 그것은 한국 정부가 감당해야 할 몫이다. 지난 10년 가까이 남북관광사업 재개 가능성을 모색하지 못한 것은 북측에 대한 관리 실패다. 스스로 무능을 드러낸 것이나 다름없다. 남북관계를 어찌 두부 자르듯 전부 아니면 전무(all or nothing)로 해결할 수 있겠는가? 강하면서도 유연하고, 유연하면서도 강한 정책적 기교가 필요하다. 치밀하고도 노련하게, 그러면서도 앞을 충분히 내다보아야 한다.

금강산 표훈사, 김광석 제공.

금강산
기업인의 목소리

최요식
(사)금강산 투자기업협회장
(주)채널라인 대표이사

1998년 11월, 교과서와 기록영화에서만 보던 금강산을 남쪽의 어느 자수성가한 사업가 한 명이 열어 놓았습니다. 통일이니 한민족이니 거창한 구호 다 제쳐놓고 자신의 고향을 죽기 전에 남쪽 국민에게 소개하고 싶은 작은 소망으로 시작한 사업은 정치와 이념을 넘어 이제 남북경협의 시작과 상징입니다.

거기에 금강산이 있습니다.

금강산은 계절마다 부르는 이름이 각각 다릅니다. 계절마다 형형색색 바뀌는 금강산의 변화하는 모습에 산을 오르는 관광객들은 감탄합니다. 사실 금강산관광은 비즈니스에서 시작했습니다. 하지만 사업이 지속할수록 남과 북이 가까워지고 남북 간 문화를 서로 이해하고 인적 교류가 활발해지더니 결국 인도적 사업도 했습니다. 급기야 금강산이 남북 두 체제의 완충지가 됐습니다. 체제를 이해하고 통일의 밑거름이 될 수 있다는 확신을 서로 주고받는 통일 마당이 된 것입니다.

이것만으로도 금강산관광은 목적을 이룬 경협사업이자 문화교류 사업입니다. 남측에서 금강산에 투자한 49개 투자기업은 통일, 평화의 개념보다는 비즈니스 차원에서 남과 북 국가 간의 합의된 사항을 믿고 총 3500억 원을 투자했습니다. 금강산은 남과 북의 경협 장소입니다.

하지만 2008년 8월 관광객 피격사건이 일어나 온 나라를 발칵 뒤집어 놓았습니다. 저는 그 당시 금강산에 있었습니다. 놀란 가슴을 쓸어안고 북측 근로자들과 하루 일정을 회의하고 있었습니다. 평상시의 회의와는 사뭇 다른 분위기였습니다. 저도 놀랐지만 분명 북측 근로자와 북측 관계자의 눈빛도 흔들렸습니다. 지금도 생생하게 기억합니다. 그리고 관광 중단! 금강산관광 중단 10년! 금강산에 투자한 49개 투자기업이 금강산관광 중단으로 입은 매출손실액은 8000억 원이 넘는 천문학적인 금액입니다. 저희 투자기업들의 큰 아픔입니다.

금강산 사업에 투자한 49개 기업과 1만여 명에 달하는 관련 기업 종사자들은 아팠고 지금도 아파하고 있습니다. 저희 49개 투자기업은 국가로부터 버림받을까 두렵고 국민에게 잊힐까 무섭습니다. 이로 인해 고통당할 가족들에게 미안하고 죄는 없어도 형벌을 받아야 하는 죄인일 뿐입니다. 저희는 관광 사업을 통해 북측과 남측의 회사 운영 방법, 일하는 맘가짐이 다르다는 걸 몸소 겪었습니다. 처음 냉소적이던 그들도 저의 설명과 합리성에 고개를 끄덕이며 적극적인 자세로 변한 모습도 기억납니다. 그래서 금강산

북측 사람들에게 최고 인기였던 금강산 이동 포장마차, 현대아산(주) 제공.

관광사업이란 단순한 사업이 아니라 민족의 동질성을 회복하고 체제를 이해하는 민족의 사업입니다.

금강산관광사업을 잘못 이해하시는 분들이 있습니다. 관광객들이 북측에 돈을 쏟아 주는 거로 생각합니다. 실제는 이러합니다. 현대아산을 통해 금강산 방문을 원하는 관광객은 신청과 동시에 개인당 금강산 입장료를 냅니다. 금강산에 있는 동안의 숙식비를 포함해 남측 49개 기업이 운영하는 호텔, 식당, 면세점 등 모든 편의시설 이용료는 49개 남측 기업에 냅니다. 남측 기업의 매출금액 이익은 고스란히 남측으로 가져옵니다. 그러나 관광 중단 이후 많게는 몇백억부터 적게는 몇억을 투자한 기업들이 몸 하나만 빠져나오고 모든 투자자산은 금강산에 놓고 나왔습니다.

그래도 금강산관광은 반드시 재개돼야 합니다. 경제적 이유를 떠나서 이전에는 알지 못했던 의미를 금강산관광을 통해서 얻었습니다. 우리는 한민족, 통일의 대상, 형제입니다. 금강산을 다녀오신 200만 남측 관광객과 조금은 우리를 다른 시선을 바라봤던 북측 동포들도 깊이 느끼고 있을 마음의 변화가 민족의 소중한 자산입니다. 155마일 휴전선을 대치하고 있는 체제와 이념이 다른 두 나라가 서로를 향해 총부리를 겨누고 있는 현실에서 서로를 이해하고 노력하는 우리, 우리 심장에 금강산이 있습니다.

금강산관광이 시작된 지도 11월 18일이면 20여 년이 다 돼 가고 중단된 지도 10년이 다가옵니다. 저는 금강산과 개성을 통해 작은 '통일'을 경험했습니다. 아픔과 좌절을 안겨 준 곳이기도 하지만 애환과 민족의 희망을 발견한 곳이기도 합니다. 그러한 곳에 지금 저희는 갈 수도 볼 수도 없습니다. 그저 아파할 수만 없어 그간의 속내를 전합니다. 금강산은 단순히 책 속의 산이 아닙니다. 이론으로 뒤덮인 산이 아닙니다. 우리의 삶이 오롯이 빛나고 흐르는 산입니다.

결론적으로 전합니다. 20년간 시행착오를 통해 얻은 귀한 물질적. 정신적 자산을 이대로 잃어버려선 안 된다고…. 금강산관광은 왜 재개돼야 하는가? 각기 다른 세상을 여행하다 보면 우리가 집밥을 그리워하듯 우리 남과 북은 지금은 떨어져 있지만, 남이나 북이나 때가 되면 서로를 그리워할 동기를 주는 공간이기에 금강산관광은 하루 빨리 재개돼야 합니다. 결국 금강산관광 중단으로 피해를 본 대상은 경제적으로는 금강산에 투자한 국내 49개 투자기업이고 남과 북의 문화적 상실과 단절입니다. 남과 북에 생이별하고 있는 수십만 이산가족의 아픔을 위로하기 위해서라도 금강산은 열려야 합니다. 금강산에는 수백억 원을 투자해 조성해 놓은 이산가족면회소가 있기에 금강산은 다시, 반드시 재개돼야 합니다.

'신계사'로 복원된 남북협력

대한불교조계종
민족공동체추진본부

금강산 신계사의 역사

강원도 고성군 신북면 창대리에 있는 신계사(神溪寺)는 금강산에 있는 사찰로 일제강점기에는 유점사 산외 말사였다. 금강산 신계사를 찾아가는 길은 여러 가지가 있는데, 그중 하나가 정어리 어장으로 유명한 장전에서 출발해 만 가지 모습을 띠고 있는 만물상으로 가는 길과 온천으로 유명한 온정리를 지나 관음봉과 문필봉 사이에 있는 극락 고개를 넘는 방법이다. 이처럼 극락 고개를 넘어 이르게 되는 금강산 신계사 바로 앞쪽에는 기봉, 왼쪽에는 웅암, 오른쪽에는 문필봉, 뒤쪽에는 관음봉이 있다.

또한 일제강점기에 편찬된 『유점사본말사지』에 함께 수록된 「금강산신계사사적」에 창건과 관련된 기록이 남아 있다. 남경 지환 스님이 1825년에 지은 「금강산신계사사적」에 의하면 신라 법흥왕 5년(519)에 보운 스님이 창건했다고 한다.

신계사(神溪寺)의 처음 이름은 신계사(新溪寺)인데 이것은 신라시대에 창건되면서 신라의 '신(新)'에 부응하기 위해 지은 것이다. 하지만 신계사를 창건한 보운 스님이 가까이 있는 계곡에서 물고기 떼가 놀고 있는 것을 보고 '부처님 도량은 가장 청정한 법계인데 어찌 물고기가 있어 냄새가 진동하는가?'라며 역정을 내었다. 그래서 주문으로 방편을 써 고기떼를 푸른 바다로 몰아냈다고 전해진다. 그 후 바다까지 계곡 물이 이르러도 고기떼는 들어오지 못하게 됐다고 한다. 이런 이유로 절 이름이 새로운 계곡에서 신령스러운 계곡으로 바뀌었다.

신계사는 창건 이후 삼국 통일에 지대한 공헌을 한 신라 인물들과 인연을 맺고 있다. 김유신은 진덕여왕 7년(653)에 왕실 기도를 올린 기념으로 신계사를 중건하고, 통일 후인 문무왕 19년(679)에는 김유신의 동생인 김흠순과 문무왕의 동생인 김인문이 왕실에 청을 올려 대웅전을 보수했다.

고려 때는 고려 초기 대표적 고승이자 대표적 화엄사상가인 국사 탄문 스님이 광종 19년(968)에 신계사를 보수했다. 남측에서 서산마애불로 유명한 보원사지에는 현재 그의 탑과 탑비가 남아 있지만, 그와 관련 있는 남북측 유적지 모두 지금은 불법이 끊긴 빈 절터가 되었다. 이어서 인종 6년(1128)부터 평양으로 수도를 옮겨야 한다는 서경천도론을 주장한 평양 출신 묘청 스님이 인종 8년(1130)에 금강산 신계사를 중창했다. 아마도 평양 천도 운동 과정에서 금강산 지역에 대한 인식이 자연스럽게 고조되지 않았나 생각된다.

조선시대에 이르러서는 나운 스님(1709-1782), 대은 스님(1780-1841), 대웅 스님(1589-1665) 등이 금강산 신계사에 주석하며 후학을 배출했다. 이 외에도 조선시대 숭유억불 정책 아래 관리로서 불사에 적극적인 사람은 황근중(1560-

신계사 터에서 열린 복원 기원법회, 현대아산(주) 제공.

1633), 정원용(1783-1873), 신재식(1770-?) 등이 있었다.

근대 이후 가장 활발한 활동을 한 사람은 김규복과 유경화이다. 김규복은 1887년 대웅보전 중건부터 수차례에 걸쳐 많은 재물을 보시했다. 그는 조정에서 급사시중을 맡아 궁중 살림을 관장했던 사람으로 이로 인해 고종 이후 왕실 원당으로 주목받는 계기가 됐다. 유경화는 금강산 신계사 선원에 많은 지원을 했는데, 1929년에는 180석에 달하는 토지를 선원 유지를 위해 기부하기도 했다. 유경화 공덕비는 현재 금강산 신계사 부도밭에 있다.

일제강점기에는 시행된 사찰령에 의해 유점사 말사로 편입됐다. 그러나 본래 신계사는 금강산을 대표하는 4대 사찰 가운데 하나였기 때문에 여러 말사를 두고 있었다. 『유점사본말사지』에 따르면 신계사에는 8개 산내 말사가 있다. 미륵암, 보광암, 문수암, 상운암, 보운암, 법기암, 대승암, 삼성암이 그것이다. 이 외에도 발연사, 화장암, 몽천암, 중관음암, 천장암, 낙가암, 미타암에 관한 옛 기록이나 터가 남아 있다. 안타깝게도 원래의 신계사 건물은 6·25전쟁으로 모두 소실되었다. 그러나 빈터에는 아직 부처님 탑, 스님들 탑, 단월 공덕비가 지금도 남아 있다.

이처럼 유구한 역사의 신계사를 품은 금강산 불교의 서장은 유점사 53불이 남해왕 때 조성됐다는 연기설화까지 거슬러 올라간다. 금강산 이름은 『화엄경』에서 연유하여 담무갈 보살이 상주하는 도량으로 불가에서는 인식됐다. 7-8세기에는 보덕과 표훈, 신림 등의 창건 연기가 알려졌고, 이어 확실한 터전이 진표 율사의 발연사에서 비롯된다. 그리고 신라 말에 이르러 선종계 석탑이 조성된 것으로 보아 신라시대 금강산 불교는 화엄종과 법상종에 이어 선종 승려들이 활동했던 것으로 보인다. 그래서 사자산문 조사 철감 선사가 금강산에서 수행하고 장안사에서는 석조 비로자나불이 조성되기도 했다.

고려시대 금강산은 왕실 지원으로 점차 사찰 규모가 커지고 많아지며 중국에까지 명성이 자자했다. 태조가 법기보살을 친견하고 예배했다는 설화도 있으며, 고려 말에는 신앙의 대상으로 널리 알려져 고려와 원나라 왕실과 권문세가에 의해 사찰 운영이 매우 왕성했다. 그리고 환암과 나옹 등 유명한 승려들의 수행 분위기도 조성되어 갔다.

조선시대 금강산은 무학과 같은 수행의 장소로도 주목을 받았지만 신앙 중심지로 더욱 환영을 받았다. 태조와 세조를 중심으로 불사가 개최되고 왕 영정이 봉안됐으며, 사찰 중창과 기념물 조영이 계속됐다. 조선 후기에 들어서자 금강산은 명승 탐방지로 유명해져 일반인과 함께 운수 행각을 일삼던 납자(衲子, 승려들의 낮춤말)들이 자주 찾는 수행 터전이 됐다. 서산과 사명이 금강산에 주석해 제자를 길러낸 이래 문하 제자가 융성하며 수행 도량으로서의 기치를 드높인 것이다. 또한 제월과 기암 등의 활동으로 임란 피해를 복구해 불전과 불상을 비롯한 가람 중창 불사가 지속적으로 추진됐다. 이런 성세는 수많은 수행인의 활동 근거를 마련해 주었고, 이런 정황은 조선 말기까지 이어졌다. 그래서 당시의 명망 있는 승려들은 대다수가 금강산에서 수행하였다. 이렇게 법기보살이 상주하는 수행 도량으로서 명승 금강산의 명성이 정착되었다. 이는 근대 불교계에까지 계승돼 경허와 만공, 용성 그리고 효봉, 석우 선사에 이르기까지 금강산은 수행의 터전으로 굳건하게 자리매김하였다.

신계사 복원불사의 배경

1) 남북관계의 획기적인 변화

금강산 신계사 복원불사의 주요 배경에는 획기적으로 변한 남북관계가 자리하고 있다. 반세기 넘게 이어 온 남북 분단은 적대적인 감정뿐만이 아니라 정치, 경제, 사회, 문화 모든 분야에서 이질감을 심화시켜 온 과정이었다. 반세기 넘게 남북 간 대립관계가 지속되다가 1990년대 초 구소련권 해체 등 세계질서가 급격하게 변동하고, 1990년대 중후반 북측 지역에서 재해로 발생한 식량난을 남측이 돕는 과정에서 변화의 결정적인 계기가 만들어졌다.

남측의 대북 식량 지원 등 인도적인 지원 활동은 남북 당국자 간 단일 창구에서 다양한 분야의 직접 접촉을 넓히는 계기가 됐다. 또한 이는 인도적인 지원을 넘어 인적 교류의 확장과 분야별 교류 내용을 발전해 가는 데 기초를 이루었다. 1998년 금강산관광까지 남북 화해가 진척됐다.

이러한 토대 위에 2000년 6월 15일 '남북정상회담'과 '남북공동선언'은 남북 간 관계를 획기적으로 변화시켰다. 정부 간 대화와 함께 분야별 교류·협력사업도 활기를 띠었고, 이후 남북교류가 활성화하는 계기가 됐다. 그리고 인도적 차원의 지원에서 비롯된 교류가 정치, 군사, 경제 분야 상호 협력으로 확대하여 나중에는 사회, 문화, 체육 분야에서도 교류가 이루어졌다. 이후 남북경제협력의 상징인 개성공단 설치, 개성관광, 철도와 육로의 개통 등은 발전된 남북관계의 상징이었다. 이 중에서도 금강산관광은 금강산 신계사 복원불사의 직접적인 계기가 됐다.

금강산 신계사 복원 준공식, 현대아산(주) 제공.

2) 남북 불교 교류의 상징

앞에서 남북관계 변화 흐름을 살펴본 바와 같이 불교의 남북교류도 남북의 변화와 비슷한 경로를 거쳐 발전해 왔다. 1990년대 중후반 범불교적인 대북 인도적 지원으로 시작된 남북 불교 일꾼들의 빈번한 만남은 교류 영역의 확장과 교류의 다양한 소재를 찾는 논의로 발전됐다. 이런 과정에서 1998년 금강산관광은 불교인의 관심을 매우 고양했다. 이는 민족적으로나 불교적으로나 금강산이 갖는 상징성이 매우 크기 때문이다.

반세기 넘는 분단의 벽을 허물고 일반인이 북측 지역을 방문할 수 있다는 사실과 그 지역이 금강산이라는 데 관심이 집중됐다. 이 시기 종단에서는 남북교류를 발전적으로 전개하기 위한 상징적인 교류협력사업의 필요성을 절감하고 있었다. 이 과정에서 금강산과 신계사는 새로운 남북불교 교류의 관심으로 떠올랐다. 민족 명산이고, 불교 성지이며, 남북관계 개선을 상징하는 불교 남북교류의 적정한 소재가 금강산 신계사다. 민족문화로서의 신계사 복원불사는 그 시기 최적의 교류사업 조건을 갖추고 있었다. 그야말로 역사적인 불사였다. 금강산관광이 시작되자 종단에서는 이런 과제를 실현하기 위해 성지순례, 부처님오신날 등달기, 위령제, 금강산 신계사 복원기원법회, 통일기원법회, 금강산 신계사지 지표조사를 지속해서 진행하면서 금강산 신계사 복원불사의 당위성을 확보해 나갔다.

3) 북측과 현대의 금강산 신계사 복원에 대한 관심과 참여

신계사 복원불사는 종단의 관심만으로 독자적으로 추진할 수 있는 사안은 아니었다. 금강산은 북측 지역에 있고 이 지역을 현대가 장기적으로 임

차해 개발하기로 했기 때문이다. 이런 조건에서 종단의 관심만으로 복원불사가 성사되기는 어려운 현실이다. 특히 남북관계와 금강산관광이 초창기였기 때문에 긴장감 속에 조심스러운 행보를 하고 있던 시기였다.

또한 신계사 복원은 1998년부터 '조국평화통일불교협회(이하 평불협)'와 북측이 합의해 추진됐던 사안이지만, 복원을 추진하는 과정에서 어려움이 따르자 2000년 초 북측이 현대를 통해 종단에 복원불사 추진을 요청했다. 현대도 관광자원 개발이라는 측면에서 적극적인 관심이 있었다. 그러다가 2000년 남북정상회담 후 8월 언론사 사장단 방북 때 김정일 국방위원장의 금강산 신계사 복원 의지가 확인되면서 복원불사는 종단과 북측, 그리고 현대가 공동으로 추진하게 됐다.

신계사 복원 과정

복원불사가 본격적으로 거론된 것은 1998년 9월 남측의 '평불협'과 북측의 '금강산 국제그룹'과 '아시아·태평양위원회(이하 아태)'가 금강산 신계사 복원을 위한 협약서를 체결하고 현대아산이 11월에 남북 합의하에 금강산관광을 하게 되면서부터다.

금강산관광이 허용되면서 남측 사람이 금강산에 갈 수 있다는 사실은 일반인에게도 특별했지만, 특히 불교도의 관심은 지대했다. 역사적으로 금강산은 불교성지이면서 스님들이 고향처럼 여기는 수행처이기 때문이다. 이것은 1999년 6월 2일부터 5일까지 있었던 '불교도 금강산 성지순례'라는 구체적인 행동으로 나타났다. 육로가 아닌 해로를 이용한 금강산관광은 초창기의 불편함에도 불구하고 많은 관심이 쏠렸다. 이 결과 당시 총무원장 고산 스님을 비롯해 조계사 주지스님, 종회의원, 한국불교종단협의회(이하 종단협) 각 종단 원장스님들을 비롯해 스님 600여 명, 신도 800여 명 등 1200여 명이라는 불교도가 대규모로 금강산을 방문하고, 신계사 터에서 남측 스님과 불자가 해방 후 처음 법회를 열었다. 그러나 이때만 해도 신계사 복원 문제는 검토되지 않은 상황이었다.

신계사 성지순례 이전인 1999년 3월 29일에 북경에서 있었던 종단과 '조선불교도연맹(이하 조불련)'이 모여 열린 남북 불교 대표회담에서 6월 성지순례 계획을 통보하고 북측 불교 대표가 이에 참여하도록 요청했다. 그리고 신계사 터에서 실시할 법회 계획을 전달했다. 그리고 신계사 복원과 관련해서 남북 불교 간 합의 여부에 대해 질의했다. 이 질의에 '조불련'의 답변은 제안서를 받은 적은 있으나 공식적인 논의가 없었다는 것, 그리고 '조불련'이 참여하지 않으면 사찰 복원은 어렵다는 것, 당시로서는 신계사 복원 사업 추진 가능성이 없다는 것, 신성한 종교 성지가 아닌 관광지의 볼거리로 복원이 추진되는 것을 반대한다는 것을 확인했다. 또한 신계사 복원이 추진되면 남북 불교 대표가 공식적인 논의를 통해 상호 긴밀하게 협의해 진행하겠다는 답변을 들었다.

한편 1998년 '평불협'과 '국제금강산그룹' 간에 협약을 맺었던 신계사 복원문제가 시행능력 문제, 대표성 문제와 함께 통일부 승인 유보로 인한 약속 시각을 지키지 못하면서 사업추진이 어렵게 됐다. 이에 2000년 2월 북측의 대남 경제협력 사업조직이면서 현대의 파트너인 '아태'는 신계사 복원의 새로운 상대를 물색해 달라고 현대에 요청했고, 현대는 대표성이 있는 '종단협'을 거쳐 조계종단에 이 내용을 제안했다. 조계종단에서는 현대의 제안을 받아 10인 위원회(조계종 3인, 현대 3인, 전문가 4인)를 구성해 한 차례 모임을 했다. 그 후 6월 7일 현대로부터 합의서 초안이 전달되고 이 초안을 검토하는 과정에서 조계종단은 본격적으로 다양한 방안들을 연구했다.

이러한 연속 선상에서 신계사 복원불사는 2000년 이후 남북관계가 급진전하면서 본격적으로 거론되기 시작했다. 2000년 8월 언론사 사장단 평양 방문 때 김정일 국방위원장이 신계사 복원을 거론한 것을 계기로 빠르게 복원 논의가 추진되기에 이르렀다. 이때부터 종단도 본격적으로 복원불사 방안을 구상하게 됐다. 사업계획서, 사업주체(조계종, 조불련, 현대, 아태의 관계와 역할 문제), 예산 조달방안, 복원 후 남측의 사찰 운영 참여 방안 등을 검토하고 준비했다.

2001년 3월 금강산 신계사 복원을 위한 기원법회(산신제) 봉행과 금강산 신계사와 온정리 부처님오신날 연등 달기 등을 남북이 합의해 처음으로 실시하고, 2001년 11월 2일부터 10일까지 신계사 지표조사를 함으로써 복원 불사를 위한 사전작업을 시작했다. 이후 매년 부처님오신날 등달기와 성지 순례를 진행하면서 복원을 위한 초석을 다졌다. 그 과정에서 금강산 신계사 공동복원의 주체를 조계종과 조불련으로 공식화하고 실무협의를 거쳐, 2003년 1월 조계종 총무원장 정대 스님과 조불련 박태화 위원장이, 그리고 7월에는 조계종과 현대가 금강산 신계사 공동복원 의향서에 합의했다.

2004년 1월에는 조계종과 현대, 3월에는 조계종 총무원장 법장 스님과 조불련 박태화 위원장이 실행합의서에 서명하고 본격적인 불사를 시작했다. 공사 기간은 2004년부터 2007년까지 4년 계획으로 시행하기로 하고, 2003년 제1차로 대웅전 터 시·발굴조사를 시행함으로써 본격적인 복원이 구체화하기 시작했다.

2004년 6월 조계종단에서는 '금강산 신계사 복원추진위원회'를 구성해 종단의 복원불사 추진 주체를 세우고 대웅전 복원과 낙성식, 삼층석탑 및 만세루, 요사채1의 발굴조사를 시행했다. 그리고 복원불사 도감으로 제정 스님을 파견함으로써 북측 땅에 최초로 남측 스님이 상주하게 됐다. 2005년은 만세루와 산신각, 요사채1을 복원하고 3층 석탑 해체 복원과 7개 전각 발굴조사를 시행했다. 또한 노전스님 1명과 재가직원 그리고 자원봉사도 파견했다. 2006년은 극락전, 축성전, 칠성각, 나한전, 종각, 어실각, 어실각문 복원과 대웅전, 만세루, 요사채1의 단청을 마무리했다. 남북이 합동으로 제2차 낙성식을 개최하고 요사채2의 발굴조사를 시행했다. 2007년은 요사채2 복원, 수각, 창고를 복원하고 각 전각에 부처님, 탱화, 성물 봉안, 범종불사가 이루어졌다. 또한 전년도에 복원한 전각과 요사채2 단청, 석축 공사, 현판과 주련 제작, 주변 지역 시굴조사를 시행했다. 이로써 2007년 10월 12일, 복원불사를 마무리하고 남북이 합동으로 준공식을 거행함으로써 4년간의 복원불사를 마무리했다.

신계사 복원의 주체

복원불사에는 남북 불교계뿐만 아니라 많은 관련 단체와 전문가들이 관련돼 있다. 하지만 기본적으로 남북 불교가 주체다. 남측 공식 대표는 '대한불교조계종'이, 북측 공식대표는 '조선불교도연맹'이 대표해 실무협의를 진행했다. 그리고 남측에서는 통일부 지원으로 현대아산이 공동으로 복원 사업을 진행했고, 북측은 조선중앙역사박물관, 문화보존지도국, 조선문화 보존사, 평양건설건재대학이 결합해 추진했다.

조계종은 총무원 사회부, 문화부, 민족공동체추진본부 임원, 본사주지스 님, 비구니회, 종회로 구성된 금강산 신계사복원추진위원회를 구성하고, 사 무국을 별도로 두었다. 사회부는 행정업무와 대외섭외관계, 대북교류창구 를 맡고, 복원 불사와 관련한 기술적인 부분은 문화부가 담당했다. 남측은 제정스님을 불사 도감으로 파견해 신계사에 상주케 했고, 북측은 문화보존 지도국 직원을 파견해 상주케 하면서 공사 관련 사항을 협의하고 관리·감 독하게 했다.

전문가 그룹으로 남측에서는 석탑 복원, 고건축 설계, 도편수 등 목조건 축, 발굴조사, 단청, 석축, 현판 글씨, 판각, 불상, 탱화, 창호, 기와공 등 각 분야 전문가가 참여했고, 북측에서는 조선중앙역사박물관과 문화보존지도 국 관할의 발굴대, 단청, 설계 등 관계 전문가가 참여해 합의를 바탕으로 공 동 불사를 진행했다.

신계사 복원 원칙과 방식

복원불사는 발굴조사를 통한 남북 학자들의 학술적인 고증을 거쳐 소실 직전의 모습을 기준으로 복원하기로 합의했다. 단위별 사업은 필요에 따라 연중 상시적인 접촉과 합의를 통해 추진했다. 역할 분담은 남측(종단)이 불사비용 조달과 설계도를 마련하여 공사를 진행하며, 북측(조불련)은 남북공동복원사업의 취지에 따라 필요한 인력동원과 장비 및 천연부자재를 제공하기로 했다. 건축, 설계, 불상, 탱화, 성물 조성과 현판 및 주련 글씨, 판각은 기본적인 남북의 합의를 거쳐 남측에서 주도하고 시행했다.

북측은 구체적으로 발굴조사단, 단청, 야간경비, 잡역부 인력을 파견했다. 현장감독은 남측에서는 제정스님이, 북측에서는 문화보존지도국 성원이 상주하면서 현장실무와 공사를 감독했다. 비용 조달은 기본적으로는 종단의 공식예산과 불자들의 모임이 중심이었고 통일부의 남북교류협력기금, 그리고 현장 불사금으로 충당했다. 여기서 현대는 불사 관련 자재 반입, 현지 장비와 이동 수단 등 편의 및 현장 방문과 현장 체류 인력의 숙식을 제공했다.

신계사 복원의 의의와 성격

1) 남북 화해 협력의 상징

신계사 복원불사가 가능했던 것은 남북 화해와 교류 협력이 이루어 낸 성과이다. 남북교류는 금강산뿐만이 아니라 다양한 지역과 영역에서 교류가 이루어졌다. 그러나 인적 교류와 사업적인 측면에서 일상적인 접촉이 폭넓게 이루어진 곳은 금강산관광 지역과 개성 지역이다.

이 사업은 1998년 금강산관광을 시작으로 2000년 남북정상회담 후에 북측 최고위층의 복원에 대한 관심과 지시로 급진전했다. 그리고 2002년 노무현 대통령의 참여정부가 지속적인 화해 협력 정책을 추구하면서 구체적

신계사 복원 낙성, 현대아산(주) 제공.

인 실행 단계로 접어들게 됐다.

　사업이 본격적으로 거론되기 시작한 1998년부터 2003년까지는 남북 불교 대표 간 합의서 작성 준비가 있었다. 2004년에서 2007년까지의 본격적인 4년간의 불사는 남북 화해 협력을 통한 관계 개선을 추구한 김대중 정부의 햇볕정책과 노무현 정부의 민족 화해 포용정책의 추진 시기와 정확히 일치한다. 이와 같은 사실은 신계사 복원불사가 남북 화해 협력의 결과물이라는 것을 증명하고 있다.

2) 남북 불교 교류의 전형

　신계사 복원불사는 남북 불교 대표자 간의 의향서와 실행합의서를 작성하고 40여 차례가 넘는 남북 불교 대표 및 실무회담, 수십 차례의 전문가 현장 협의를 거친 남북합의를 통해 이루어진 사업이다. 남북의 공동 사업 정신에 의한 철저한 합의를 통해 복원불사를 진행했고, 6차에 걸친 남북 공동 시·발굴조사와 학술적인 고증을 통한 복원 원칙 수립과 검증의 절차, 2년 동안 2차례 3~4개월간에 걸친 공동 단청, 대웅전을 비롯한 12채의 가람과 창고, 수각, 화장실 등 총 건평 272평의 건축 설계와 시공, 전각의 명칭, 범종, 부처님과 탱화와 그 외 성물 조성 봉안도 합의 정신을 충실히 반영해 시행했다. 또한 남북의 사찰 건축 장인들과 불사 관련 장인들의 수차에서 수십 차례에 걸친 방북과 남북 기술자들의 장시간 공동 작업을 통한 기술교류와 인간적인 유대로 성공할 수 있었다.

　대웅전 남북공동 착공식을 비롯해 두 차례의 공동낙성식과 준공식에 열린 남북공동법회, 이를 통한 불교의식의 공유, 남측 스님의 북측 지역 사찰 상주와 신행 활동, 30여 차례에 걸친 연인원 1만여 명의 남측 불자 성지순례는 신계사 복원불사의 결과이기도 하지만 한편으로는 남북교류의 새로운 길을 여는 과정이라고도 할 수 있다. 아울러 민족문화재인 전통사찰의 복원이면서 사회, 문화, 학술, 불교 등 다양한 분야가 교류하면서 이루어진 과정과 그 성과의 폭과 깊이를 볼 때 종합적인 불교 교류의 전형으로 향후 불교 남북교류의 교과서로 삼을 만하다.

3) 남북 불교 교류 역량 결집과 통합의 장

금강산의 신계사 복원불사는 시기와 염원이 절묘하게 만난 남북 불교 공동사업이었다. 부처님의 위신력과 가피만 믿고 시대적인 분위기와 남북교류 활성화의 간절한 열망으로 시작한 사업은 예산이나 주체가 충분하게 준비돼 출발한 것이 아니었다.

본격적으로 시작된 2004년에는 예산이 없어 부채로 불사를 진행했다. 그렇게 담당 주체들의 열정과 사명감으로 4년간에 걸친 복잡하고 다양한 경험을 현장에서 겪으면서 몸으로 활로를 열어나간 불사였다. 그렇게 하여 4년간의 불사가 원만히 회향됐고 예산도 54억 정도가 결산됐지만, 실질적으로는 60억이 훨씬 넘는 불사였다. 북측 땅이라는 여러 특수성을 감안하면 이 불사가 원만히 회향됐다는 것은 남북 불교에 있어서는 매우 의미 있는 일이라고 할 수 있다.

이 불사에 참여했던 종단의 지도부를 비롯해 모든 스님과 불자의 동참, 불사에 직접 참여해 진행한 남북 장인과 인력, 그리고 헌신적으로 현장에서 머리를 맞대고 문제를 하나하나 추진해 나갔던 남북 실무 일꾼 모두가 민족의 화해와 통일을 염원하는 마음으로 나섰기 때문에 이 불사가 원만히 회향될 수 있었다.

이는 남북 불교의 역량이 결집된 결과물이면서 이런 경험과 성과는 앞으로 민족통일에 불교가 자기 임무를 수행하고 불교가 하나로 통합되는 데 시발점이 될 수 있을 것이다. 여기서 남북 불교가 얻은 자신감과 신뢰는 향후 종단의 남북교류 여정에서 든든한 버팀목이 되고 튼튼한 뿌리가 될 것이다. 아직은 가야 할 길이 멀지만, 금강산 신계사 복원불사의 공동경험은 남북의 불교에는 무한한 상상력과 힘을 줄 것이다. 이제 민족통일의 여정에서 남북 불교의 통합은 여기서 또다시 출발하는 기점이 돼야 하며, 이런 경험을 공유하고 확산해 남북 불교가 역량을 결집하는 공간으로 거듭나야 한다.

금강산관광의 재개와
향후 남북관광 발전방향

신용석
한국문화관광연구원 부연구위원

한반도를 둘러싸고 국제관계가 평창올림픽 이후 긴박하게 돌아가고 있다. 충돌 직전까지 간 관계들이 북한의 평창올림픽 참가를 기점으로 급반전 후 남북정상회담이 4월 말에 개최될 예정이다. 남북정상회담의 의제는 아직 구체적으로 정해지지 못하고 협의 중이지만 과거 10년간 닫혀 있던 남북 관계에 있어 새로운 기점이 될 것은 확실하다. 남북정상회담에서 비핵화 문제만을 다룰 것인지, 아니면 개성공단이나 금강산관광과 같은 남북 경제협력의 문제까지 논의될 것인지는 2018년 1월 현재로서는 알 수 없다. 또한 남북경협 항목이 의제에 포함되더라도 세부적인 문제까지 다루기는 어렵고 큰 틀에서의 합의에 그칠 수 있지만 남북관계가 개선되면 조만간 구체적 사업재개 논의가 시작될 것은 당연한 일이다.

그러나 금강산관광이 지난 10년간 장기간 중단되면서 남북 간에는 감정의 골이 너무 커져 버렸고 풀어야 할 숙제도 적지 않다. 그러므로 금강산관광의 재개를 위해서는 사전에 우리 정부가 시나리오를 가지고 대비해야 할 필요가 있다. 따라서 이 글에서는 향후 금강산관광 재개를 위해서는 어떠한 과정을 거쳐야 할 것인지, 그리고 우리 정부가 북측과 협의해야 할 사항은 무엇인지에 대한 논의를 해보고자 한다. 아울러 금강산관광 재개 이후 향후 남북관광이 나아갈 방향에 대해서도 덧붙이겠다.

특히 이 글에서는 논의의 효율을 위하여 금강산관광의 성과나 평가 부분은 간략히 살펴보고 과거 금강산관광이 가지고 있던 제도적 문제점과 그에 대한 개선방안, 그리고 재개 방식에 논의의 초점을 맞추도록 한다.[1]

금강산관광사업의 성과와 한계

금강산관광사업의 성과는 정치·경제·문화의 세 분야에서 살펴볼 수 있다.

첫째, 정치적 측면에서 금강산관광은 남북 간 군사긴장을 완화하는 데 기여할 수 있는 평화사업이다. 남북 간의 국지적 무력충돌이나 북한의 핵실험으로 인한 남북관계의 경색국면에서도 금강산관광이 계속된 점이나 금강산관광으로 인하여 북한 고성항(장전항)의 개방, 북한의 최전방 군사기지였던 해금강의 개방, 분단 이후 최초로 비무장지대를 통한 다수 일반인

---

1   이 글에 담긴 내용은 필자의 개인적 의견을 반영한 것이며 한국문화관광연구원이나 남북경제협력 포럼의 공식적 입장이 아님을 밝힌다. 또한, 이 글은 필자의 남북관광과 관련된 기존 연구들을 현재 상황에 맞게 재정리한 것이다.

의 통과가 가능해진 점 등이 정치적 성과다.

둘째, 금강산관광은 남과 북 양측에 경제적 성과를 가져왔다. 우선 북한에 미친 가장 직접적인 효과로서는 북한의 외화수입에 대한 기여다. 1998년 금강산관광 사업이 시작된 이래 현대에서 북한에 지급한 관광 대가와 관광객에 의한 수입을 고려하면 북한이 거둔 외화는 5억 달러가 넘을 것으로 추정된다. 남한 쪽의 경제적 성과로는 우선 1999년부터 2008년까지 현대아산의 금강산관광 매출액이 7378억 원을 기록하였다. 또한 같은 시기 금강산 지역의 총 투자액은 약 3530억 원이며 이 과정에서 여행업, 요식업, 운송업 등의 각 분야에 경제적 효과를 발생시켰다.

셋째, 금강산관광이 가져온 사회문화적 효과로서 남북 간의 정서적 교류를 들 수 있다. 관광은 서로 다른 사회의 구성원들이 직접적인 접촉과 교류를 통해 상대방에 대한 이해도와 친숙감을 키우는 효과가 있다. 또한 금강산관광에서 발생하는 남북의 접촉은 민족적 정서 회복에 역시 기여하였다.

금강산관광 사업은 이렇게 많은 성과를 가져왔지만, 그 진행 과정에서 문제가 있던 점도 부정할 수 없다. 금강산관광사업이 시작된 이후 남북관계에 따라 많은 부침을 겪었다. 특히 북한의 핵실험과 같은 무력도발은 국내외 여론을 악화시켰으며 사업에 부정적 영향을 미쳤다. 게다가 북한의 관광객 억류나 일방적인 관광중단, 금강산관광지구 내 남측의 자산 몰수나 동결 같은 조치들은 비즈니스 관례에 전혀 맞지 않는 조치들로 금강산관광 사업의 안정성을 심하게 저하시켰다.

이러한 금강산관광사업의 불안정성은 사업의 추진과정에서 민간과 정부의 역할이 분리되지 않아 더욱 심화되었다. 정부에서 기반 조성을 담당했던 개성공단과 달리 금강산관광사업은 공공과 민간 사업자의 역할 분담이 이루어지지 않아 기반에 대한 투자 부담을 초기에 민간에서 담당하여 사업자의 재정 부담이 증가하였다. 그리고 '개성공단관리위원회'와 같은 관리기구가 존재했던 개성공단과 다르게 금강산 지역에는 그러한 관리기구가 없어서 돌발사건이나 사고 발생 시 우리 정부가 개입할 수 있는 범위나 역할이 제한적이었는데 이러한 문제점들에 대해 좀 더 자세히 살펴보도록 한다.

금강산관광의 제도적 문제점

1) 남북 관광교류협력 기본합의서 부재

금강산관광은 현대그룹이 북한의 '조선아시아태평양평화위원회(이하 아태위원회)'와 계약을 체결하면서 시작되었고 우리 정부는 금강산관광사업에 대하여 사후 승인을 하는 형태로 진행되었다. 즉 남북 정부 간에 금강산관광산업의 제도적 문제 전반에 대한 기본적 합의가 이루어지기도 전에 민간기업인 현대그룹과 아태위원회 간의 계약이 체결된 것이다. 심지어 사업 초기에는 북측 아태위원회는 금강산관광에서 남측 정부는 일절 관여하지 말 것을 요구하기도 했다.[2]

이러한 상황으로 인하여 금강산관광 초기에 우리 측 정부는 자국민이 다른 국가를 여행할 때의 가장 기본적인 조건인 신변 보장과 제반 요건 등을 제대로 확인하지 못하였으며, 북한 정부와 정부 간 교섭의 기회가 매우 제

---

2 1998년 9월 1일 아태위원회는 대변인 담화를 통해 금강산관광사업은 현대그룹과의 '민간급 경제사업'이므로 남측 정부당국은 일절 관여하지 말 것을 요구하였다.

한적이었다. 이후 1999년 6월 남측 관광객 민영미 씨의 강제 억류 문제가 발생했을 때 40여 일간의 관광 중단 사태가 발생해서 금강산관광에서 우리나라 국민의 신변 보장에 대한 문제가 불거지고 그 결과 신변안전에 관한 합의서가 체결되는데 체결 주체는 남북 당국이 아니라 여전히 현대그룹과 아태위원회였고 그 내용도 여전히 모호한 수준이었다.[3]

다행히 이후 2004년 남북 당국 간에도 '개성공업지구와 금강산관광지구 출입 및 체류에 관한 합의서'가 체결되어 우리 국민의 금강산 지구 관광에 대한 신변보장 부분은 좀 더 개선되지만, 이 합의서 역시 남북 관광교류에 관한 포괄적 합의서가 아니라 출입 및 체류에 관한 부문만을 명시한 것이고 신변보장에서도 세부조항이 명확하지 않은 부분은 계속 남아 있게 된다.

게다가 이 합의서는 개성공업지구와 금강산관광지구에 한하여 신변보장만을 명시한 것이어서 북한의 다른 지역을 방문하는 우리나라 국민의 안전에 대해서는 법적 적용의 예외가 생기는 문제가 있었다. 서로 다른 국가 간 관광교류가 이뤄지려면 제일 먼저 기본적으로 이루어지는 것은 양 국가 간 관광교류에 대한 기본적인 사항을 명시한 '포괄적' 합의서의 체결인데 현재 남북관광에서는 이러한 기초적인 제도 사항이 준비되지 않은 것이다.

이러한 상황은 북한과 중국의 관광교류를 둘러싼 협정체결과 비교해 보면 더욱 극명하게 대비된다. 북한과 중국은 2009년 10월, '중국 관광단체의 북한관광 실현에 관한 양해각서(关于中国旅游团体赴朝鲜民主主义共和国旅游实施方案

---

3 1999년 7월 30일에 체결된 합의서는 현대그룹과 아태위원회 및 금강산국제관광총회사 사이에 체결되었으며 그 주요 내용은 다음과 같다. 1) 신변안전을 중시하여 문제 발생 시 각기 3-4명으로 구성하는 "금강산관광사업 조정위원회"에서 협의·처리한다. 2) 강력한 형사사건 등 엄중한 사건인 경우에는 "금강산관광사업 조정위원회"에서 협의·처리하되 원만히 처리되지 않은 경우 "금강산관광사업 조정위원회"와 해당 기관이 협의·처리한다.

的谅解备忘录)'를 체결⁴하고 북한을 방문하는 중국관광 단체들의 안전과 관광 교류에 관한 기초적인 사항을 정하였다. 이렇게 중국은 북한과 먼저 자국 국민의 단체관광에 대한 기초적 사항을 담은 포괄적 양해각서를 체결한 후 관광이 시작되었다. 하지만 금강산관광의 경우 먼저 민간사업자(현대그룹)가 북측(아태위원회)과 사업계약을 체결하고 이후 우리 정부는 사후승인을 했다는 것, 그리고 신변보장에 따른 정부 간 합의서가 뒤늦게 체결되는 순서를 거쳤다. 즉 사업절차의 선후가 뒤바뀐 문제점을 드러낸 것이다.

2) 신변보장 합의서 미비

'개성공업지구와 금강산관광지구 출입 및 체류에 관한 합의서'는 2004년 1월 남북 장관급 회담에서 남북 정부기관(남측: 통일부·북측: 내각) 간에 체결되었다. 이 합의서는 분명히 이전(以前)에 민간기업(현대그룹)과 북한 아태위원회 간 체결된 합의서보다는 진일보하였다. 그러나 이 신변보장 합의서도 2008년 관광객 피격사건을 통해 문제점이 드러났는데 관련 조항의 주요 내용을 살펴보면 다음과 같다.

〈표 1〉 '개성공업지구와 금강산관광지구 출입 및 체류에 관한 합의서' 주요 내용

---

4 2009년 10월, 중국의 원자바오 총리는 방문단을 이끌고 북한을 공식 방문하였고 북한의 김정일 위원장 면담 및 다수의 북한 정치 지도자들과 회담을 했다. 10월 4일에는 북한의 김영일 총리와 북한-중국 간의 여러 산업 분야 협력에 관한 회담을 했는데 이 자리에서 관광부문에 대한 협정 분야도 논의되었다. 각 분야의 협정에 관한 합의문에는 중국과 북한의 해당 부서장들이 서명하였는데 관광 분야의 양해각서는 중국은 왕즈파 국가여유국 부국장, 북한은 강철수 국가관광총국 부국장이 담당하였다.

조(條)	주요 내용
제1조: 정의	합의서에서 사용된 용어에 대한 의미 설명
제2조: 기본원칙	경제협력지구 출입 및 체류에 관한 협력, 편의보장 및 법질서 기본원칙
제3조: 출입통로	남북출입통로(철도, 도로, 해상로)에 대한 합의 내용
제4-5조: 출입절차	인원의 출입절차(제4조)와 통행차량의 출입절차(제5조)
제6조: 출입심사	남측 방문 인원 및 차량에 대한 북측의 출입심사 내용 및 편의보장, 검역 등
제7조: 체류	경협지구 내 7일 이상 체류할 경우 체류등록 및 신고에 관한 사항
제8조: 제한대상	경협지구 내 출입 및 체류 금지대상 해당자 명시(국제테러범, 병질환자 등)
제9조: 긴급구조 조치	재해, 사고 발생 시 북측의 구조조치 및 남측협력
제10조: 신변안전 보장	북측의 남측인원에 대한 안전보장 내용 및 법질서 위반 시 대처내용
제11조: 지구 밖 출입	경협지구와 지구 밖 사이의 출입절차
제12조: 정보교환 과 협력	합의서이행과 관련하여 남북 간 필요정보 교환 및 협력, 문제 협의 · 해결을 위한 공동위원회 구성 · 운영
제13조: 해석 및 적용상 문제 해결	합의서 해석 및 적용과 관련하여 문제 발생은 남북경제협력추진위원회 또는 위임기관에서 협의 · 해결
제14조: 적용 범위	지구출입 및 체류에 관한 문제는 본 합의서의 우선 적용
제15조: 수정 및 보충	합의서는 남북합의에 따라 수정 · 보충할 수 있으며 그 절차 명기
제16조: 효력	합의서 효력 발생 및 폐기에 관한 절차 및 시기

출처: 신용석(2011).

신변 보장에 관한 10조의 내용을 좀 더 상세히 살펴보면 다음과 같다.

〈표 2〉 합의서 제10조 신변안전보장의 세부 조항

항	내용
10조 1항	북측은 인원의 신체, 주거, 개인재산의 불가침권을 보장한다.
10조 2항	북측은 인원이 지구에 적용되는 법질서를 위반하였을 경우 이를 중지시킨 후 조사하고 대상자의 위반내용을 남측에 통보하며 위반 정도에 따라 경고 또는 범칙금을 부과하거나 남측 지역으로 추방한다. 다만 남과 북이 합의하는 엄중한 위반행위에 대하여는 쌍방이 별도로 합의하여 처리한다.
10조 3항	북측은 인원이 조사를 받는 동안 그의 기본적인 권리를 보장한다.

10조 4항	남측은 법질서를 위반하고 남측 지역으로 추방된 인원에 대하여 북측의 의견을 고려하여 조사, 처리하고 그 결과에 대하여 북측에 통보하며, 법질서위반행위의 재발방지에 필요한 대책을 세운다.
10조 5항	남과 북은 인원의 불법행위로 인하여 발생한 인적 및 물질적 피해의 보상문제에 대하여 적극 협력하여 해결한다.
10조 6항	외국인이 법질서를 위반하였을 경우에는 북측과 해당 국가 사이에 맺은 조약이 있을 경우 그에 따른다.

10조의 6개 항 중에서 관광객 피격과 직접적으로 관련된 부분은 제2항이다. 이 조항에서 문제가 되는 것은 경협지구를 방문하는 우리나라 국민에 대한 법 적용을 해당하는 주체가 일방적으로 북측으로 정해져 있다는 것이다. 물론 법 적용은 일반적으로 속지주의를 적용하여 해당 국가의 법을 적용하는 것이 맞지만, 남북경협 지구의 경우 남북 관계의 특수성이 인정되는 지역으로서 북측의 일방적 법 적용보다는 남북 간 합의를 준수하는 것이 필요하다.[5]

그래서 해당 조항에도 '엄중한 위반행위'에 관하여는 쌍방이 별도로 합의하여 처리한다는 단서가 있기는 하지만, 여기에서도 '엄중한 위반행위'라는 것의 범위나 예(例)가 설정되어 있지 않고 막연하게 쌍방이 합의한다고만 되어 있는 문제가 있다. 이렇게 조항이 구체적이지 못하고 처벌주체가 북한 위주로 되어 있는 경우, 우리나라 국민이 관여된 실제 사건·사고가 발생하면 우리나라 국민의 권리가 제약되고 북한의 선의에 의존하게 되는 문제가 발생한다.

3) 금강산관광지구 관리기구 부재

---

5 우리나라의 〈남북관계 발전에 관한 법률〉과 북한의 〈조선민주주의인민공화국 북남경제협력법〉에서도 이러한 남북관계의 특수성을 인정하고 있다.

앞서 살펴본 '개성공업지구와 금강산관광지구 출입 및 체류에 관한 합의서' 제12조와 제13조에는 남북경협지구(개성공업지구와 금강산관광지구) 관리기구에 대한 내용이 명시되어 있다. 즉, 합의서 제12조 2항에 "남과 북은 출입 및 체류와 관련하여 발생하는 전반적인 문제들을 협의·해결하기 위하여 공동위원회를 구성·운영하며, 그 구성·운영에 필요한 사항은 남과 북이 별도로 합의하여 정한다"라는 내용이 있고 제13조에도 "이 합의서의 해석 및 적용과 관련하여 발생하는 문제는 남북경제협력추진위원회 또는 그가 위임하는 기관에서 협의하여 해결한다"라는 조항이 있다.

문제는 이 조항에 따라 개성공업지구(개성공단)에는 관리 위임기구인 〈개성공업지구 관리위원회〉가 설치[6]되었지만 금강산관광지구에는 〈금강산관광지구 관리위원회〉가 설치되지 않았다는 것이다. 이러한 상황은 다수의 중소기업이 입주하여 활동 중인 개성공단과 다르게 현대아산이 거의 독자적으로 운영하는 금강산관광지구의 특성상 남측정부의 개입을 최대한 배제하고 현대와의 직접 협상을 통해서 유리하게 사업을 이끌어 나가려는 북한의 의도가 작용한 것이 큰 이유지만, 합의서에 경협지구 관리기구의 설치시기를 명확하게 해놓지 않아 미뤄진 탓도 있다.

이러한 이유로 인해서 금강산관광지구에 관리기구가 없어서 발생하고 있는 현실적 측면의 문제는 공공부문(public sector)의 역할을 담당할 기구가 없어 남측의 민간 사업자에게 사업 이외의 과도한 부담과 우리나라 국민의 신변보장 및 안전과 관련된 서비스가 제대로 제공되지 못하였다. 공공 부문의 역할이란 도로, 교량, 상하수도와 같은 사회 인프라의 건설과 관리 및

---

6 합의서는 2004년 1월에 체결되고 〈개성공업지구 관리위원회〉는 2004년 10월에 설치되었다.

치안, 소방, 공중 보건과 같은 공공 서비스, 그리고 기업들의 등록·영업허가 등 행정 서비스를 제공하는 것이다.

그런데 개성공업지구에서는 〈개성공업지구 관리위원회〉가 이러한 공공부문의 역할을 수행하고[7] 있는 데 비하여, 금강산관광지구에서는 민간사업자인 현대아산이 도로 등의 인프라 운영과 의료, 소방[8]과 같은 공공 서비스의 일부 기능만을 대신하였다. 그 결과 금강산관광지구에서 현대아산의 협력업체로 활동하고 있는 약 40여 개의 중소업체는 개성공업지구와 같은 행정 서비스를 받지 못하였으며 현대아산의 경우도 공공 부문이 맡아 주어야 할 공공 서비스의 관리기능을 대신하여 사업 외적인 위험관리 부담을 떠안고 있는 문제가 발생하였다(박상돈, 2007).

또한 금강산관광지구에 공공 관리기관의 부재로 인한 문제는 관광객 피격사건의 처리절차에서 더욱 두드러지게 나타났다. 우선 사건현황을 파악하는 데 시간이 소요되었고, 사체 수습 등 일차적인 사건 처리 과정도 현대아산을 통하여 할 수밖에 없는 상황이었기 때문에 사건 초기에 우리 측 정부의 대처가 용이하지가 않았다. 또한 이후 북한과의 사건조사를 놓고도 상시적 기구가 없는 상황이었기 때문에 그 과정 또한 매끄럽지가 못하였다. 만일 〈금강산관광지구 관리위원회〉가 설치되어 있었다면 현대아산을 통하지 않고 우리 정부가 직접 개입하기가 좀 더 수월했을 것이다.

---

7 〈개성공업지구 관리위원회〉에서 밝히고 있는 주요 업무 분야는 다음과 같다. ①기업 인허가 업무, ②노무 지원, ③제도 제정 및 시행, ④하부구조시설 관리, ⑤환경 및 소방, ⑥출·입경, ⑦물자 반·출입.
8 의료의 경우 현대아산 소유의 금강병원이 운영되고 있으며 소방은 뒤늦게 2008년 7월 통일부에 의해 금강산관광지구에 설치되었으나 시설건립비만 통일부에서 부담하였으며 인건비 및 관리운영비는 역시 현대아산에서 담당하는 형식이었다. 그나마 이 소방서조차 개서한 지 며칠이 지나고 관광객 피격 사건이 발생하면서 운영되지 못하고 이후 남북관계가 경색되면서 북한에 의해 우리 정부 소유의 이산가족면회소, 한국관광공사 소유의 문화회관, 면세점, 온천장과 함께 동결조치 되었다.

이러한 제도적 문제들은 향후 금강산관광 재개 후 꼭 개선되어야 할 사항들이다. 하지만 이러한 사항들을 해결하기 위해서는 먼저 금강산관광이 재개되어야 하는데 다음 장에서는 재개를 위해 현재 걸려 있는 문제점들을 살펴보고 그에 대한 방안을 제시해 보겠다.

금강산관광 재개 선결조건의 처리

금강산관광의 중단 원인은 개성공단과 다르다. 개성공단은 2016년 2월 북한의 핵실험과 장거리 미사일 발사로 인하여 폐쇄되었지만, 금강산관광은 관광객 피격사건이 중단의 원인이 되었다. 따라서 개성공단 재개와 금강산관광의 재개는 분리되어서 취급해야 한다.

금강산관광 사업은 당시 우리 국민의 피격이 중단 원인이 됨에 따라 당시 정부는 금강산관광 재개를 위해서 사건 재조사, 북한의 사과, 재발방지와 제도적 방안 마련의 3대 선결 조건을 주장하였고 현대그룹 현정은 회장이 2009년 8월, 북한 김정일 국방위원장과의 면담을 통해 남북관광 재개 및 통행교류 등 다섯 가지 사항에 대해 합의했을 때도 남북 당국 간 합의가 아니라는 이유로 금강산관광 재개의 기회를 놓쳤다. 이후 북측은 금강산관광 사업에 참여하는 우리 기업의 자산을 일방적으로 몰수 조치하는 강수를 두고 10년이라는 시간이 흐르게 되었다.

그렇다면 이제 이러한 3대 선결 조건을 해결할 수 있는 현실적 방안은 무엇일까? 우선 10년이라는 시간이 흐른 상황에서 사건 재조사라는 것은 현실적으로 불가능한 것으로 보인다. 사건 현장이 여태까지 보존되어 있을 리도 없고 북측 군부는 당시의 주장을 굽히지 않을 것이다. 그렇다면 금강산 관광의 선결 조건은 결국 북한의 사과와 이에 따른 재발방지와 제도적 마련이 전제 조건일 것이다. 이 두 가지 사항에 대해서 나눠서 보도록 하자.

먼저 북한의 사과 문제는 어떻게 해결할 수 있을 것인가? 필자의 생각에 북한은 사과문을 발표할 가능성은 희박할 것이다. 특히 북측에서도 강경파인 군부가 관련되어 있어 이는 더욱 민감한 사항이기 때문이다. 그렇다면 형식보다 내용을 중요시해 사과문이 아닌 합의문을 통한 북측의 유감 표명을 하는 방법을 고려해 볼 필요가 있다. 합의문을 통한 북측의 사과 표명방식은 선례가 있다. 2015년 북한의 비무장지대 지뢰 도발로 유발된 남북긴장 상태에서 〈남북고위당국자 접촉(2015.8.22.~24)〉이 개최되었는데 북한은 여기서 합의문의 형태로 지뢰 도발에 대한 사과를 하였다. 당시 남북 공동 합의문의 제2항을 살펴보면 다음과 같은 내용으로 되어 있다.

"2. 북측은 최근 군사분계선 비무장지대 남측에서 발생한 지뢰폭발로 남측 군인들이 부상을 당한 것에 대하여 유감을 표명하였다."[9]

금강산관광의 사과 문제에 대해서도 이러한 합의문을 통해 북한의 사과를 이끌어 내는 것을 고려해 볼 필요가 있다.

두 번째 선결 조건인 재발방지와 신변보장의 문제는 결국 같은 얘기이다. 재발방지와 신변보장은 서로 엮어져 있는 데 이를 위해서는 앞서 짚었던 금강산관광의 제도적 문제점에 관련된 사항들, 즉 신변안전 조항과 관

---

9 2015.8.25. 통일부, 〈남북고위당국자 접촉결과 해설자료〉 발췌.

련된 합의서 개정과 〈금강산관광 관리위원회〉 구성이 해결되어야 한다. 그러나 합의서 개정과 〈금강산관광 관리위원회〉 구성은 단시일 내에 해결될 수 있는 사항이 아니다. 따라서 이 모든 사항을 한번에 해결하려는 패키지 딜(Package Deal) 방식을 취하면 금강산관광의 재개는 과거와 똑같은 교착상태에 빠질 우려가 있다. 따라서 우선 금강산관광 재개라는 큰 틀에 합의하고 단계적으로 문제들을 해결할 필요가 있다. 그리고 제반 사항이 해결되기 전에는 금강산관광지구 안에 사무소나 연락소를 설치하여 우리 정부의 국민 안전보장에 대한 의지를 보여 주어야 할 것이다.

정리하자면 남북은 금강산관광재개를 위해 사과 문제는 합의문의 형태로 안에 담고, 단계적 접근을 통하여 제반 사항을 차근차근 해결하되 우선적으로 금강산관광 재개라는 대전제에 합의를 도출하는 것이 중요하다. 아래는 필자가 금강산관광 남북상호 합의문의 예시를 작성한 것이다.

금강산관광 재개를 위한 남북 상호합의문 (예시)

남과 북은 금강산관광 재개를 위하여 다음과 같이 합의하였다.
북측은 지난 2008년 금강산에서 발행한 남측 관광객의 사망사고에 대하여 유감을 표명하였다.
남과 북은 향후 이러한 사고방지를 위하여 상호 협력하고 이를 위해 필요한 제반적 조치에 노력한다.
남과 북은 금강산관광의 발전을 위하여 〈금강산관리위원회〉 개설에 상호 협력하며 이를 위하여 금강산관광지구에 남측 연락소를 설치한다.

한편 금강산관광의 재개와 관련된 또 다른 문제로 우리 정부가 제시한 3대 선결 조건 이외에 UN의 대북제재 저촉사항에 관한 부분이 있다. 현재 북한은 핵실험을 중지하고 남북정상회담, 북미정상회담을 통한 관계 개선을 시도하고 있지만, 아직은 공식적으로 대북제재 조치에 영향을 받는 상

황이다.[10] 금강산관광은 앞서 밝힌 것처럼 개성공단과 달리 북한의 핵실험에 영향을 받아 중단된 것이 아니고, 북한에 대한 UN의 대북제재도 금강산관광 중단 이후에 내려진 것이지만 UN 대북제재 조치에 저촉되는 사항인지는 정부의 사전검토와 함께 관련 작업이 필요할 것이다.

남북관광 발전방향

문재인 정부는 '한반도 신경제지도' 구상을 통하여 남북의 경제협력을 통한 공동발전을 밝힌 바 있다. 이 구상의 내용 중 남북관광과 관련된 사항을 살펴보면 "DMZ 환경·관광벨트 : 설악산, 금강산, 원산, 백두산을 잇는 관광벨트 구축 및 DMZ를 생태·평화안보 관광지구로 개발"하겠다는 내용과 "여건 조성 시 개성공단 정상화 및 금강산관광을 재개"하고, "남북공동 자원 활용을 위한 협력 추진"의 사항들이다.[11]

여기서 가장 시급한 것은 무엇일까? 말할 필요도 없이 금강산관광의 재개다. 금강산관광의 재개가 없이 한반도 관광벨트 구축 및 관광지구 개발은 불가능하다. 과거 박근혜 정부가 발표했던 "DMZ 세계생태평화공원"이 구호에 그친 이유도 마찬가지다. 개성공단과 함께 남북경협 사업의 양대 축이었던 금강산관광사업 재개를 두고 다른 관광사업을 추진하겠다는

---

10 유엔 안보리는 지난 2013년 3월 8일 대북제재 결의안 2094호를 채택, 북한의 핵이나 탄도 미사일 개발과 관련 있을 가능성이 있다면 현금이나 금융자산의 이동 그리고 금융서비스를 금지하도록 한 대북제재조치를 시행했다.

11 '한반도 신경제지도 구상'의 상세한 내용은 통일부 국정과제 홈페이지를 참조할 것
  - http://www.unikorea.go.kr/unikorea/policy/project/task/convention/

것은 문제의 핵심을 놔두고 변죽을 울리는 것이다. 남북관광사업의 출발은 금강산관광사업의 재개에서 시작한다.

만일 4월 말의 남북정상회담이 성공적으로 치러지고 이후 남북관계가 개선되어 금강산관광 사업이 재개된다면 그다음에 필요한 것이 앞서 밝혔던 〈남북관광교류협력 기본합의서〉의 체결이다. 이 합의서는 우리 정부가 향후 추진하려는 남북관광 사업 전반에 관해 남북간 협력을 약정하는 포괄적 합의서로서 ① 남북관광교류협력 상호지원 및 협력, ② 상호 방문 관광객의 신변보장, ③ 남북 관광공동개발 분야 명시, ④ 남북관광 교류협력에 관한 전담기구(가칭: 남북관광 교류협력위원회) 설치 등에 관한 기본적 사항들이 들어가 있어야 한다.

〈남북관광교류협력 기본합의서〉가 체결된 이후에는 한반도 신경제지도에서 밝힌 '원산, 백두산 관광벨트 개발' 이외에도 '북한관광자원 개발을 위한 남북관광자원 공동조사연구', '북한관광인력 육성지원' 등 다양한 사업을 추진해 볼 수 있을 것이다. 그러나 이러한 사업들은 아직 먼 훗날의 얘기다. 노무현 정부 시절에 관광뿐 아니라 여러 분야에서 다양한 사업아이디어가 제시되었지만, 남북관계 경색에 따라 아이디어에 그치고 실현된 것은 거의 없다. 남북교류협력 사업에서 잊지 말아야 할 대원칙이 '단계적 접근'과 '탄력적 대응'이다. 그러므로 남북관광 발전방향도 이러한 기본원칙에 따라 추진되어야 한다.

<표 3> 남북관계에 따른 남북관광 주요사업 추진

남북관계	복원기	확장기	발전기
남북관광 주요사업	• 금강산관광 재개 • 금강산관광 관리 위원회 설치 • 남북관광교류협력 기본합의서 체결	• 남북관광교류 협력위원회 설치 • 북한관광자원 남북합동 조사 • 개성관광 재개	• 북한관광인력 육성지원 • 백두산관광개발 • 원산 국제관광지대 개발 • 남북관광 공동 VISA

맺음말

금강산관광이 우리에게 가지는 의미는 무엇인가? 각자의 시각에 따라 '통일'이라는 단어를 떠올리는 이도 있을 것이며 '북핵'이라는 단어를 떠올리는 이도 있을 것이다. 이러한 단어들은 보통 개인의 정치관이나 북한에 대한 정서와 관련되어 있을 것인데 필자는 금강산관광과 남북관광에 대한 시각을 좀 더 넓게 볼 필요가 있음을 강조하면서 이 글을 마치고자 한다.

첫째, 금강산관광을 하면서 북한에 주는 관광 대가는 북한에 대한 무상원조 성격의 지원금이 아니다. 이 관광 대가는 엄격하게 말하자면 북한 입국에 대한 VISA Fee와 입산료의 성격으로 볼 수 있다. 북한은 엄격히 UN에 남북과 동시에 가입된 다른 국가이며 우리나라와 상호 비자면제협정이 현재는 체결되어 있지 않다. 당연히 북한을 입국하려면 입국에 대한 VISA Fee와 함께 금강산을 방문하려면 입산료를 지불하는 것이다. 해외여행을 가서 그 나라의 국립공원이나 명산에 입장할 때를 생각해 보면 된다. 따라서 금강산관광을 일방적 퍼주기라고 지적하는 것은 옳지 못한 것이다.

둘째, 금강산관광사업에는 앞서 살펴본 것처럼 현대아산뿐 아니라 20여 개의 협력업체와 강원도 지역의 많은 소상공인이 관련되어 있고 이들이 발생시키는 매출이 적지 않다. 즉 금강산관광의 재개는 북한뿐 아니라 남한의 관광산업 발전에도 도움이 되는 것이다. 금강산관광이 중단되면서 관련 업체들이나 강원도 지역경제가 어려움을 겪고 많은 이들이 실업 상태에 놓여 있다. 금강산관광이 재개되면 새로운 일자리가 만들어질 수 있다. 지금 우리 사회에서 가장 중요한 것이 '일자리 창출'이라는 점을 감안한다면 금강산관광은 사라졌던 일자리를 다시 만들 수 있고, 향후 남북관광의 확대는 새로운 일자리를 창출할 수 있다. 관광산업은 서비스사업으로 제조업과 비교하면 일자리 창출 효과가 매우 크다.

셋째, 금강산관광 이외에도 북한의 다른 지역, 예를 들어 백두산 관광이 실현되면 우리나라 국민의 해외여행 수요를 전환하는 효과도 기대할 수 있다. 지금 우리나라의 관광수지는 출국자가 입국자보다 훨씬 많아 적자를 기록 중이며 중국 사드사태, 북핵 위협 등으로 중국인 관광객, 일본인 관광객 등이 감소하여 적자 폭이 더 커졌다.

넷째, 북한의 관광개발은 외국인들에게 더 매력 있는 관광상품이 만들어질 수 있다. 우리는 지난 사드 문제로 중국관광객이 급감하면서 시장 다변화의 필요성과 좀 더 다양한 관광상품이 필요하다는 것을 절실히 깨달았다. 한반도가 가진 매력은 뭔가? 유구한 전통문화나 케이팝 등을 얘기하지만, 필자는 역설적으로 '분단'이라고 본다. 금강산관광이 재개되고 남북관광 협력이 활성화된다면 한반도만이 만들어 낼 수 있는 '온리 원(Only one)' 성격의 관광상품은 무궁무진하다. 분단국이라는 약점이 강점으로 바뀔 수 있다. 예를 들어 외국인들에게 남북관광 VISA를 발급하여 평양과 금강산을 둘러보게 하고 남북경제 협력의 상징인 개성공단을 구경시킨 후에 판문점을 통해 남한으로 건너와 서울과 제주도를 볼 수 있게 하는 상품을 생각해 보라. 그런 관광상품은 오직 한반도에서만 가능한 상품이다. 관광산업에서는 '베스트 원(Best One)'이 아니라 '온리 원(Only One)'이 더 각광받는다.

그동안 우리는 분단을 관광산업 발전의 걸림돌로만 여겨 왔다. 이제는 그 시각을 바꿔 관광산업 발전의 걸림돌이 아닌 디딤돌로 보려는 발상의 전환이 필요하다. 그리고 그 발상의 전환을 위한 첫 출발로 금강산관광의 재개가 시급하다.

참고자료

• 고성호, 「신변보호 합의서의 이행방안」, 국가인권위원회·북한법연구회 / 「남북교류협력과 신변보호: 그 현황과 과제」, 2009 남북교류협력과 현안과제 심포지엄 자료집, 11-30, 2009.

• 박상돈, 「금강산관리위원회 설립의 필요성 및 바람직한 운영방안」, 『KTO 북한관광동향』, 1(2), 27-36, 2007.

• 신용석, 「남북관광 교류협력 활성화방안」, 한국문화관광연구원, 2005.

• Omar Moufakkir & Ian Kelly (eds.), 「"How Stable is Peace Linked with Tourism? The Case of Mt.Geumgang Tourism Development Project on the Korean Peninsula" in Tourism」, Progress and Peace, CABI Publishing, 2010.

• 한국관광학회, 「금강산관광의 재개를 대비한 제도적 개선방향」, 관광학연구 35(4), 75-94, 2011.

• 한국문화관광연구원, 「남북관광현황분석 및 정책대응방안」, 2012.

• 한명섭, 「금강산관광사업의 법·제도적 해결방안」 / 「자산몰수 이후 금강산관광문제 어떻게 풀 것인가?」, 금강산관광문제 정책토론회 자료집, 17-41, 2010.

• 「개성공업지구와 금강산관광지구 출입 및 체류에 관한 합의서」, 통일부 북한자료센터 홈페이지.

《남북교류와 남북관광 재개전략과 발전방향》
정책토론회

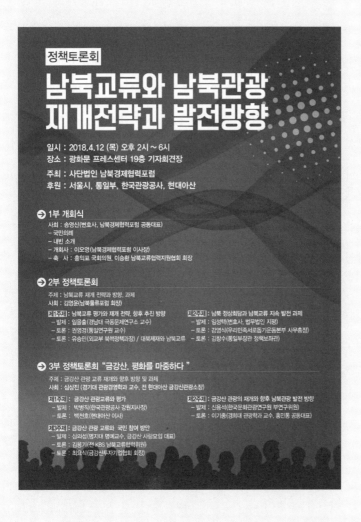

정책토론회

남북교류와 남북관광 재개전략과 발전방향

일시 : 2018.4.12 (목) 오후 2시 ~ 6시
장소 : 광화문 프레스센터 19층 기자회견장

주최 : 사단법인 남북경제협력포럼
후원 : 서울시, 통일부, 한국관광공사, 현대아산

➔ 1부 개회식
사회 : 송영신(변호사, 남북경제협력포럼 공동대표)
- 국민의례
- 내빈 소개
- 개회사 : 이오영(남북경제협력포럼 이사장)
- 축 사 : 홍익표 국회의원, 이승환 남북교류협력지원협회 회장

➔ 2부 정책토론회
주제 : 남북교류 재개 전략과 방향, 과제
사회 : 김영운(남북물류포럼 회장)

제1주제 : 남북교류 평가와 재개 전략, 향후 추진 방향
- 발제 : 임을출(경남대 극동문제연구소 교수)
- 토론 : 권영경(통일연구원 교수)
- 토론 : 유승민(외교부 북핵정책과장) / 대북제재와 남북교류

제2주제 : 남북 정상회담과 남북교류 지속 발전 과제
- 발제 : 임성택(변호사, 법무법인 지평)
- 토론 : 강영식(우리민족서로돕기운동본부 사무총장)
- 토론 : 김창수(통일부장관 정책보좌관)

➔ 3부 정책토론회 "금강산, 평화를 마중하다"
주제 : 금강산 관광 교류 재개와 향후 방향 및 과제
사회 : 심상진(경기대 관광경영학과 교수, 전 현대아산 금강산관광소장)

제1주제 : 금강산 관광교류의 평가
- 발제 : 박병직(한국관광공사 강원지사장)
- 토론 : 백천호(현대아산 이사)

제3주제 : 금강산 관광 교류와 국민 참여 방안
- 발제 : 심의섭(명지대 명예교수, 금강산 사랑모임 대표)
- 토론 : 김용기(전 KBS 남북교류협력위원)
- 토론 : 최요식(금강산투자기업협회 회장)

제2주제 : 금강산 관광의 재개와 향후 남북관광 발전 방향
- 발제 : 신용석(한국문화관광연구원 부연구위원)
- 토론 : 이기종(경희대 관광학과 교수, 홍민통 공동대표)

사단법인 남북경제협력포럼은 2018년 4월 12일 광화문 프레스센터에서 "남북교류와 남북관광 재개전략과 발전방향"에 관한 정책토론회를 개최하였다.

위 정책토론회는 4월 27일 판문점 남북정상회담을 앞두고 열려 그동안 단절된 남북관계의 개선에 대한 기대 속에 남북교류와 남북관광 재개와 발전방향이 활발하게 논의되었다. 아래에 위 정책토론회의 내용을 요약한다.

정책토론회의 1부 주제는 "남북교류와 재개전략과 방향, 과제"로 김영윤 남북물류포럼 회장의 사회로 진행되었다. 임을출 경남대 극동문제연구소 교수가 〈남북교류 평가와 재개 전략, 향후 추진 방향〉을, 임성택 변호사가 〈남북 정상회담과 남북교류 지속 발전 과제〉를 발제하였다. 그리고 권영경 통일연구원 교수, 유승민 외교부 북핵정책과장, 강영식 우리민족서로돕기운동본부 사무총장이 토론자로 참여하였다.

2부 주제는 "금강산 관광 교류 재개와 향후 방향 및 과제"로 심상진 경기대 관광경영학과 교수(전 현대아산㈜ 금강산관광소장)의 사회로 진행되었다. 박병직 한국관광공사 강원지사장이 〈금강산 관광교류와 평가〉를, 신용석 한국문화관광연구원 부연구위원이 〈금강산 관광의 재개와 향후 남북관광 발전방향〉에 대해 발제하였다. 그리고 이제희 현대아산㈜ 부장, 이기종 경희대 관광학과 교수, 심의섭 명지대 명예교수, 김용기 전 KBS 남북교류협력위원, 최요식 금강산투자기업협회 회장이 토론자로 참여하였다.

정책토론회 스케치

- 이오영(남북경제협력포럼 이사장) 인사말 요약

최근 평창올림픽을 계기로 한반도 정세가 크게 변화하며, 그동안 단절되고 경색된 남북관계 재개에 대한 기대가 커지고 있습니다. 남과 북의 교류와 협력이야말로 우리의 미래이므로 우리는 이에 대해 끊임없이 모색하며 대비해야 합니다. 이제 남북교류가 재개되면 다시는 중단되거나 단절되는 일 없이 계속 이어지고 발전하여, 한반도 평화가 정착되고 남북교류와 남북관광의 시대가 활짝 열리기를 고대하며, 우리는 이를 위해 각고의 노력을 다하여야 할 것입니다.

- 홍익표(국회의원) 축사 요약

남북이 화해협력을 통해 평화적으로 통일을 모색하는 과정은 단순히 한반도의 평화와 통일을 넘어 중국, 일본, 몽골 등이 포함된 동아시아의 협력을, 더 나아가 러시아와 중앙아시아를 포괄하는 '유라시아 협력시대'를 만들어가는 과정이 될 것입니다. 이제 우리의 상상력을 한반도에 머물게 해서는 안 됩니다. 한반도를 넘어 중국의 동북 3성 지역과 러시아의 연해주 지역, 그리고 유라시아 전체를 보는 비전과 통찰력이 필요합니다.

우리가 한반도를 넘어 유라시아로 나가기 위해서는 남북 간의 경제협력에서부터 시작해야 합니다. 남북 간의 경제협력은 지난 시기의 시혜적·지원적 성격이 아니라 공동의 이해관계와 발전잠재력 및 글로벌경쟁력 등에 기초해야 하며, 이러한 남북 교류협력은 우리 경제의 새로운 성장동력으로서 기능하게 될 것으로 전망됩니다. 또한 남북 간의 교류협력은 한반도 평화와 통일을 위한 토대가 될 것입니다.

- 이승환(남북교류협력지원협회회장) 축사 요약

금강산관광은 남북화해의 상징이자 경제협력 · 공동번영의 불씨입니다. 금강산관광이 시작된 이래 약 195만여 명의 우리 국민이 금강산을 방문하였습니다. 금강산관광은 우리 국민들이 남북 주민들 간의 접촉과 상호 이해의 폭을 넓히는 교류의 장이었으며, 민족의 화해와 협력, 평화와 통일의 미래를 체험하는 산교육의 장이었습니다. 따라서 관광협력의 지난 경험과 교훈을 되새기고 남북관계 재개에 대비하여 미리 준비하는 일은 교류협력과 공동번영의 불씨를 되살리는 첫걸음이라 할 수 있습니다.

1부

〈남북교류와 재개전략과 방향, 과제〉정책토론회

- 임을출(경남대 극동문제연구소 교수) **발제 요약**

기본적으로 제재가 풀리지 않는 현 상황에서는 차분하게 제재 완화 여건을 조성하면서 제재 이후를 대비하여야 합니다. 남북 정상회담과 북·미 정상회담에서 소기의 성과가 나타나면 한반도 안보 위기가 상당 부분 해소되고 북핵 문제 해결 과정 진전에 따라 각종 대북제재도 완화되거나 해제될 것으로 전망합니다.

여기에 남북교류협력의 측면에서 이전과는 차원이 다른 국면이 전개될 가능성에도 주목해야 합니다. 특히 비핵화 진전에 따라 북미 관계가 정상화되는 방향으로 진행될 경우 대북 인도적 지원, 개발협력, 무역, 투자, 금융거래 등이 이전과는 비교할 수 없을 정도로 높은 수준에서 양자, 다자간 차원에서 본격화될 전망입니다. 북미 관계 정상화 논의와 더불어 북중 관계 복원, 북일 관계 정상화 등이 수반되면 중장기적으로 북한 투자진출을 둘러싼 미국, 중국, 일본 기업들과의 치열한 경쟁이 벌어질 수 있음도 고려해야 합니다.

- 권영경(통일연구원 교수) 토론 요약

지난 27년간 남북경협의 현장에서는 많은 유의미한 실험이 있었다고 생각됩니다. 즉 금강산관광이 추진되면서 장전항을 사용하던 북한의 함대가 후방으로 후퇴하고, 개성공단 조성을 계기로 수도권을 겨냥했던 북한의 장사정포가 약 10km 후방으로 후퇴한 현실은 남북한 사이에 간헐적으로 NLL상에서 갈등이 존재할지라도 결코 작게 평가할 일은 아니었다고 생각됩니다. 그뿐만 아니라 개성공단에서 일했던 5만 4천여 명의 북한 근로자들이 남한의 상품과 문화를 일상적으로 접하고, 암암리에 남한의 상품(맥심커피, 쵸코파이, 의류 등)을 장마당에 유포한 것은 DMZ에 하나의 소통로를 만든 것이라고 할 수 있습니다. 그리고 위탁가공교역, 일반교역을 통해 남북한 사이에 물류가 유통됨으로써 남북한 항구 간에 해운 물류 통로와 남북간 철도, 도로 연결을 유도한 것은 적지 않은 실험이었습니다.

- 임성택(변호사) 발제 요약

현 단계에서 가장 중요한 과제는 '평화의 제도화'입니다. 남북간, 다자간 합의를 통하여 한반도 평화체제가 확립되어야 합니다. 평화체제는 정치적 합의를 넘어 규범력을 가져야 합니다. 정상간 합의는 국민적 동의를 얻을 수 있는 수준과 내용으로 이루어져야 하고, 국회의 비준동의를 통해 규범력을 확보하여야 합니다. 국회의 동의는 남북간 합의에 민주적 정당성을 부여하는 기초가 됩니다.

평화 및 통일정책 추진을 '법의 지배' 안으로 끌고 와야 합니다. 아울러 남북간 교류협력의 지속가능한 발전을 위해서는 남한 법제의 개선도 시급합니다. 1990년에 만들어진 낡은 남북교류협력 법제로는 앞으로의 남북관계를 바람직하게 추동하거나 지원할 수 없기 때문입니다.

- 강영식(우리민족서로돕기운동본부 사무총장) 토론 요약

현재 남북 당국의 공식 입장과 달리 민간 차원의 교류협력사업이 중단되고, 특히 북측이 남측 민간단체의 역할에 회의적인 것은 그간 남측 정권의 일방적인 방침에 의해 민간의 교류사업이 좌지우지되고 민간단체 스스로 자신들의 교류활동에 대한 지속성과 예측성을 담보할 수 없었다는 데 기인합니다.

문재인 정부는 이번 정상회담을 계기로 그간 부당하게 침해됐던 민간단체들의 권리를 회복하고 '평화로운 한반도 만들기'의 핵심 의제로서 민간 차원의 교류협력사업의 지속가능성을 보장할 필요가 있습니다.

2부

〈금강산 관광 교류 재개와 향후 방향 및 과제〉 정책토론회

- 심상진(경기대 관광경영학과 교수, 전 현대아산(주) 금강산관광소장) **사회**

끝을 모르고 벼랑 끝으로 가던 남북관계가 이제는 서서히 실타래가 풀려가지 않을까 하는 바람에서 오늘의 토론회는 의미가 깊습니다.

- 박병직(한국관광공사 강원지사장) **발제 요약**

금강산은 수만 명의 고용창출, 수익창출의 역할을 했습니다. 한반도 긴장완화에 이바지했습니다. 군사분계선이 북상했고, 김대중 대통령은 금강산 진출을 영토확장이라 언급하였습니다. 금강산 관광 시 북측에 주었던 인당 30-80달러는 입산료 또는 비자료로 생각할 수 있습니다. 그 외의 돈은 모두 남한으로 가져옵니다.

공산국가 러시아는 급행비자 발행 시 300달러가 소요됩니다. 이러한 측면에서 보면, 국민 쪽의 일부 시각은 오해 측면이 있습니다. 금강산은 한반도 신경제지도 구상의 동해안 벨트에 해당되는 곳입니다. 금강산을 통해 원산, 마식령, 칠보산, 나진, 선봉, 백두산, 러시아, 중국, 유럽 루트까지 연결되는 이니셔티브를 만들 수 있습니다.

- 백천호(현대아산(주) 이사) 토론 요약

2001년 6·8합의 결과 육로관광이 2003년부터 시작되어 관광객이 연 30만 명 이상 넘어갈 정도로 폭발적으로 증가하였습니다. 금강산관광 대가 역시 1998년 북측과 합의한 94,200만 달러에 대한 지급을 중단하고, 대신 인당 관광객 수에 비례해서 지급하게 됨으로써 현대아산이 2005년부터 영업이익 흑자 전환하는 계기가 마련되었습니다

관광 중단 과정에서 가장 아쉬웠던 부분은 2009년 8월 현대그룹 현정은 회장께서 7박 8일간 방북해서 김정일 국방위원장과 면담하고 5개 항의 공동보도문을 발표하면서 현대와 북측으로서는 할 수 있는 모든 사업을 총망라해서 어렵게 합의를 하였다는 점입니다. 특히 김정일 위원장의 특별조치로 관광객 안전의 철저 보장을 합의하였으나 이중 정부가 수용한 것은 추석계기 이산가족상봉행사뿐이고 나머지는 소극적인 자세로 일관하였습니다.

(공동보도문의 주요 내용은 ① 금강산관광의 재개와 비로봉관광의 시작과 김정일 국방위원장의 특별조치에 따라 관광의 모든 편의와 안전의 철저 보장, ② 육로 통행 원상 회복, ③개성관광 재개와 개성공단 활성화, ④ 백두산관광 개시, ⑤ 추석계기 이산가족상봉 진행)

이러한 남북간 중요한 계기가 될 수 있었던 기회를 그냥 흘려 보내던 중, 그다음 해 2010년 2월 8일 개성에서 당국간 금강산관광 재개 회담을 했지

만 양측의 입장 차이로 결렬되었습니다. 그 뒤 3월 천안함 피격 사건이 발생하였습니다. 그리고 금강산관광 재개 문제는 남북사업자 간의 문제, 당국만의 해결 사안도 넘어서 국제사회의 대북제재, 특히 미국의 대북제재 속에서 남북 당사자 간에 해결하기가 쉽지 않은 국제적인 문제가 되었습니다.

지속가능한 남북경협사업을 위해 남과 북의 법과 제도의 보완, 우리 국민과 국제사회의 인식의 전환, 유연한 정경분리 원칙에 대한 남과 북 그리고 우리 내부의 합의가 필요합니다.

- 이제희(현대아산(주) 부장) 토론 요약

금강산 관광이 열린 지 20년이 되었습니다. 물론 그중 10년은 닫혀 있었기에 부끄러운 측면도 있긴 하지만, 20년이 되는 올해 11월에는 금강산에서 성대한 행사가 열렸으면 좋겠습니다.

- 신용석(한국문화관광연구원 부연구위원) 발제 요약

금강산관광사업의 성과는 정치·경제·문화의 세 분야에서 살펴볼 수 있습니다. 정치적 측면으로는 금강산관광은 남북 간 군사긴장을 완화하는 데 기여했고, 경제적 측면으로는 남과 북 양측의 수입으로, 북한은 1998년 금강산 관광 사업이 시작된 이래 5억 달러 이상, 남한은 현대아산의 7378억 달러 이외에도 여행업, 요식업, 운송업 등의 각 분야에 경제적 효과를 발생시켰습니다. 그리고 금강산관광은 남북간의 직접적인 접촉과 교류를 통해 상대방에 대한 이해도와 친숙감을 키우는 효과가 있었고 민족적 정서 회복에 기여하였습니다.

하지만 그 진행 과정에서 북한의 핵실험과 같은 무력도발은 국내외 여론을 악화시켰으며 사업에 부정적 영향을 미쳤고, 게다가 북한의 관광객 억류나 일방적인 관광중단, 금강산 관광지구 내 남측의 자산 몰수나 동결 같은 조치들은 비즈니스 관례에 전혀 맞지 않는 조치들로 금강산관광사업의 안정성을 심하게 저하했습니다. 더욱이 사업의 추진과정에서 정부가 기반 조성을 담당했던 개성공단과 달리 금강산관광사업은 공공과 민간 사업자의 역할 분담이 이루어지지 않아 기반에 대한 투자 부담을 초기에 민간에서 담당하여 사업자의 재정 부담이 증가하였습니다.

관광 재개 시 고쳐 나가야 할, 과거에 금강산 관광이 가졌던 제도적인 문제에 대해서 말씀드리고자 합니다. 금강산 관광은 현대그룹이 북측과 계약을 맺고 사후에 정부가 승인하는 식으로 시작되어 사전에 필요한 사항들을 정부가 꼼꼼히 보지 못하고 이벤트성 깜짝쇼처럼 시작되었습니다. 〈개성공단관리위원회〉와 같은 관리기구가 존재했던 개성공단과 다르게 금강산 지역에는 그러한 관리기구가 없어서 돌발사건이나 사고 발생 시 우리 정부가 개입할 수 있는 범위나 역할이 제한적이었습니다. 개성공단과 달리 북한의 핵실험에 영향을 받아 중단된 것이 아니므로, 금강산관광 중단 이후에 내려진 북한에 대한 UN의 대북제재 조치가 이 건에도 저촉되는 사항인지는 정부의 사전검토와 함께 관련 작업이 필요할 것입니다.

남북관광사업의 출발은 금강산관광사업의 재개에서 시작합니다. 4월 말의 남북정상회담이 성공적으로 치러지고 이후 남북관계가 개선되어 금강산관광 사업이 재개된다면 그다음에 필요한 것이 앞서 밝혔던 〈남북관광교류협력 기본합의서〉의 체결입니다.

북한관광개발은 우리나라 국민의 해외여행 수요를 전환하는 효과도 기대할 수 있고, '분단'을 겪은 한반도만이 만들어 낼 수 있는 '온리 원(Only one)' 성격의 관광상품을 개발하여 외국인들의 수요를 끌어올리는 효과를 기대할 수 있습니다. 이는 사드 문제로 중국관광객이 급감하면서 깨달은 '시장 다변화'와 '다양한 관광 상품개발'의 대안이 될 수 있습니다.

- 심상진(경기대 관광경영학과 교수, 전 현대아산(주) 금강산관광소장) 토론 요약

마식령 스키장을 개장하면서 1년에 125만 명을 유치하겠다는 계획이 있지만, 원래 현대에서 금강산 개발할 때 원산이 포함되었고, 원산공항개발에 3000억 원을 예상했지만, 이미 중단된 지난 10년간 북한이 자체비용으로 이미 원산갈마공항까지 개발해 놓았기 때문에 금강산개발이 되면 원산까지 같이 묶어서 갈 수도 있습니다.

- 심의섭(명지대 명예교수) 발제 요약

우리나라는 10년을 주기로 좋아졌다, 나빠졌다 반복하게 되는 것 같습니다. 2018년, 오늘 이 자리에 있고, 2008년에는 금강산관광 중단이 있었습니다. 1998년에는 소 1001마리를 가져가면서 금강산관광이 시작되었고, 1988년에는 서울 올림픽이 있었습니다. 1979년은 박정희대통령 사망, 12·12사태로 굉장히 복잡했으며, 1968년에는 1. 21사태가 있었죠. 그러면 2018년부터 앞으로 10년은 좋은 시대가 되리라 낙관해 봅니다.

얼마 전에 민들레를 보니까 일시에 피어 있었습니다. 그런데 비바람이 거세게 몰아쳐 일시에 꽃이 사라졌나 했더니, 모두 오그라들어 있었습니다. 그러다 또 날씨가 화창해지니까 일시에 활짝 피었습니다. 사람도, 국제관계도, 정치도, 외교도 마찬가지로 하나의 생명체입니다. '금강산사랑운동'

을 함께 펼쳤던 임병규 선생님, 이병태 원장님 모두 돌아가셨습니다. 좋은 시대를 같이 맞이하지는 못했지만, 두 분은 금강산운동은 통일운동과 겨레의 얼을 되살리는 운동이라 늘 이야기하셨습니다.

흑백갈등을 겪던 남아공은 만델라 이후 흑흑갈등을 겪고 있습니다. 바로, 남아공에 사는 흑인과 남아공 주위의 흑인들 간의 갈등입니다. 우리도 통일된다면 새터민, 다문화가정 등으로 종교갈등, 문화갈등까지 연결되어 복잡해질 수 있습니다. 금강산 관광은 10년 동안 200만 명을 넘지 못했습니다. 우리나라 1년에 해외로 가는 수가 1000만 명을 넘는 것에 비하면, 이 숫자는 대단한 게 아닙니다. 북한에서도 우리에게 체험관광을 열어 주어야 하며, 풍치관광이 아니라 문화관광으로 가야 합니다. 금강산관광의 국제화도 NGO가 해야 합니다. 외국인 한국어교재에 금강산에 관한 명문이 나와야 금강산의 국제적 위상이 서게 되며, 학습할 때 배운 외국인은 그 금강산을 방문하게 됩니다.

- 박병직(한국관광공사 강원지사장) 발제 요약

관광이란 2-WAY로 상호주의로 진행되어야 합니다. 북한도 남한으로 관광을 왔다면 괜찮았겠지만, 남쪽에서만 가다 보니 퍼주기 관광이라는 이야기가 나옵니다. 남북간의 경제적 격차가 커서 현실적으로는 어렵겠지만, 외국인을 대상으로 하는 남북연계관광으로 발전시켰으면 좋겠습니다. 김정은의 고향인 원산, 스키장이 있는 마식령까지 확장하고, 동해북부선, 금강산선, 경원선, 칠보산, 나진, 선봉, 백두산까지 연결되고, 한반도 신경제구상이 현실화되어 고용창출이 늘어나고, 먹거리가 늘어 가는 블루오션으로 되었으면 합니다.

- 이기종(경희대 관광학과 교수) 토론 요약

금강산관광은 평화를 창조하고, 문화를 창달하고, 복지를 증진시키고, 개인의 행복추구권을 보장하는 기본권을 실현하는 개념으로 보아야 합니다. 동서독 관광교류에서도 동독은 억제정책을 폈으나, 서독은 꾸준히 동독에 대하여 도로를 건설하거나 정치범 석방시 현금을 주고 인적 교류가 있을 때마다 적절한 지원을 했습니다. 앞으로는 북한관광단이 한국에도 올 수 있도록 인센티브 관광이나 컨벤션, 학술교류 등 인적 교류를 위한 아이디어를 모아 북한 정부를 설득하고 북한의 단체 관광객이 올 수 있도록 여러 가지 적극적인 방안과 지원책의 마련이 필요하다 생각합니다.

DMZ의 '생태관광벨트'가 금강산, 설악산, 강릉, 평창으로 연계되어 '남북 국제관광특구'로 광역화하여 전 세계 방문객의 편의를 도모하는 등 전 세계의 많은 사람이 찾는 세계적인 관광특구가 될 수 있도록 해야 합니다. 여기에 남북 한민족축제, 공연, 상품교역들도 기획할 수 있습니다. 인적 교류가 될 때 사실상의 통합이 됩니다. OECD국가 중 외국인 투자가 가장 적은 곳이 한국입니다. 남북한의 인적 교류가 활발해지면 외국인 투자 또한 촉진되는 계기가 될 것입니다.

- 신용석(한국문화관광연구원 부연구위원) 발제 요약

수지타산을 고려치 않고, 정부보다 더 앞장서 대북 교역을 감행할 수 있었던 것은 현대이기에 가능했습니다. 그런데도 정부의 역할이 없다 보니 현대도 어려웠습니다. 개성공단의 경우, 소방시설, 병원 등 공공의 역할을 해줄 기관이 있어, 사업자들은 사업만 하면 되었지만, 현대는 자동차 사고 등 사건 사고가 벌어지면 직접 뒷수습을 해야 했습니다. 사고가 나면 현대가 북한 정부와 협상하고 나서 정부에 보고하고, 정부가 지시하면 현대는 따르고… 그러다 보니 사업 외적인 부담을 많이 졌습니다. 그래서 사업자는 사업에만 집중할 수 있도록 정부의 역할이 필요하다 생각합니다.

- 심상진(경기대 관광경영학과 교수, 전 현대아산(주) 금강산관광소장) 토론 요약

사업성이 없음에도 불구하고, 많은 사람의 반대를 무릅쓰고 감행했던 것은 의지가 있었기 때문이었습니다. 현대는 1조 5천억 원을 투자했습니다. 병원, 도로, 상하수도, 발전소까지 모든 것을 현대가 감행해야 했습니다. 앞으로 재개된다면 관리위원회 역할이 커지길 기대해 봅니다.

- 김용기(전 KBS남북교류협력위원) 토론 요약

남북관광의 국민 참여를 높이는 방안으로 방송의 역할을 이야기하고자 합니다. 독도의 경우 KBS의 파노라마 카메라가 설치된 이후로 관광객이 7배가 늘었습니다. 파노라마 카메라는 365일 24시간, 현장의 모습이 인터넷과 휴대전화, KBS방송을 통해 실시간으로 전송되었습니다. 이것이 금강산에 설치될 경우 북한억류에 대한 막연한 두려움을 해소할 수 있고, 아침마다 금강산이 뉴스와 날씨예보 방송에 실시간으로 방송되면, 시청자들은 금강산 현장에 있는 관광객들을 보며 금강산 관광을 희망하게 됩니다.

북한이 카메라를 관리하고, 화각도 직접 정하게 하여 북한 정부의 우려를 줄일 수 있습니다. 그러면 평양에서도 금강산의 모습을 실시간으로 볼 수 되어 사고가 날 경우 신속한 대처도 가능합니다. 한라산과 백두산에도 설치하여 영상교류를 통해 한반도의 영상으로 통일되는 과정을 볼 수 있습니다. 관광과 문화교류는 남과 북의 공존을 추진하는 것입니다.

- 최요식(금강산투자기업협회 회장) 토론 요약

현재 진행되고 있는 경협지원조건에 대해서 문제 제기하고자 합니다. ① 투자 초기는 권유 및 허가를 하면서도 보험에 대한 제도 가입에 대한 설명이 전혀 없는 상태로 10년을 사업했습니다. 그러나 지금에 와서 보험 미가입으로 투자금의 45%만 지원한다는 것은 잘못된 정책입니다. ② 더욱이 투자 금액의 45%(35억이 지급액 상한선임)를 지급한다면서 감가상각을 한다는 것은 부당합니다. ③ 최대 35억을 받았다 해도, 그동안 은행대출금이나 운영경비로 모두 소진이 되었는데, 사업재개가 되어 사업하러 다시 들어갈 때는 그 돈을 다시 내어놓아야 하는데, 그렇다면 누가 다시 사업하려고 하겠습니까?

정부의 정책 잘못으로 발생한 착오와 피해에 대해 투자기업들이 피해를 보지 않도록 제도개선이 되어야 합니다.

- 심의섭(명지대 명예교수) 토론 요약

금융권에서 남아도는 예금, 남북협력기금이 있어 이 문제를 해결해 주려고 마음만 먹으면 휴면예금을 해결했듯이, 이 문제의 해결도 가능할 것입니다. '퍼주기'란 이야기가 있는데, 쌀독에서 인심 납니다. 있는 사람이 도와주는 겁니다. 마음 넓게 먹고, 상호주의나 놀부 심정 갖지 말고 대승적으로 생각해 주었으면 좋겠습니다. 통일운동은 비즈니스가 아닙니다. 남북관계가 좋게 해결되면 봇물이 터집니다. 우리 준비되어 있어요? 자주 이런 모임을 해서 아이디어를 모아 놓아야 합니다.

- 심상진(경기대 관광경영학과 교수, 전 현대아산(주) 금강산관광소장) **토론 요약**

박병직 강원지사장님께서 관광공사의 리노베이션 비용으로 50억 원에서 100억 원이 소요될 거라고 예상하셨는데, 오늘 현대아산 주가가 53,000원입니다. 현대아산이 2400만 주를 발행했는데, 100억이면 20만 주만 처분하면 100억이 바로 모입니다. 금강산에 투자하셨던 모든 분이 하루빨리 금강산관광 재개로 재기하시길 바랍니다.

사진제공: 이정수

2장

금강산의
기억

평화의 노래,
남북방송교류

김용기
전 KBS 남북교류협력팀장

슬픈 금강산

"탕!"

2008년 7월 11일, 먼동이 트는 금강산 장전항. 새벽의 적막을 깨뜨린 총소리는 10년에 걸쳐 쌓아 올린 금강산관광 '공든 탑'의 붕괴를 알리는 단말마(斷末摩)와 같은 소리였다. 탑을 쌓아 올리기는 힘들어도 무너지는 것은 한순간이라는 말처럼, 북한군 초병이 발포한 총에 남측 관광객이 사망한 이 사건은 그동안의 많은 노력도 아랑곳없이 남북관계를 순식간에 중단시켜 버렸다.

정부는 북한군에 피격당한 남측 관광객에 대한 북측의 공식사과와 함께 재발 방지를 약속하라고 강력히 요구했다. 하지만 북측은 "남측 관광객이 새벽에 군사통제구역에 들어왔다가 도주해 발포했다"며 사실상 사과할 뜻이 없음을 내비쳤다. 비록 북측의 명승지종합개발지도국에서 민간인 사망

북측 장전항 전경, 김용기 제공.

에 대해서는 유감을 표시했으나, 사고의 책임이 북측에 있다는 것은 인정하지 않았다. 이렇게 남과 북은 서로의 탓만 하면서 대치상황과 냉각기로 이어졌다. 사건 이후 국내에서는 남북관계가 2000년 정상회담 이전의 수준으로 돌아가게 될 것이라는 긴장감이 팽배해졌다.

이같이 남북관계가 갈등국면으로 빠지는 경우, 정치·외교적으로 문제상황을 해결하기 쉽지 않은 경우가 많다. 다른 나라와의 외교관계와 비교하면 남북의 상황은 더욱 어렵다. 왜냐하면 남과 북 모두 상대방의 요구에 응하거나 본인의 잘못을 인정하는 것은 곧, 내부 정치무대에서 '굴종', '이적행위' 등으로 왜곡돼 공격받을 위험이 크기 때문이다. 따라서 이런 경우엔 민간 차원의 교류를 통한 해결책을 찾는 것이 효과적일 수가 있다. 대북 NGO, 남북경협관계자, 남북방송교류사업자 등의 '일반인'들은 오랜 기간 남북 정부의 가교역할을 맡아 왔다. 그리고 어떻게 해야 그 역할을 더욱더 제대로 수행할 수 있는지에 대한 고민은 수많은 정부 협력 인사들과 대북 민간사업자, 그리고 남북방송교류사업을 진행하는 KBS가 항상 고민해 온 점이다.

금강산 취재의 시작

한국인의 가곡 애창곡 순위에 항상 빠지지 않는 노래가 〈그리운 금강산〉이다. 1998년 11월 18일 오후 5시 동해항, 화려한 축하 폭죽과 남과 북 국민의 진심 어린 축하 속에 '금강호'가 출항했다. KBS도 타 언론사와 마찬가지로 취재를 위해 '금강호'에 올랐다. 출항 후 몇 시간이 흐르자 선내 스피커를 통해 바다 위 군사분계선을 지나고 있다고 알리는 방송이 흘러나왔다. 그리고 19일 오전 6시. 금강호가 북측 장전항에 입항했다. 배 위에서 금강산을 바라보던 고령의 관광객들 사이에선 "어머니!"라는 외침과 함께 여기저기서 울음이 터져 나왔다.

금강산관광은 그렇게 시작됐다. 분단 이후 50여 년간 남측 사람들은 노래로만 불러 보던 금강산을 직접 가볼 수 있게 된 것이다. 첫 하선에는 약간의 긴장감이 맴돌았지만 900여 명의 관광객은 북측 출입사무소를 무리 없이 통과했다. 그런데 문제는 관광객이 아니라 관련 업무를 위해 방문한 관계자들이 출입사무소에 들어서면서 발생했다. 북측에서 통일부공무원, KBS기자, PD, 조선일보기자 등의 하선을 거부한 것이다. 현대아산은 북측과 협의를 위해 분주히 움직였다. 일정에 차질은 생겼지만, 다행히 21일에는 하선이 승인됐다. 금강산관광이 시작된 지 이틀이나 지나서야 취재를 시작할 수 있었던 KBS 관계자들은 먼저 들어가 있던 타 언론사에 뒤지지 않기 위해 계획보다 훨씬 부지런히 움직여야 했다.

북측이 KBS 직원들의 하선을 거부하고 유독 부정적인 반응을 보인 것은 1998년 1월, KBS 2TV를 통해서 방영된 드라마 《진달래꽃 필 때까지》에 대한 보복조치의 일환이었다. 만수대 무용단원이었던 신영희 씨가 쓴 수기를 각색한 《진달래꽃 필 때까지》는 북측 내 '기쁨조'를 다루었다. 또한 북측 지도층을 비하하는 내용이 포함돼 있어 북측은 방영 당시 이에 대해 매우 신경질적인 반응을 보였다. 심지어 "드라마를 중단하지 않을 경우 KBS를 폭파하겠다"고 강도 높게 위협하기도 했다. 그러나 북측 지도부는 금강산관광이 본격적으로 시작된 시점에서 같은 문제로 악영향을 미치는 것이

부적절하다고 판단했을 것이다. 그래서 금강산관광 마지막 날엔 전격적으로 KBS의 하선을 허용하였다.

재밌는 사실은 북측에서 요구한 출입국 기록지에 자신의 소속을 'KBS'로 기록한 기자와 PD들은 하선을 거부당했지만, '한국방송공사'로 기록한 사람들은 관광객들과 함께 하선해서 취재할 수가 있었다. 그 당시만 해도 북측은 KBS와 한국방송공사가 같은 회사인 줄 몰랐다. 북측 지휘부에서 실무자들에게 남측 언론사 중 KBS와 조선일보, 두 단체만 하선 승인을 내주지 말라고 지시했기 때문에 빚어진 촌극이었다. 덕분에 'KBS'가 아닌 '한국방송공사' 기자로서 하선한 이들은 타 언론사처럼 관광객들과 함께 여행 코스를 돌며 취재를 할 수 있었다.

금강산관광 취재 관련 남북 합의 사항 중에는 방송카메라로 취재하는 것을 금지하는 조항과 취재한 내용을 자신의 방송사로 송신할 때는 여객선이 바다 위 북측 군사분계선을 벗어나야 가능하다는 내용이 있었다. 이 때문에 금강산에 파견된 '국가대표'(?) 촬영 기자들은 가정용 비디오카메라를 가지고 취재를 해야 했다. 하지만 사람 사는 사회에선 늘 법과 질서를 무시하고 경쟁에서 선두를 차지하려는 이들이 있기 마련이다. 모 방송사 팀의 경우 합의 사항을 무시하고 군사분계선을 넘기 전에 몰래 취재내용을 송신하려고 했다. 하지만 안쓰럽게도 송신 전파가 끊어지고 그것도 모자라 기계까지 고장이 나 오히려 경쟁사들보다 늦게 송신하게 되었다.

이처럼 크고 작은 일들이 있었지만, KBS는 예정했던 대로 군사분계선을 넘자마자 첫 전파를 송신했다. 동해 한복판에서 보내온 첫 금강산 화면은 영상으로라도 이 역사적인 순간을 확인하려는 모든 한국 국민에게 큰 감동을 선사했다.

금강산 목란관 전경, 김용기 제공.

모든 것이 새롭던 금강산

필자의 첫 금강산관광은 이로부터 몇 달 후인 1999년 1월에 이루어졌다. 당시의 감격은 아직도 고스란히 내 가슴 속에 남아 있다. 당시 금강산관광에 이용된 금강호와 설봉호 2대의 배 중에서 설봉호를 타고 갔다. 북측으로 가는 사람들의 설레는 마음을 헤아리는 듯 배는 경쾌하게 바다를 질주하고 도중에서 만난 돌고래 무리는 축하를 해 주듯 배를 따라왔다. 그리고 가는 도중 펼쳐진 즐거운 음악과 무용수들의 춤과 노래 덕분인지 승객들에게선 두려움이나 긴장감 따위는 전혀 찾아볼 수 없었다.

다음 날 설봉호가 장전항에 들어서자 전면에 보이는 금강산의 숨 막히는 전경에 승객들 모두는 탄성을 질렀다. 이때 북측 군인들을 태운 배 한 척이 다가오자 한순간 승객들 사이에는 순간 긴장감이 맴돌고 그와 함께 호기심도 높아졌다. 배에서는 안내원이 연신 "절대 촬영하시면 안 됩니다!"를 외치며, 설봉호에서 소형 선박으로 옮겨 타는 것을 도와주었다. 마침내 북측 땅에 첫발을 내딛자 코앞에 서 있는 북측 군인을 보고선 관광객들은 두려움보다는 호기심이 최고조에 다다랐다. 아마 남측 사람들을 태어나서 처음 봤을 대부분의 북측 군인들 역시 별반 다르지 않았으리라.

처음 금강산관광 출항에 파견됐던 KBS 취재진이 하선 허가를 못 받은 것과 달리 이번엔 북측 출입국관리소 기록란에 정확히 'KBS 기자'라고 기재했지만, 북측 관리소는 아무런 제재 없이 통과시켜 주었다. 아마 북측 지도부가 '관광은 그저 관광일 뿐'이라 여기며 실리를 택한 덕분이었을 것이다. 금강산 출입수속을 마치고 처음 금강산에 도착한 사람들은 금강산의 비경은 물론 주변의 평범한 건물 하나라도 놓치지 않고 보기 위해 정신이 없었다.

　당시 금강산관광 지역과 장전항에는 남측 관광객들이 머물 수 있는 숙박시설은 커녕 여객선이 정박할 만한 계류장도 없었다. 그래서 설봉호는 항구 한가운데 어정쩡하게 떠 있어야 했고 승객들은 육지로 가기 위해 소형 선박으로 갈아타야 했다. 낮에는 일정에 따라 관광하고 밤에는 다시 유람선으로 돌아와 숙박하는, 다소 불편한 일정이었지만 이에 대해 불만을 제기하는 사람들은 거의 없었다.

　금강산관광은 만물상, 구룡연, 해금강 등을 방문하는 순서로 구성돼 있었다. 관광객을 태운 버스가 달리면 비포장도로에는 먼지가 뿌옇게 일어나고 창밖으로 보이는 북측 농가의 모습을 관광객들은 신기한 듯 바라보았다. 민가는 북측 주민과 남측 관광객의 접촉을 사전에 방지하기 위해 거리를 두고 냇가 건너편에 모여 있었고, 북측 주민에게 가까이 다가갈 수 있다 하더라도 대화 등의 접촉을 시도하는 것은 매우 엄격히 금지됐다.

　관광객들에게 허용된 것은 오직 금강산의 경치 관람과 버스 안에서 민가의 모습을 볼 수 있는 정도였다. 다만 북측이 관광안내와 상품 판매를 위해 마련해 놓은 장소에선 북측 관광해설원이나 종업원들과 일상적인 대화를 주고받는 것은 가능했다. 해설원들은 단순한 일반인이라기보다는 관광해설교육이나 사상교육 등을 받은 전문가답게 능숙한 솜씨로 남측 관광객을 휘어잡았다. 한번은 금강산에 올라가는 도중 관광객이 북측 관광해설원에게 "이름이 어떻게 되세요?"라고 물으니 "성은 금이요 이름은 강산입니다."는 식 유머 섞인 대답이 돌아왔다.

　관광객들은 만물상 코스를 오르면서 "과연 금강산이다!", "엄청나다!" 등의 찬사를 터뜨렸고 구룡연 폭포의 힘찬 물줄기 소리를 들으면 옛 시구가 절로 나왔다. 국내·외에서 '산을 좀 타 본' 관광객조차도 철저하게 관리된 명산의 장관에 탄성이 나오는 것은 너무나 당연한 일이었다. 이처럼 글로도 전하기 어려운 금강산의 압도적 장관은 그곳이 '어디'인지를 잊게 하여 주었다. 하지만 이따금 보이는 북측 관계자들, 그리고 멋지고 커다란 바위마다 새겨진 '정권 찬양 글귀'로 다시금 금강산이 북측 땅이라는 사실을 상기시켜 주었다.

이처럼 모든 것이 새로웠던 금강산관광 초기에는 불편함이 컸지만 해마다 학생단체, 동호회, 마을단위 등 관광을 신청하는 인구는 늘어만 갔다. 일반 관광객뿐만 아니라 북측을 상대로 한 대북 사업가들도 중국 베이징을 경유해 평양에서 협의하는 방식에서 벗어나 금강산행 배편을 이용하였다. 이렇게 발전을 거듭한 금강산관광은 해로(海路)관광보다는 육로(陸路)를 이용한 관광에서 정점을 이루게 된다. 육로를 이용한 직접 교류는 시간과 경비를 대폭 절감하고 의사결정도 신속하게 이루어져 남북에서 모두 환영을 받았다. 당시 분위기로는 통일을 위한 물꼬가 금강산에서 시작될 것이라는 전망이 지배적이었다.

남북이 하나 된 방송교류사업

금강산관광이 시작된 후 KBS는 금강호 선상에서 《금강산노래자랑(1998)》, 《사랑의 리퀘스트(1998년)》를 진행했다. 금강산관광이 시작된 시점과 거의 동시에 제작된 두 프로그램은 금강호 선상에서 녹화하고, 일부분만 금강산 현지 스케치 형식으로 제작했다. 당시에는 북에서 금강산 현지 방송제작을 허가하지 않았기 때문에 편집을 통해 금강산에서 제작한 것 같은 '느낌'만 살릴 수밖에 없었다. 또한 해금강과 금강산에서 북측에 있는 부모님 제사를 지낸 한 관광객의 눈물을 보면서 단순한 관광을 넘어선 민족 분단의 애절함도 보여 주었다. 이런 주제로 약식으로 방송된 《송해의 금강산노래자랑》(PD 최공섭)은 시청자들에게 많은 감동을 주었다.

금강산관광이 무르익어 가면서 금강산 현지에서 제작되는 방송 또한 늘어났다. 《평양노래자랑(2003)》처럼 금강산 외의 북측 지역에서 프로그램이 제작되기도 했다. 《평양노래자랑》프로그램은 단순히 '남측 방송사가 남측 관광객을 취재하는 것'을 넘어 남과 북의 가수들과 북측 주민들이 함께 참여한 대규모 프로그램이었으며 남북 방송실무자들이 협업능력을 향상하는 좋은 계기를 마련하였다. 이 덕분에 KBS가 '6·15 남북공동선언 5주년'과 '금강산 관광객 100만 명 돌파'를 기념하기 위해 남과 북의 정부와 현대아산 도움으로 제작한 《금강산열린음악회(2005년)》는 남북의 방송교류가 하나 된 진행이었다는 평가를 받았다. 프로그램 진행은 남북이 합창으로 진행하고 북측 가수들과 교예단(서커스단)이 화려한 공연을 펼치면서 흥을 돋우고, 이어서 남측 가수들이 노래를 이어 가는 식으로 계획됐다. 그리고 마지막으로는 남북 출연자가 전부 모여 '다시 만납시다'를 부르며 특집 《금강산 열린음악회(2005년)》는 성황리에 막을 내렸다.

이 밖에도 우리 민족의 한을 품은 이산가족 상봉을 금강산에서 수차례 진행했다. 이처럼 남북이 평화 분위기로 접어들고 함께할 일을 만들어 낼 수록 KBS 직원들이 직접 북측 현지에 파견돼 제작하는 방송도 많아졌다. 그것을 위한 대부분의 협의와 협상 역시 금강산에서 진행된 만큼 금강산은 방송교류협력 역사에서도 중요한 부분을 차지하는 장소다.

북측과의 수많은 업무 협의 중 2004년 8월에 있었던 협의는 특히 긴장도가 높아서 기억에 남는다. 당시 북측의 고압적이고 비협조적인 태도는 2004년 7월 27-28일 이틀에 걸쳐 약 460명 이상의 대규모 탈북자들이 베트남을 거쳐 한국으로 입국한 사건 때문이었다. 이에 대해 북측은 성명을 통해 "명백한 유인, 유괴, 납치, 테러 행위로서 중대한 국가 범죄이며, 북측 체제의 붕괴를 꾀하는 미국의 책략에 놀아난 계획적 음모다"라고 주장하며 남측을 강도 높게 비난했다. 또한 그 대응이라며 남북관련 대화와 민간교류를 일정 부분 축소·중단했다.

하지만 KBS는 그동안 북측과의 업무 협력에서 상호 간의 신뢰를 위해 묵묵히 노력해 왔다. 이런 점을 평가한 북측도 2004년 룡천역(북측 신의주 부근) 폭발사고와 국제적 대북 제재 등 어려운 여건에도 금강산에서 협의를 진행하자고 연락이 왔다.

사업 협의는 무더운 한여름에 금강산의 '김정숙휴양소'에서 진행됐다. 북측 파트너와 협의가 시작됐을 때는 분위기가 매우 무겁고 심각했다. 북측은 한국 정부가 '김일성 주석 10주기 추모단'의 방북을 불허 조치한 것과 관련해서 "이는 우리의(북측) 체제를 부정하고 존엄성을 무시한 행위이며, 상대를 인정하지 않는 이러한 태도는 도덕적 잘못이다"라고 주장했다. 또한 KBS가 2004년 8월 7일(토) KBS 1라디오 방송에서 "중국의 고구려사 왜곡에 대해 남북 공동 대응이 절실히 필요한데도 북측이 중국과의 관계를 의식해 적극적으로 대응하지 않는다"라고 보도한 내용을 거론하면서 불만을 쏟아냈다. KBS와 북측의 방송협상은 원래의 목표에는 전혀 접근하지 못한 채 무더운 날씨처럼 지루하고 답답하게 흘러만 갔다. 다음 날 오전에도 마찬가지로 이런 식의 의미 없는 힘겨루기가 계속 이어져 점심시간을 맞이하기까지도 아무런 진전이 없었다.

야외에서 북측이 준비한 점심은 특별히 해금강 내 민간인·관광객 통제구역에 마련되어 있었다. 잠깐의 휴식시간, 남북 관계자들은 모두 무더운 여름에 지루한 소모전을 계속하던 와중에 맑은 바닷물을 보니 물놀이를 하고 싶은 생각이 들었던 것 같다. 살짝 서로의 눈치를 보다가 어느 순간 너나 할 것 없이, 마치 시골 마을 동네 친구들과 물놀이를 할 때처럼 다 함께 해금강에 몸을 던졌다. 한바탕 물놀이를 한 뒤 속옷 차림으로 허심탄회하게 협상을 재개했다. 시원한 바닷가에서 벌거벗고 진행하는 대화는 거칠 것이 없고 숨길 것도 없는 듯 순조로워졌다. 그렇게 해금강에서의 협의는 일사천리로 진행됐다. 그 결과 '조수미 평양공연' 개최 및 남북 공동 생방송이 합의됐고, 공연 주제는 '고향-세계로-화합'으로 결정됐다. 방송 형식은 녹화가 아닌 위성 생방송으로 2004년 9월 28일 평양 봉화예술극장에서 《2004 평화의 노래, 소프라노 조수미 평양 연주회》로 정해 90분간 진행하기로 했다. KBS는 위성 청약을 진행하면서 북측에 공연 생방송을 위한 중계차와 중계카메라맨 3명 그리고 음향·조명·기술팀을 요청했다. 위성청약시간은 총 15시간으로 결정됐다. 업무 연락용 국제전화도 총 4회선으로 2회선은 투숙 호텔인 고려호텔에 2회선은 공연장에 설치하기로 했다. 방송제작 일정이 정해지자 기타 이동수단은 서울과 평양의 직항로를 이용하며, 방북 인원은 소프라노 조수미 씨를 포함한 출연진, 스텝, 참관단을 모두 포함해서 150명 규모로 확정됐다. KBS 관계자들은 관련 준비로 매우 바쁘게 움직였다. 관련된 모든 사람이 준비를 철저히 한 만큼 대부분의 일이 순조롭게 이뤄지는 것으로 보였다.

예정된 9월이 왔지만 북측은 감감무소식이었다. 북측으로 보낸 서신에도 아무런 반응이 없었다. KBS는 여러 고민에 빠졌다. 관계자 회의에선 이 사업의 최종 결정일을 9월 13일로 정했다. 이유는 북측 정권 수립일인 9.9절(9월 9일)까지는 북측이 외부사업을 원활히 진행하기 어려울 수 있다는 북측 내부 사정을 감안했기 때문이었다. 또한 13일을 넘기면 공연 곡목과 악보를 북측과 협의할 시간이 없고 출연자들의 연습시간 부족, 세트 디자인의 어려움 등의 실무적인 이유도 있었다. 회의 참석자들은 최종일까지 북측의 회신이 없으면, 공연 진행이 현실적으로 불가능하다고 판단해 무산시킬 수밖에 없다는 결론을 내리고 북측에 최종 서신으로 보냈다.

초조하게 기다리던 북측 서신은 14일에 도착했다. 북측은 여러 가지 사유로 '조수미 평양공연'은 추진하기 적합하지 않아 추후 남북관계 상황을 봐 가면서 추진하자는 내용이었다. 추석맞이 공연은 이렇게 파행으로 끝나갔다. 비록 공연은 무산됐지만 KBS 관계자들 가운데는 북측이 어떤 문제 때문에 이런 결정을 내렸는지 궁금해 하는 사람들이 많았다. 북측이 언급한 '사유'들은 사실상 설득력이 떨어지는 것들이어서 북측을 잘 아는 관계자들은 북측 내부에 무슨 중대한 일이 있을 거라는 생각을 하고 있었다. 지금도 파행 사유가 정확히 밝혀지진 않았지만, 김정일 국방위원장의 부인인 고용희 씨가 사망(2004년 8월 13일 사망설)한 것으로 추측하였다. 최근 북측이 공개된 고용희(한국 언론은 '고영희'를 묘비 공개 후 정정함)의 묘비에 2004년 5월 24일에 사망한 것으로 되어 이것은 추측으로만 끝났다.

비록 해당 공연은 무산됐지만 이 외에도 KBS는 북측과 함께 《남북교향악단평양공연》과 《평양 노래자랑》 등 여러 큰 프로젝트를 성사시켰다. 이 또한 여러 어려움을 극복하고 이뤄 낸 남북방송교류의 성과이다. 개인적으

남북교향악단 합동공연(2002년 평양), 김용기 제공.

로는 지난 시기에 KBS가 성사하지 못했던 '조수미 평양공연'과 '남북교향악단합동공연', '남북국악합동공연' 등 여러 음악공연 사업이 다시 추진될 기회가 하루빨리 있었으면 한다.

금강산 파노라마 카메라

70여 년이 넘는 세월을 대결과 분단 상태로 흘려보낸 남과 북은 여러 분야에서 이질감과 차이점이 발견된다. 남북의 이런 차이를 극복하기 위해선 이념과 제도를 초월해 같은 민족이라는 역사성을 명확히 인식시킬 수 있는 방송 프로그램이 필요했다. 이러한 프로그램을 만드는 것이 남북관계의 발전과 통일을 위한 공영방송으로서 가장 중요한 역할임은 자명하다. 일례로 '남북이산가족 상봉', '남북교향악단합동공연', '고구려고분 발굴', '만월대 발굴', 드라마 '사육신' 등에서 남북의 문화적·전통적 동질감 회복을 위한 시작을 마련하였다고 할 수 있다.

같은 맥락에서 KBS는 2008년 이후 금강산관광의 무너진 가교를 복구하기 위한 역할을 모색하였다. 우리 정부와 북측이 한 치의 양보도 없이 대치하며 불신하는 상황을 타개하고 대화의 물꼬를 트려는 방안을 찾던 중 '파노라마 카메라의 설치'라는 아이디어를 채택하였다.

물론 KBS가 파노라마 카메라 설치를 적극적으로 추진한 이유에는 국가기간방송으로서 금강산 관련 프로그램이나 이산가족 상봉행사 등을 선점해 타 방송사보다 우위에 있으려는 사업상의 전략적인 이유도 있었던 것이

금강산 가는 제진역 전경, 김용기 제공.

해금강 전경, 김용기 제공.

사실이다. 하지만 파노라마 카메라 설치의 궁극적 효과는 금강산의 아름다운 풍경과 그곳을 방문한 관광객들의 모습에서 금강산의 참모습을 찾자는데 있다. 우리 민족의 산인 금강산은 금강산일 뿐 더 이상의 정치적, 이데올로기적 이용대상은 아니라는 취지이다. 그리고 이를 바탕으로 동질감 회복 및 관광산업·경제교류를 활성화하자는 부가적 목적도 있었다. 또한 금강산 이외에도 북측의 명산, 명승지에 파노라마 카메라를 설치해 앞서 언급한 긍정적 효과를 극대화하자는 중장기 계획도 세웠다. KBS는 즉시 우리 정부와 북측에 검토를 요청했다.

참고로 KBS는 우리나라 여러 곳에 파노라마 카메라를 설치해 놓았다. 그중 가장 유명한 것으로는 독도에 설치된 카메라를 들 수 있다. 이 카메라는 365일 24시간 켜져 있으며, 여기서 촬영된 영상은 인터넷과 휴대전화 독도 앱, KBS 방송을 통해 실시간 제공된다. 또한 KBS 뉴스 속보 및 날씨 등의 실용적인 목적에도 쓰인다. 한 조사에 의하면 '독도 파노라마 카메라' 설치 이후 독도와 가까운 울릉도를 찾은 관광객이 설치 전과 비교하여 약 7배나 늘어났다고 한다.

마찬가지로 금강산에 파노라마 카메라가 설치되면 독도·울릉도의 사례처럼 금강산 관광객도 폭발적으로 증가할 수 있을 것으로 예상해 볼 수 있다. 살아 움직이는 영상을 직접 보는 것과 멈춰 있는 사진이나 글을 통해 접하는 것은 분명 큰 차이가 있다. 특히 남측에서 '북측에 간다'는 막연한 불안감은 실시간으로 제공되는 편집 없는 영상을 통해 많은 불안감을 해소할 수 있을 것이다. 방송이나 영상으로 자주 접한 장소에 대해서는 친근함과 편안함을 느끼게 마련이다.

금강산의 영상을 남북측에서 언제든지 실시간으로 볼 수가 있어 만에 하나 위급한 상황이 발생하더라도 남북의 관계부처가 현지상황을 보며 신속하게 대비·대응할 수 있다는 이점도 있다. 따라서 만약 파노라마 카메라가 한라에서 백두까지 설치된다면, 이것은 분명 단순한 영상 공유 차원을 넘어 한민족을 영상을 통해 하나로 만드는 통일의 기초가 될 것이다. 남북의 사람들이 비록 당장은 마음껏 왕래하지 못해도 서로가 사는 곳의 모습을 영상으로나마 공유할 수 있는 이런 멋진 일이 또 어디 있을까?

그리고 설치되는 파노라마 카메라는 금강산의 사계절을 실시간으로 시청자들에게 보여 줄 수 있는 장비다. SNG 위성방송 시스템을 이용하는 파노라마 카메라는 뉴스 속보용과 인젝션 포인트를 금강산에 구축하는 의미도 있다. 예를 들어 금강산에서 이산가족 상봉 생방송을 하게 되거나 뉴스 속보가 발생할 경우, 현지에 중계차가 가지 않아도 최소 인력과 장비만으로 현지 방송 참여가 가능하다. 그리고 이 파노라마카메라는 서울 KBS에서 원격으로 조정되며, 임차 중인 무궁화위성-3을 이용해 영상을 전송하게 돼 있다. 또한 신호 전송방식은 처음에는 아날로그 SD방식으로 시스템을 구축하고 점차 HD급으로 바꿀 계획도 세웠다.

문제는 북측이 파노라마 카메라가 자신들의 안보에 위협이라는 인식을 할 수 있어 이를 설득하는 작업이 필요했다. 그래서 KBS는 카메라 관리를 북측에 맡기고 카메라의 화각도 북측이 정해 그들의 입장을 최대한 고려하여 설치한다는 계획이었다. KBS의 판단으로 설치는 온정각(금강산관광특구 중심 장소) 부근이 적당했으며, 사업이 성사되면 남북측이 상호신뢰라는 가치에 한 걸음 더 다가설 수 있을 것으로 기대하였다. 그러나 파노라마 카메라의 설치 계획은 많은 이들의 염원과 노력에도 불구하고 남북 정부 간 대립의 벽을 넘지 못했다.

이미 남북 정부의 정책방향은 금강산관광 중단으로 굳어져 갔다. 민간인 피해가 있었기에 우리 정부는 북측의 태도에 물러설 생각이 없었고 북측도 우리 정부를 향한 사과나 문제 해결을 위한 협상을 제시하지 않았다. 상호 자존심 싸움으로 변해 가고 있었다.

금강산관광에 점점 먹구름이 드리워지자 다급해진 현대아산 현정은 회장이 북측을 방문해 김정일 국방위원장을 만났다. 단기적으로는 성과가 있는 듯 보였다. 현대그룹과 북측은 공동보도문을 내 이산가족 상봉과 금강산관광사업을 이른 시일 안에 재개하는 것과 개성공단 활성화 등의 5개 교류사업도 전격 합의했다고 전했다. 그리고 북측은 "김정일 국방위원장이 취해 준 특별조치에 따라 관광에 필요한 모든 편의와 안전이 철저히 보장될 것"이라며 민간인 피격사건 재발 방지를 위한 관광객 신변보장을 간접적으로 밝혔다.

그러나 민간인 신분이었던 현 회장의 방북 결과는 북측이 우리 정부를 파트너로 여기지 않고 있다는 것을 의미했다. 이 결과에 대한 우리 정부 당국자들의 반응은 매우 부정적일 수밖에 없었다. 결과적으로 금강산관광은 중단된 채 재개되지 못했고 2018년 현재까지도 해결되지 않고 있다.

화합과 평화를 위한 기타 제안

한반도는 지금도 전쟁이 잠시 멈췄을 뿐인 정전상태이며 전쟁의 위험은 한반도 곳곳에 도사리고 있다. 남과 북은 정치적 대립과 군사 대결로 인해 반세기 넘게 엄청난 군비와 자원을 소모하고 있고, 주변 강대국들의 정세 변화 위에 떠다니며 근근이 버텨 오고 있다. 하지만 주변 강대국의 대결과 그들이 내세우는 논리 때문에 우리 한반도가 전쟁터로 변하는 일은 두 번 다시 있어서는 안 될 것이다.

북측은 국제사회 경고와 만류에도 불구하고 2017년 9월 3일 6차 핵실험을 강행한다. 이에 대해 국제사회는 제72차 유엔안보리에서 신규 '대북결의안 2375'를 채택하기에 이른다. 결의안은 북측에 대한 보다 강도 높은 제재를 담고 규탄하는 내용이다. 미국의 트럼프 정부는 북측을 향해 '화염과 분노' 발언으로 거듭 군사적 대응의 가능성을 경고했고, 미국 국민도 군사적 선제공격을 지지하는 발언이 나왔다. 한반도 상공에는 이전에 보지 못했던 전략 핵 폭격기가 북측 NLL 주변까지 비행하며 북측에 군사적 위협을 가하고 있다. 이처럼 한반도에 또다시 전쟁이 일어날 수 있다는 공포감이 엄습해 왔다.

문재인 대통령은 국내외의 상황에 미루어 "북측이 핵을 포기할 때까지 강도 높고 단호하게 대응해야 한다"고 단호한 의지를 내걸었다. 하지만 한편으로는 우발적인 군사적 충돌을 방지하기 위해 "북측붕괴에 따른 흡수통일이나 인위적인 통일을 추구하지 않는다"는 성명을 발표했다. 이것은 북측이 세계정세에 반하는 핵무기 개발로 고립과 몰락을 초래하지 말고 대화의 장에서 문제를 해결할 것을 촉구한 것이다.

2017년은 남북의 상황은 물론 동북아의 국제정세도 점점 대결 양상으로 치닫고 있었다. 2018년 1월 새해가 열리자 김정은 국무위원장은 신년사를 통해 "남조선에서 머지않아 열리는 겨울철 올림픽 경기대회에 대해 말한다면, 그것은 민족의 위상을 과시하는 좋은 계기로 될 것이며 우리는 대회가 성과적으로 개최되기를 진심으로 바랍니다. 이러한 견지에서 우리는 대표단 파견을 포함하여 필요한 조치를 취할 용의가 있으며 이를 위해 북남 당국이 시급히 만날 수도 있습니다"라고 말하며 2017년 냉각된 분위기를 반전시켰다.

2018년 2월 9일 북측 김정은 국무위원장은 신년사에 따라 김영남 상임위원장과 김여정 노동당중앙위원회 제1부부장을 축하사절단으로 평창올림픽에 보냈다. 평창올림픽은 세계의 축제와 더불어 남과 북의 축제가 된 것이다. 이어 2월 11일 밤, 서울국립극장에서 진행된 북측 '삼지연관현악단'의 공연은 남측 국민에게 감격스러운 장면을 연출했다. 이를 신호탄으로 4월 27일 역사적인 남북정상회담이 판문점에서 성공적으로 진행되어 통일에 대한 희망과 함께 남북교류 논의가 다시 불붙기 시작했다. 이제 북미 정상회담으로 한반도에 냉전이 종식되고 평화가 시작되는 새싹이 돋아나고 있다.

이제 금강산관광 재개에 대해 논의해야 한다. 당장은 힘들겠지만 하루라도 빨리 남북은 금강산관광이 시작됐던 그때의 초심으로 돌아가 다시 한번 교류협력과 대화의 시대를 만들어야 한다. 일사천리로 이루어졌던 금강산 육로관광처럼 남북이 서로 머리를 맞닿으면 교류와 협력의 새로운 장이 열릴 수 있을 것이다. 남과 북은 모두 주변 정세에 이끌리기만 해서는 안 되며, 우리는 한반도의 주인으로서 한반도 운명의 주도권을 쥐고 자신의 운명을 결정해야 한다. 이를 위해 남과 북 정상은 판문점에서 직접 만나 대화를 통해 남과 북 국민에게 감동을 주었던 것처럼 남과 북의 경제교류와 관광 교류사업을 적극 추진해 한반도에 혈류가 흐르게 해야 한다. 이를 실현하기 위해선 먼저 그동안 단절됐던 대륙철도와 도로를 연결하여 대륙과

눈 내린 동해선 철도 남북출입사무소(2008년 제진역), 김용기 제공.

한반도를 잇는 대동맥을 복원하여야 하며, 보다 구체적으로는 우선 경의선과 경원선을 복원해 시베리아 횡단철도와 이어 줘야 한다.

최근 들어 남측 국민 중에는 개인 차량을 가지고 러시아를 여행하는 사람들이 점점 많아지고 있다. 그러나 육로가 막혀 있기 때문에 먼저 속초항에서 블라디보스토크로 가서 출발한다. 만약 남북의 도로와 철도가 연결된다면 이런 귀찮은 과정 없이 바로 세계 일주를 떠날 수 있게 될 것이다.

이는 결코 허무맹랑한 이야기가 아니다. 불과 2008년까지만 해도 개인 차량으로 금강산을 갈 수 있었던 것처럼 이것을 조금만 더 확대하면 된다. 이것이 실현돼 남측 관광객이나 외국인들이 북측을 통과할 수만 있게 돼도 북측 주민들은 외부세계와 접촉할 기회를 얻게 됨과 동시에 직·간접적인 경제적·문화적 혜택을 얻게 될 것이다. 그리고 이런 변화는 통일을 앞당기는 한 축이 되기에 충분하다.

문재인 정부는 지난 대선 공약에서 친환경을 강조하면서 미세먼지 줄이기에 앞장 서겠다고 밝혔다. 이를 위해서는 러시아의 천연가스와 전력을 수입하는 것이 효율적이다. 앞서 도로망 연결과 함께 북측을 거치는 러시아 가스관·전력선 연결을 추진할 필요가 있다. 그렇게 물류비용이 싼 러시아산 천연가스(PNG)와 여름철 남아도는 러시아산 전력이 한국에 직접 공급되면, 발전 비용과 발전 과정에서 발생하는 환경오염을 크게 줄일 수 있다. 또한 전력 사용량이 많은 시간대에도 전력수급 걱정을 크게 덜 수 있으므로 이는 환경 개선과 전력 확보라는 두 목표를 동시에 달성하는 일거양득의 효과를 얻을 수 있을 것이다. 더욱이 북측은 가스관과 전력선 통과 수입과 철도 도로의 통과 수입으로 많은 경제적 이득과 함께 김정은 국무위원장이 심혈을 기울여 추진하는 북측지역 경제특구 개발도 성공할 수 있을 것이다.

그러나 이런 미래는 결코 쉽게 찾아오지 않고 거저 주어지지도 않는다. 남북관계는 다른 나라들과의 관계와 달리 전략적·경제적인 이득을 위해 겉으로 회복된 척하거나 유지할 수 있는 것이 아니다. 여기엔 남과 북의 사람들 속에 박힌 서로에 대한 애증, 그리움, 원망, 불신, 연민 등이 뒤섞인 감정의 쇳덩이들이 있다. 그래서 현재의 경색된 남북의 상황을 변화시키기 위해선 그 감정을 녹여 내는 민족의 용광로가 절실하다. 이러한 시작은 아주 단순하고 간단한 부분에서 시작한다. 음악, 미술, 체육, 공연 등 사람들과의 교류를 활성화하는 것이 바로 그것이다.

우리는 서울에서, 평양에서 그리고 금강산에서 남과 북의 사람들이 춤과 음악 등 예술을 통해 하나 되고 서로를 인정하는 모습을 목격했다. 남과 북 사이에는 지식과 논리, 협상과 계약보다 중요한 가치가 있다. 바로 믿음이다. 마음이 열리고 대화가 오가고 믿음이 생기면 오해나 미움은 자연스레 풀리는 법이다. 음악은 이런 일들의 물꼬를 트는 힘을 가지고 있기에, 음악을 통한 남북 간의 교류야말로 한반도 평화의 바탕을 다지는 요소라고 할 수 있다. 우리에겐 지금 남과 북이 다 같이 함께 부르는 노래, 함께 즐길 수 있는 음악이 어느 때보다 필요하다. 결국, 남과 북 사람들 간의 대화와 문화 교류가 한반도의 평화를 만든다.

전기와 함께한 금강산

김광석
한국전기안전공사 검사부 부장
한국전기안전공사 개성공단 지사장

옥신각신했던 금강산관광지역

2006년 4월, 우리는 4박 5일의 북측 방문을 위해 서울에서 출발하였다. 이번 방문은 현대아산에서 관리하는 장전발전소를 비롯한 12개소 건물 전기설비 이상 유무를 확인하는 작업으로 금강산관광이 시작되고 처음 실행하는 것이었다.

먼저 고성에 있는 금강산콘도에서 1박을 하고 금강산휴게소에서 휴대전화를 비롯해 북측과 불미스러운 일이 발생할 수 있는 물건은 현대아산 측에 맡겼다. 그리고 남측의 민통선을 통과할 수 있는 통일부 발행 '방북증명서'와 북측 출입사무소를 통과할 수 있는 출입증도 받았다.

고성에 있는 남측 출입사무소에 도착해 출경 절차를 받자 북측으로 간다는 실감이 났다. 삭막한 비무장지대를 거쳐 북측 출입사무소에서 입경 절차를 받고 드디어 북측에 도착하였다.

하지만 북측 세관 문제로 첫걸음부터 삐걱거렸다. 남측에서 차량 4대에 나눠 실은 진단장비는 먼저 북측 세관에서 검사를 받아야 했지만, 장소를 잘못 알아 엉뚱한 현대아산사무소로 갔다. 북측은 자신들 세관을 거치지 않은 차량 4대와 우리 일행 16명에 대한 검사를 거부하였다. 세관 검사를 하지 않으면 북측으로 갈 수가 없는 상황이었다. 일단 북측 세관 검사 장소로 이동해 대기하라는 현대아산 인솔 직원의 말을 듣고 우리 일행은 지정된 장소에서 막연히 기다릴 수밖에 없었다.

그러던 중 북측 세관에서 전달 온 사항은 '북측 법을 위반했으니 벌금 미화 $5,000을 내야 세관 검사와 전기 안전진단을 할 수 있다'는 것이었다. 우리는 출입 목적을 상세히 설명하고 현대아산을 통하여 선처를 요구했으나, 북측 세관에서는 인정할 수 없다는 대답만 하였다. 현대아산에서는 여러 번에 걸쳐 북측 세관을 방문해 절차를 몰라 발생한 일이라며 설득했으나 북측 세관은 고집을 꺾지 않았다. 여러 번에 걸친 협상으로 벌금은 미화 $2,000로 내렸지만, 우리 쪽에는 그만한 액수의 돈이 없었다.

참다 못해 필자가 직접 북측 세관 소장을 만나 사정을 했다. 소장은 완강히 벌금을 고집하며 물러서지 않았다. 이에 대해 "현재 우리에게는 그 돈이 없다. 계속 고집한다면 우리는 지금 철수하겠다"고 통보하고 돌아서는 필자에게 북측 소장은 "남측 선생은 쫀쫀하구먼. 다시 협상합시다"고 하였다. 이전 경험으로 보면 북측의 벌금은 고무줄과도 같았다. 개성공단을 출입할 때에도 위반사항에 대한 벌금을 세관과 협의하여 감면받았던 기억이 났다. 세관 소장의 양해로 협상을 다시 시작했지만, 북측 세관에서 요구하는 $2,000과 수중에 있는 $250은 너무 차이가 컸다. 선뜻 협상할 수가 없어

금강산 면회소 계전기 시험장면, 김광석 제공.

머뭇거리고 있으니 세관 소장이 "빨리빨리 하자고야" 하면서 닦달을 한다.

이제는 물러날 수도 없는 상황이었다. "지금 돈은 $250밖에 없으니 이걸로 벌금을 무마하든지 아니면 철수하겠다"고 맞섰다. 세관 소장은 고민 끝에 가지고 있는 금액과 출경 시까지 사죄문을 제출하라고 요구했다. 작업의 원활한 진행을 위해서는 어쩔 수가 없어 있는 금액을 털어 벌금을 물고 사죄문에 대한 약속을 한 뒤 일행에게 돌아왔다. 그곳에는 이미 세관 직원이 검사를 마치고 돌아간 상황이었다. 우리는 이러한 우여곡절을 거쳐 금강산 관광지구로 들어가 1일 차 전기설비 안전진단을 무사히 마칠 수 있었다.

다음날, 2일 차 작업이 시작되면서 해금강호텔 등에서 이상이 발견되었다. 남측에서는 전기설비 분전반을 제작해 설치하는 경우 장기적인 설비증설을 고려해 예비로 개폐기를 설치 운영한다. 그런데 금강산관광지구 내 분전반 예비부품 자리에는 전부 개폐기 뜯은 자리만 있을 뿐 개폐기가 하나도 없었다. 현대아산 측 전기 담당에게 문의하니 북측 일꾼들이 집으로 가져간다는 것이었다. 그리고 우리는 중국과 밀접한 관계를 맺고 있는 북측이라 중국 측 전압체계를 운영하는 줄 알았다. 하지만 막상 가서 살펴본 것은 전압과 공급 방식이 남측과 같았다.

확실치는 않지만 북측에서 전력이 첫 번째로 공급되는 곳은 군부이고, 두 번째는 당, 세 번째가 인민에게 보급품을 지급하는 생산 공장으로 짐작된다. 그리고 보급품 생산을 시작하여 3개월이면 1년분 생산량이 완료되고 이후에는 공장이 가동중단되는 상태를 유지하는 것으로 알고 있다. 마지막으로 공급되는 선로가 일반 인민이다. 일례로 금강산관광지구 옆에 있는 마을의 야간 조명을 보면 어스름한 상태로 마치 우리나라 60년대 초반의 전기 공급 수준이었다.

북측의 전력생산은 대부분 수력발전으로 장마철에는 발전량이 여유가 있어 인민에게 공급하지만, 갈수기에는 전력량이 부족해 인민에게까지 공급이 어려운 실정으로 알고 있다. 또한 북측에서는 살아 있는 소나무에 각목을 박고 각목 위에 애자(礙子, 전선과 지지대를 절연하는 기구)를 설치한 것을 현장에서 많이 볼 수 있다. 남측에서 쓰는 철근 콘크리트 전신주는 거의 볼 수 없다. 이 외에도 일반 나무를 베어 껍질만 벗긴 상태에서 기름칠도 하지 않고 전신주로 사용하는 것을 볼 수 있었다.

3일째 되는 날, 우리는 관광지구 전기설비 안전진단을 마무리하고 북측 전기 공급 방식을 살펴보기로 했다. 금강산관광지구에서는 금강산호텔만 북측이 전기를 공급해 준다는 사실을 확인하였다. 하지만 열악한 전력 공급으로 야간에만 난방용으로 전기를 사용한다는 북측 안내원의 설명도 들었다. 돌아오는 길에 북측 최고 책임자의 초상화가 있어 초상화 앞에서 기념사진을 촬영하려고 했다. 이 장면을 본 호텔 수위가 황급히 달려와 "초상화 사진이 잘리면 안 되니까 내가 찍어 주겠다"고 말하며 카메라를 넘겨달라고 했다. 기념촬영을 하고 초상화를 자세히 살펴보자 놀라지 않을 수 없었다. 수위에게 물어보니 조개껍데기 하나하나에 물감을 들여 전체를 완성한 작품이라는 것이다.

4일째 되는 날, 처음 실행하는 안전진단을 기념하여 전기안전공사 사장의 금강산관광지구 방문이 있었다. 아침 일찍부터 현대아산 인솔 직원과 함께 북측 구선봉에 있는 출입사무소에 도착해 사장 일행을 기다렸다. 출입 절차를 마친 사장 일행과 함께 우여곡절이 있었던 북측 세관 검사장으로 다시금 갔다. 그런데 이번에는 차량에 부착한 내비게이션이 문제라고 한다. 차량에 장착되어 탈부착이 어려운 내비게이션이라 부득이하게 그냥

금강산 육로 사전답사(2003. 2. 5), 현대아산(주) 제공.

북측으로 들어왔다. 하지만 북측 세관에서는 내비게이션을 부착한 차량은 관광지구 내에서 운행할 수 없으며 이번에도 법을 위반했으니 또다시 벌금을 부과하겠다는 것이었다. 하는 수 없이 개인용 차량을 세관 검사장에 세워 두고 업무용 차량을 이용하여 사장과 함께 현장으로 돌아왔다.

그렇게 현장을 방문하여 직원들을 격려하고 같이 기념사진을 촬영하려 하자 이번에는 북측 인솔자가 성급히 제지하였다. 플래카드를 들고는 사진 촬영을 할 수 없다는 것이었다. 그것도 플래카드의 '한국전기안전공사' 문구 중 '한국'이란 단어가 문제가 된다고 하였다. 그래서 한국이라는 단어에는 테이프로 가리고 겨우 기념촬영을 할 수가 있었다.

북측에 온 5일째, 드디어 남측에 가는 날이다. 아침부터 부산하게 개인 장비와 짐을 챙기고 차량에 탑승하였다. 북측 세관 검사장에 들러 세워 둔 차량을 인계받으려 하자 담당 직원이 없다는 이유로 차량 인도를 거부당했다. 담당 직원이 와야만 차량을 줄 수 있다는 것이었다. 그사이 앞서 북측에서 요구한 사죄문을 제출하고 돌아왔지만, 아직도 직원은 오리무중이었다. 이것을 소장에게 항의하자 그제서야 담당 직원의 책상에서 자동차 열쇠를 꺼내 인도하여 주었다.

그렇게 옥신각신하며 북측 세관을 통과한 우리 일행 20명은 차량 5대에 나누어 타고 군사분계선을 지나 남측에 도착했다. 도착한 순간 하늘과 공기가 다르다는 느낌이 들면서 긴장이 풀려 졸음이 쏟아지기 시작하였다. 감은 눈을 떠 보니 벌써 서울의 본사 마당이었다.

너무 긴 일정이었다. 우여곡절이 많았던 북측 방문이었지만 나름의 성과도 있었다. 북측의 전기사정과 설비에 대하여 자세히 알아본 기회였고, 이것을 위해 앞으로 우리가 어떠한 대처를 할 것인가도 생각하게 하여 주었다. 아마도 다시금 금강산관광이 재개된다면 같은 실수를 하지 않겠지만, 북측도 좀 더 유연한 입장을 가져 주었으면 좋겠다는 바람이다.

이산가족면회소 전기 설비 점검

이산가족면회소는 통일부에서 남북이산가족 정례 만남을 위해 금강산 온정리에 건립한 건축물이다. 지하 1층, 지상 12층 규모에 이산가족 1,000명을 수용할 수 있는 현대식 건물 두 채가 양쪽으로 나란히 있다. 이산가족 면회 시 한쪽은 남측 숙소로, 다른 한쪽은 북측 숙소로 활용된다. 1층과 2층에는 연회장, 3층부터 12층까지는 2인실과 가족실 등 총 206개의 객실을 갖췄다. 이 건물은 2008년 7월 금강산관광객 피격 사망사건과 금강산관광 중단으로 남북관계가 악화하면서 누구도 사용하지 않는 건물이 되었다. 계속해서 기존 설비를 운영할 경우 운영비가 과다 지출될 우려가 있어 기존 북측이 공급했던 전기를 현대아산에서 운영하는 장전발전소에서 공급하기로 했다.

2009년 9월 초, 금강산관광이 중단된 지 1년여가 지난 시점에 이산가족 면회소 건물의 전기설비 점검을 위해 방북했다. 건물 내 변압기를 설치하기 위해 현대아산을 비롯한 전기공사 업체 등과 함께 방북했는데, 남북관계가 험악한 시기라 북측 동행 없이는 한 발짝도 이동할 수 없는 통제 상태에서 작업해야만 했다. 짧은 이동 거리도 북측 인솔자가 없으면 이동할 수가 없어 공사는 다소 지연됐지만 방북한 지 3일 만에 전기설비를 완료했다.

내금강호텔에서 본 이산가족면회소건물, 김광석 제공.

1층과 2층 연회장에 전기를 공급하고 3층부터 12층 객실은 사용하지 않는 조건으로 이산가족면회소 안전진단을 시행하였다. 이후 여기서 이산가족 상봉 면회가 2009년 9월 26일부터 10월 1일까지 열렸다.

2014년 2월 초에는 구정을 전후해 19차 이산가족 상봉을 위한 이산가족 면회소 안전진단을 하러 갔다. 이때 강원도는 최대 폭설로 한계령을 넘어 고성까지 가기가 쉽지 않았다. 고성에 도착해 1박을 하고 다음 날 동해선 출입사무소에 도착했다. 현대아산 측에서 준비한 서류를 가지고 출경 절차를 받은 다음 군사분계선을 통과해 북측 구선봉 출입사무소에서 입경 절차를 받았다. 금강산 구룡마을에 있는 현대아산사무실에 도착해서 먼저 와 있는 1차 선발대 현대아산 직원과 반가운 악수를 하고 이산가족면회소 진단 일정을 협의했다.

현대아산 숙소로 이동하는데 눈이 얼마나 많이 내렸는지 작은 언덕 몇 개만 넘으면 될 숙소까지 사륜구동 차량이 아니면 못 넘어간다고 한다. 선두에 선 북측 차량을 따라 이동하는데 길 양옆으로는 2m 이상 눈이 쌓여 있었고, 그 사이를 겨우 차량이 한 대 지나갈 수 있을 뿐이었다. 평상시 10분이면 도착할 거리를 1시간 이상 걸려 도착했다.

현대아산에서 제공한 숙소에서 1박을 하고 장전항에 있는 발전소로 가서 발전기 가동 여부를 확인했다. 이후 장전발전소에서 이산가족면회소 건물에 전력을 공급하는 배전선로를 점검했다. 이산가족면회소 건물에 전력을 공급하기 위해서는 북측이 공급하는 선로는 개방하고 우리 선로를 투입해야 한다. 전력 공급을 위한 조치를 완료하고 이산가족면회소에 도착했는데, 정문 유리창에 '자산 몰수'라는 빨간 글씨와 함께 사선으로 두 줄이 그

금강산 온천장, 현대아산(주) 제공.

어져 있는 것을 보는 순간 섬뜩했다.

다음날도 폭설은 계속 이어져 온 세상이 하얗게 변했다. 우리는 이산가족면회소 건물에 대한 전기설비 안전진단을 시행하기 위해 1층과 2층 선로 및 분전반을 확인했다. 수전실을 비롯한 전기설비 안전진단을 하고 남측으로 출경 준비를 서둘렀다. 때마침 장전항 발전소 연료를 주입하러 가던 오일뱅크 차량이 눈길에 미끄러져 전복되는 사고가 일어났다. 이 사고로 우리 일행은 구선봉 북측 출입사무소에서 3시간을 기다릴 수밖에 없었다.

뒤이어 오일뱅크 차량이 도착한 시각은 저녁 7시 30분. 남측 동해출입사무소에 도착하자 그때까지 출입사무소 직원들이 기다리고 있었다. 우리에게 북측에서 무슨 일이 있었는지 묻고 절차를 마친 후 우리와 함께 퇴근하는 모습을 보니 미안한 생각이 들었다.

북측에서 본 대한민국

정부는 강원도 고성군 '제진역'에서 북측 '금강산역'을 연결하는 동해선 철도연결 사업을 진행하였다. 중간에는 '감호역'과 '삼일포역'이 있으며 운행에 필요한 전기는 북측의 고성변전소에서 연결해 운행한다. 북측에서 고성변전소에 가기 위해 고성읍을 통과하다가 신기한 모습을 보았다. 한 가지는 손수레에 싣고 가는 짐 중에 '대한민국'이란 표시가 선명한 마대자루가 눈에 띄었다. 또 한 가지는 집집이 둥그런 잠자리채 모양을 한 물건인데 북측 안내원에게 물으니 TV 안테나라고 한다. 자기네는 국가에서 보급한 아리랑 TV를 보면서 생활한다고 한다.

우리는 고성변전소 안전점검을 무사히 마치고 금강산관광지구로 돌아왔다. 오는 길에 관광지구 옆에 있는 금강산역 변전소도 점검하고 삼일포역을 비롯한 감호역 전기안전 설비도 점검했다.

이와 달리 경의선은 남측의 '도라산역'에서 북측의 '개성역'을 연결하는 구간이다. 중간에는 '판문점역'과 '선화역'이 있으며 북측의 개풍변전소에 연결해 운행하는데 북측 지역은 전철로 운행된다. 경의선에 전기를 공급하는 개풍변전소에 가면 1972년도에 이미 북측 지역 전철화 사업이 이루어진 것을 알 수 있다. 북측 대안전기공장에서 제작해 설치한 개풍변전소 변압기를 보고 있자면 70년대까지만 해도 북측 전기사정이 우리보다 나았다는 것을 짐작할 수 있었다. 경의선의 종착역인 개성역은 기존 역을 그대로 두고 남측 정부에서 지원해 역사를 신축했다. 개성역을 비롯한 선화역과 판문점역 전기설비 안전점검을 돌아보며 북측의 전기설비와 철도를 알 수 있었다.

금강산에서 이룬 작은 통일

윤창원(법달)
서울디지털대학교 교수
민주평화통일자문회의 상임위원

어떤 구실을 만들어서라도 남과 북은 상대방에 대한 인간적 이해와 애정을 느낄 수 있도록 서로 만나는 기회를 만들어야 한다. 인간은 어떤 관계에 있더라도 만나 대화를 나누면 해결하지 못할 일이 없다. 남북대화가 30년 전인 1972년에 물꼬를 텄으면서도 실질적인 화해의 역사를 열지 못한 것은 이런 인간적 화해의 길을 제대로 열어 가지 못했기 때문이다. 이런 의미에서 2000년 6월의 '남북정상회담'과 '6·15남북공동선언', 그리고 '6·15남북공동선언'의 정신을 구체화하기 위해 노력하여 온 남북 민간교류의 흐름은 민족적 화해의 첩경이 되는 역사적 사건이라 할 수 있다.

남북통일운동사에 길이 빛날 금자탑

2001년 6·15 1주년을 기념하는 남북공동행사로 개최된 '6·15금강산민족통일대토론회'는 남북통일운동사에 길이 빛날 금자탑이 아닐 수 없다. 이는 분명 21세기를 열어 나갈 민간통일운동의 새로운 기점인 동시에 새로운 지평을 여는 이정표였다.

2001년 6월 15일, 금강산에서 남측의 각계각층을 대표하는 민간사절단 430여 명과 북측 '민족화해협의회'를 중심으로 한 220여 명의 대표단이 만났다. 이들 모두의 숫자는 비록 650명에 불과했지만, 6500만 아니, 7000만을 대표하는 것이나 다름없었다. 8·15광복 이후 남과 북이 분단의 질곡 속에서 수없이 부딪치고 손을 맞잡고자 했지만, 실제로 남과 북 민중 전체를 대표하는 만남은 '6·15금강산민족통일대토론회'가 처음이었다.

남쪽에서는 민간통일운동의 활성화와 남남대화를 촉진하기 위해 여러 정당과 사회단체로 구성된 '민족화해협력범국민협의회'를 비롯해 개신교, 불교, 원불교, 유교, 천도교, 천주교, 한국민족종교협의회 등 7대 종단이 민족적 화해협력 추진을 위해 구성한 '온겨레손잡기운동본부'가 참여하고, 6·15공동선언 이후 우리 사회에서 새롭게 대중적 통일운동을 전개하기 위해 그동안 재야에서 통일운동을 펼쳐온 50여 개의 단체로 구성된 통일연대, 이 외에도 노동자, 농민, 청년 학생, 여성, 문예, 학술, 체육, 경제 등 부문별 대표로 대표단이 구성됐다. 이처럼 다양한 형태의 인적 구성이 성사된 것은 분단 이후 최초의 쾌거가 아닐 수 없다.

실무접촉 시에 북측은 3개 단체에서 각각 100명씩 300명을 제안했다. 그러나 우리 쪽은 청년과 여성을 따로 포함해야 하고, 기자단 등을 고려해야 한다는 점을 강조해 400명을 관철했다. 결과적으로는 종단, 민화협, 통일연대에서 397명, 신문기자 11명, MBC 방송관계자 18명과 그 밖에 공연 가수 등을 포함해 모두 430여 명이 참가하게 됐다. 종단 차원에서는 종단별로 15명에서 16명 이상의 인원이 참가했다. 각 종단을 통해 참가한 인원은 대체로 종단 내 주요 기구와 단체, 특히 통일문제나 대북 지원과 관련 있는 분야의 책임자들이 주를 이루었다. 북측에서도 남측 대표단의 성격을 고려해 골고루 파트너를 선정했는데, 비록 북측 대표단의 숫자가 남측에 비해 적었다고 하더라도 각계를 망라하는 대표성에는 부족함이 없었다.

남과 북 더구나 민간을 대표한다는 기치 아래 이처럼 많은 인원이 자리를 함께한 것은 기적 같은 일이나 다름없었다. 더욱이 금강산이라는 공간에서 만날 수 있었다는 것은 분명 6·15라는 역사적 계기의 산물이다. 이 모임을 성사시키기 위해 만났던 실무접촉 북측 대표와 편하게 이야기를 나누었을 때 그는 6·15가 전혀 예기치 못한 사건이었음을 토로했다.

"선생은 어떻게 생각하십니까? 통일이 갑자기 올 것 같지 않습니까?"

그는 내게 물었다. 깜짝 놀란 나는 그에게 되물었다.

"8·15광복이 갑자기 왔던 것과 같을 것이라는 말입니까?"

그는 "바로 그렇다"는 반응을 보이며, 6·15 역시 그 연장 선상에서 이해하고 있음을 감추지 않았다. 사실은 이런 정서, 즉 보이지 않는 흥분과 기대감이 북측 참가 인사들에게 진하게 배어 있었음을 느낄 수 있었다.

'금강산청년학생통일대회'에서 필자(2002.10.14).

화해를 위한 토론

6월 15일에 개막된 '6·15금강산민족통일대토론회'에서 남측은 종단에서 한국민족종교협의회 한양원 회장과 한국기독교교회협의회 임홍기 목사, 민화협에서 손장래 상임의장과 지은희 한국여성단체연합 상임대표, 통일연대에서 천영세 민주노동당 사무총장과 이천재 전국연합 공동의장 등 6명이 발표를 했다. 북측은 조선불교도연맹 박태화 위원장, 정운업 민족경제협력연합회 회장, 사회과학원 김세민 부원장, 여성동맹 최창숙 부위원장, 봉원익 김일성 사회주의청년동맹 비서 등 5명이 발표했다. 재외동포를 대표해서는 유태영 재미교포 전국연합 부회장이 발표했다. 진행 사회는 양측 실무접촉 단장이었던 김종수 신부와 허혁필 북측 민화협 부회장이 맡았다. 끝나고 난 후 허혁필 단장은 김종수 신부가 나이도 젊고 목소리도 좋아서 자기보다 더 인기가 좋았다고 농담을 건네는 여유를 보였다.

토론문은 모두 6·15공동선언의 정신과 그 역사적 의의를 언급하는 데서 출발했다. 남측은 주로 6·15공동선언의 본질을 해명하고 화해와 상생의 새 진로를 개척해 나갈 필요성을 강조했다. 특히 남북교류협력을 다각적인 분야로 확대 발전시켜 나가야 한다는 점에 역점을 두었다. 북측의 기본 입장도 남측과 차이는 없었지만, 민족자주정신을 부각하는 가운데 민족적 대단결의 필요성을 강조했다. 참가자들은 토론에도 귀를 기울였으나 발표자로 나온 사람들을 기쁨과 흥분으로 환영하는 마음이 더 컸다. 이제는 어떤 논리가 필요한 것이 아니라 만남 자체를 통해 서로가 하나임을 확인하고 통일된 삶의 자리로 만들어 가는 것이 중요하다는 사실을 알게 된 자리였다.

그러나 이런 화해의 장을 마련하는 것이 순조롭지만은 않았다. 2001년에 열린 '6·15금강산민족통일대토론회' 개막식은 1시간 가량 지연이 됐고, 평양에서 개최된 '8·15민족통일대축전'에서는 아예 남측 대표단이 개막식에 참석하지 못했다. 그리고 2002년 2월 27일 금강산에서 개최될 예정이던 새해맞이 공동행사도 무산됐다. 이런 진통 끝에 북측 민간대표단의 서울방문으로 성사된 2002년 '8·15민족통일대회' 개막식도 여전히 1시간 늦게 시작되어 참석했던 참가자 모두를 한숨짓게 하였다.

남북 민족공동행사의 첫 테이프를 끊었던 '6·15금강산민족통일대토론회' 개막식이 지연된 것은 우리 정부가 행사에 참가할 대표단 가운데 범민련 관련 인사 6명을 제외한 것이 발단이었다. 북측은 이에 대한 대응으로 설봉호를 타고 온 남측 대표단 가운데 자유총연맹과 재향군인회에서 참가한 인사 6명의 입국을 허락하지 않았다. 그래서 남측 대표단과 북측은 이 문제로 1시간 동안 줄다리기를 할 수밖에 없었다.

'8·15평양민족통일대축전'에서는 북측이 개막식 행사 장소로 예정한 '조국통일3대헌장기념탑'에 참가하지 않을 것을 조건으로 방북 허가를 내준 우리 정부의 방침 때문에 기념탑에서 기다린 수십만 명의 평양 시민들을 외면할 수밖에 없었다. 분단 이후 처음으로 남측에서 340여 명의 민간대표단이 참가한 '평양통일대축전'은 앞의 기념탑 참가 문제 등으로 평양에서뿐 아니라 서울에서도 극심한 갈등을 불러일으켰다.

이처럼 답답한 상황이 장소를 서울로 했을 경우에는 순조롭게 풀릴 것으로 기대했었지만, 북측 대표단이 서울에 온 '8·15민족통일대회' 역시 예외는 아니었다. 북측 대표단의 일원으로 참가한 고 여운형의 차녀인 여원구 조국전선 의장의 부친 묘소 참배 요청에 대해 우리 정부가 난색을 보이면서 북측 환영공연이 1시간 이상 늦어졌다. 동시에 북측에서 가져온 사진전시회 작품 선정 문제로 갈등이 빚어지면서 개막식도 지연되었다.

이런 모습들은 남북이 모두 체제나 이념의 차이의 벽을 쉽게 넘어서지 못해 결국 참가자에게도 서로 인간적인 예의를 지킬 수 없는 결과를 가져오게 되었다. 남측은 분단의 질곡에서 체제 수호를 위해 만든 국가보안법이 북측과의 만남에서 예의를 지킬 수 없게 만들었고, 북측은 그들 체제의 속성 때문에 남측의 요구를 수용하지 못해서 또한 예의를 지킬 수 없었다. 만약 앞으로 남과 북이 모두 체제와 이념에 앞서서 인간적인 고민과 인격적인 대응 노력을 펴나갈 수 있을 만큼 탄력적이고 유연해질 수 있다면, 분단의 장벽은 더욱 쉽게 극복될 수 있을 것이다.

금강산에서 이룬 작은 통일

이런 어려움 속에서도 '6·15금강산민족통일대토론회'는 남과 북에서 온 참가자 600여 명이 격의 없이 자유롭게 어울리는 분위기를 이뤄 실로 작은 통일이라 부를 수 있는 모습이 금강산 곳곳에서 이루어졌다.

우선 토론회가 개최된 금강산호텔 마당의 좌석 배치를 위해 분야별로 블록을 지정해 주고, 블록 내에서는 서로 자유롭게 자리를 잡도록 했다. 예를 들면 종교계는 종교계대로 지정된 블록 내에서 남과 북의 종교인들이 자유롭게 어울릴 수 있었다. 이러한 모습은 토론회에 이어진 점심에도 똑같이 적용됐고, 금강산 온정각 공연장에서 북측의 모란봉 교예단 공연을 볼 때도 마찬가지였다. 교예단 공연 때는 남측 참가자들이 먼저 입장했기 때문에 북측 참가자들이 옆에 앉을 수 있도록 자리를 마련하고 초대하는 형식을 만들어 화기애애하게 진행될 수 있었다. 교예단 공연 후에는 분야별로 접촉 모임을 하고 모임 후에 함께 식사했다. 분야별 대화는 정치, 경제, 여성, 노동, 노동자, 종교 등 10개 영역으로 나누어 진행했는데 모두가 시간이 짧은 것을 아쉬워했다.

이틀째인 6월 16일에는 금강산 공동 산행이 이루어졌다. 그동안 금강산에서 북측 인사들과 접촉하는 경우에 함께 산행하자는 제의를 했지만, 한 번도 성공한 적이 없었다. 그런데 이번에는 남과 북의 참가자 전원이 함께 그리고 자유롭게 삼삼오오 짝을 지어 금강산에 오를 수 있었다. 코스는 구룡폭포였다. 북측 참가자들이 먼저 입구에서 기다리다가 자기가 맡은 파트너를 찾아 함께 산행을 시작했다. 모두 이야기꽃을 피우며 사진도 찍었는데, 중간중간에서 해설을 맡은 봉사원 아가씨들과도 자유롭게 대화하며 사진을 찍을 수 있었다. 정말 그 이전에는 꿈도 꿀 수 없는 좋은 분위기였다. 마치 민족화해라는 금강석으로 이루어진 금강산을 함께 만들어 놓은 것만 같은 느낌이었다. 금강산에서의 신비로운 추억을 바로 통일의 신비처럼 간직한 사람들이 참 많았다. 금강산은 우리에게 그렇게 기억되었다.

폭포에서 내려와서는 주차장이 있는 모란각 앞 냇가에서 점심 도시락을 함께 나누어 먹었다. 도시락은 남측에서 현대에 부탁해 급히 만든 김밥 도시락이었다. 갑자기 800개 이상의 도시락을 만들기는 쉽지 않았지만, 현지 연락소장을 비롯한 관계자들이 밤을 새워 만든 도시락을 나누어 주는 봉사는 북측에서 맡아 아름다운 조화를 이루었다. 점심 후에는 북측 청년들이 간단한 야외무대를 만들어 장기를 뽐냈다.

석별의 정은 금강산 휴게소 마당에서 나누었다. 서로 손잡고 눈물을 흘리며 헤어짐을 아쉬워했다. 북측 대표단 단장인 김영대 위원장이 '6·15금강산민족통일대토론회'가 성황리에 진행됐음을 우렁찬 목소리로 알렸고, 남측 대표단 단장인 이돈명 추진본부 상임본부장이 북측 참가자들을 서울로 초청하는 간절한 소망을 피력하는 것으로 화답하여 참석자들의 심금을 울렸다. 북측 참가자들은 우리 측 참가자들이 탄 버스가 시야에서 사라질 때까지 힘차게 손을 흔들어 주었다.

평화의 시작인 '금강산세계평화공원'

동족상잔의 비극은 부모와 형제의 관계마저 외면해야 하는 전쟁에서 비롯됐다. 어떤 형태의 전쟁이든 전쟁은 모든 것을 파괴하고 앗아간다. 내가 살아남기 위해 남을 죽여야 하는 전장에서 인격은 실종되고 인간성은 무참히 파괴되고 만다. 전쟁은 그 자체로 생명을 앗아갈 뿐 아니라 전쟁의 후유증과 그 기억은 생명을 소생시키는 힘마저 질식시키는 억압의 도구가 돼 끈질기게 인간을 괴롭힌다. 6·25전쟁 역시 마찬가지였다. 동족상잔의 비극을 빚어낸 6·25는 어떤 전쟁보다 더 참혹한 결과를 가져왔다. 전쟁의 와중에서 이념을 앞세워 가장 가까운 이웃을 배신하고 고발하고 죽이고, 이를 빌미로 보복에 보복을 거듭한 아픈 기억은 남과 북을 적으로 돌려세워 반만년 동안 간직해 온 민족의식과 형제적 유대감을 철저히 파괴해 버린 단절과 고통, 증오의 역사로 몰아갔다.

더욱이 남과 북 모두에서 정권유지를 위해 강조해 온 안보와 정치적 목적을 위해 자행해온 정치 군사적 대립과 충돌은 남북측 사회를 생존적 차원의 불신과 증오로 몰아갔고, 조건 없는 반목과 대립의식을 조장, 화해의 물꼬를 터 나갈 수 있는 상호접근 가능성마저 철저히 봉쇄해 왔다. 특히 안보교육을 내세워 전 국민을 대상으로 강조해온 반공 캠페인은 북측과 북측 사람에 대한 심리적 공포감을 조성, 80년대까지만 해도 적색공포증은 상상을 초월할 정도로 심각했다. 이 공포감은 90년대에 접어들면서 공산권이 무너지고 구소련이 붕괴하면서 조금씩 엷어지기 시작했지만, 북측에 대한 심리적 공포감은 90년대까지도 지속했다. 사실은 민족공동행사에 참가하는 대표들 가운데서도 처음에 심리적 공포감을 떨쳐 버리지 못하는 경우도 없지 않았다는 점을 놓고 볼 때 그 뿌리가 얼마나 깊은지 짐작이 가고도 남는다.

2001년에 열렸던 '6·15금강산민족통일대토론회'는 지난 세월의 흔적을 금강산에 묻어 두고 새로운 역사를 만들어 가는 곳이었다고 할 수 있다. 바위 하나 나무 한 그루마다 비극과 불신의 역사를 묻어 두고 바람 한 자락, 구름 하나에 평화와 통일의 새로운 역사를 담아내려는 의지와 노력이 실려 있던 곳이 금강산이라 할 수 있다. '금강현세계 조선갱조선'이라는 선각자의 말씀이 있었다. "금강산이 세계에 드러나는 날 조선도 새로운 조선으로 서게 될 것이다"는 의미로 세계평화의 공원으로 드러나는 금강산이 한반도 평화의 시작이 될 수 있다는 말씀으로 이해된다. 금강산에서 도시락 함께 먹었던 그 동무들은 다들 어디로 갔는지 궁금한 날이다.

백두대간 종주의 날

김선수
변호사(법무법인 시민)

한반도의 등줄기, 백두대간

백두대간은 백두산에서 지리산까지 남북으로 강을 건너지 않고 능선을 따라 이어지는 산줄기다. 한반도의 등줄기를 이루고, 여기에서 1정간과 13정맥이 뻗어나 계곡마다 물이 흘러 강을 이룬다. 해방 후 학교 교육과정에서는 한반도의 산줄기를 산맥으로 호칭했다. 태백산맥, 소백산맥, 광주산맥, 노령산맥 등등. 그런데 산맥이란 용어는 일제강점기의 소산이다. 일제는 침략정책의 하나로 두 차례에 걸쳐 광물탐사사업을 시행했다. 학술책임자(고토 분지로)가 한반도 지질을 조사하고 이를 토대로 한반도 산악과 지질 구조도를 동경제국대학 논문집에 발표하면서 산맥이라는 용어가 등장했다. 이후 일제는 우리 전래의 산줄기 체계 대신 이어지지 않고 단절된 지질 개념인 산맥을 강제로 도입하는데, 안타깝게도 해방 후 일제가 사라진 다음에도 산맥이라는 용어를 벗어던지지 못하고 있다.

1980년대 초 이우형이란 분이 서울 인사동 고서점에서 1800년대 초에 편찬된 저자 미상의 옛 지리서 『산경표』를 발견한다. 이 책은 산은 물을 건너지 못하고 물은 산을 넘지 못한다는 산자분수령의 원칙에 근거해 한반도의 산줄기를 15개(백두대간, 1정간, 13정맥)로 나누고 1,650여 개의 지명과 1,500여 개의 산과 고개를 일목요연하게 표기하였다. 그리고 10대 주요 강줄기를 유역별로 나누어 수록했다. 이우형은 1985년에 『대동여지도』 재판을 찍어내는 데 성공하고, 1986년 언론매체에 백두대간이라는 용어를 사용하기 시작했다. 그 후 많은 산악인의 노력으로 현재 1대간 1정간 13정맥 체계가 정립됐다.

백두산 방문

백두산을 처음 찾은 것은 1998년 8월에 '민주사회를 위한 변호사 모임'(약칭 민변) 통일위원회 주관으로 중국 동북 지방을 둘러보는 기회를 통해서이다. 우리의 백두산이지만 안타깝게도 북측 쪽에서 오르지 못하고 중국 쪽에서 올랐다. 백두산은 한반도 시원이자, 한민족 발상지이며, 우리 민족이 꿈꾸는 고향이다. 한반도 척추인 백두대간도 백두산에서 시작한다. 백색의 부석이 얹혀 있고 백설로 덮여 있어 마치 흰머리와 같다 하여 '흰(白) 머리(頭) 산'이라 했다. 백두산을 중국에서는 장백산, 즉 '길고 흰 산'이라 한다. 경계비를 사이에 두고 북측과 중국이 갈린다.

백두산 정상에 오르는 길은 중국 쪽에선 남파·북파·서파 3코스가 있고,

백두산 전경, 이정수 제공.

북측 쪽에선 삼지연을 거치는 코스가 있다. 지금은 어느 쪽으로 오르든 정상 바로 밑까지 차를 타고 갈 수 있다. 아니 정상까지도 차를 타고 가거나 가마를 타고 오를 수 있다. 산행이라기보다 여행 수준으로 정상을 밟을 수 있다. 어느 쪽에서 오르든 가는 곳마다 만나는 순백색 자작나무 군락이 인상적이다. 누군가 말했다. '자작나무에선 혁명의 냄새가 난다'고. 백두산 이곳저곳은 일제강점기에 독립운동가들이 피를 흘리던 곳이다.

이도백하에서 버스를 타고 북파 산문으로 이동한 뒤, 첫날은 천문봉에 올라 천지와 사방을 조망했다. 백두산 날씨가 워낙 변덕스러워 천지를 보기 쉽지 않다고 하나, 천운인지 날이 맑아 천지와 사방을 시원하게 조망할 수 있었다. 산문 숙박업소에서 하룻밤을 잤다. 온천이 솟아나 온천물로 달걀을 삶아 팔았다. 숙박업소의 온천탕에서 몸을 씻었는데, 목 뒷덜미에서 올라오던 뽀루지가 사라졌다.

다음날에는 걸어서 천지(장백)폭포를 거쳐 천지 달문에 갔다. 폭포 옆의 계단 구역을 지나 평평한 지대를 거쳐 천지 호수로 갔다. 평지에서 흔하게 보였던 야생화 정원이었지만, 당시에는 상식이 없어 야생화에는 눈길 한번 주지 않았다. '아는 만큼 보인다'고 하더니 보석이 바닥에 널렸는데도 전혀 몰랐다. 천지에서 맑은 물에 손을 담그고 보트도 탔다. 우리 일행은 백두산 천지에 올랐다는 감격에 「우리의 소원은 통일」을 목청껏 불렀다.

처음 오른 백두산의 감격이 가시지 않은 5년 뒤, 드디어 북측에서 백두산을 오르는 기회를 만났다. 2003년에 9월 30일부터 10월 5일까지 시민사회단체의 일원으로 북측 평양 단군릉에서 열린 개천절 민족공동행사에 참가했다. 10월 3일 평양 단군릉에서 개최한 개천절 민족공동행사가 본행사이고, 앞뒤로 평양 시내 관람, 묘향산 답사, 구월산 삼성사 답사, 백두산 답사 등의 일정이 놓여 있었다. 공동학술행사도 있었으나 나는 답사 위주로 일정을 소화했다. 묘향산과 백두산은 두 팀으로 나누어 답사를 진행했는데, 나는 묘향산(10월 1일), 백두산(2일), 구월산(4일) 순으로 돌았다.

양각도호텔에서는 버스로 순안공항으로 이동해서 고려민항 비행기를 탑승했다. 8시 30분에 출발해서 북쪽으로 약 500㎞ 떨어진 삼지연공항에 도착했다. 삼지연공항은 해발 1,500m 고지 백두평야에 있는 공항이다. 공항에서 버스로 1시간 30분 정도 이동해 백두산 정상인 장군봉 바로 아래 백두역까지 갔다. 백두역 고도는 해발 2,500m가 넘는다. 백두역에서 정상까지는 '삭도'라는 궤도차량을 타고 올라간다. 중국에서와는 달리 걸을 일이 별로 없었다.

10월 초인데 이미 눈발이 짙게 날리고 바람이 강하게 불었다. 한 치 앞도 볼 수 없다. 개마고원으로 장엄하게 이어지는 백두대간 줄기는 물론이고 바로 아래 있을 천지도 보이지 않는다. 천지는 마음속으로만 그렸다. 북측 여성 안내원은 "백두산 날씨는 처녀 맘처럼 하루에 열두 번씩 바뀐다"고 한다. 아쉬움을 뒤로 하고 장군봉에서 내려왔다. 백두산 기슭 밀영에 자리 잡고 있는 '정일봉 유적지'로 가던 중 야외에 옹기종기 모여서 도시락으로 점심을 먹었다.

세 개의 연못을 뜻하는 삼지연으로 되돌아와 대기념비 등의 유적을 둘러보았다. 삼지연 고요한 호수에 백두산 장군봉에 오른 감격을 씻었다. 삼지연은 물이 흘러드는 하천도 없고 물이 다른 데로 빠져나가지도 않는 무방수호로 눈과 빗물, 샘물로 채워진다. 백두화산대의 영향으로 밑에서 온천이 솟아나기 때문에 평균 수온은 23℃로 높은 편이다. 삼지연 공항에서 5시에 비행기를 타고 출발해서 평양으로 돌아왔다.

특별한 산, 금강산

　금강산은 우리 민족에게 특별한 산이다. 우리 민족의 금강산 사랑은 지극해서 지옥에 가지 않으려면 죽기 전에 한 번은 금강산에 올라야 한다는 민간신앙도 전해 온다. 그래서인지 금강산에 갈 형편이 되지 못하는 백성을 위해 금강산 형상을 그린 금강산도 민화가 발달했다. 그림으로라도 금강산을 오르려는 의지를 표현한 것이다.

　남측에 있는 산 가운데 기암과 계곡이 조화를 이룬 산에는 '소금강'이라는 별칭이 붙어 있다. 금강산을 찾기 힘든 남쪽 사람들이 가까이에서 금강산을 맛보려고 금강산과 닮은 산에 별칭을 붙인 것이다. 그래서 금강산만은 못하지만 바위와 계곡이 어울린 산에만 붙인다. 또한 소금강은 방방곡곡 널려 있지만 소백두, 소한라, 소지리, 소설악은 없다.

　오대산 노인봉 동쪽 계곡인 명주 청학동 소금강과 남측의 산 중에서는 가장 금강산에 근접한다고 해서 '남측 소금강'으로 불리는 대둔산을 비롯해 지역별로 소금강이 있다. 청학동 소금강은 계곡인데, 금강산 최대 상징인 만물상이 여기도 있다. 대둔산은 금강산 일만이천 봉을 축소한 듯이 바위봉우리가 장관을 이룬다.

　이런 역사적인 금강산을 2007년 3월 23일부터 25일까지 2박 3일 코스로 다녀왔다. 2년 3개월에 걸친 공무원 생활을 마무리하고 변호사로 복귀하면서 잠시 여유를 부린 것이다. 당시 민변이 회원을 상대로 '우리겨레하나되기운동본부'에서 추진한 '1만 2000인 금강산 방문 행사'에 참여할 것을 제안해서 아이들과 함께 참여했다.

　3월 23일 아침 8시 20분경 안국동에서 버스를 타고 금강산을 향해 출발했다. 고성의 현대아산사무소에 도착하니 12시가 조금 넘었다. 그곳 식당에서 간단하게 식사를 하고 1시 15분쯤 남측 출입사무소로 출발했다. 점심 후 버스를 타기 전에 휴대전화를 회수했다. 방문을 마치고 돌아갈 때 돌려주겠단다. 캠코더는 가져갈 수 없고 카메라도 줌 기능이 일정 정도 이상 되면 가져갈 수 없다면서 일일이 점검했다.

남측 출입사무소로 가는 도중에 버스에서 북측출입증(사진까지 인쇄된 것으로 북에 있을 때 유일한 신분증 역할을 한다), 관광안내 팸플릿 등 필요한 자료를 받았다. 목에 메고 다닐 수 있도록 서류를 비닐봉지에 넣어 끈으로 연결해 주었다. 출입증에는 숙박 장소가 금강패밀리비치호텔 3동 302호라고 적혀 있었다. 버스를 타고 조금 가니 남측 출입사무소에 도착했다. 그곳 대기실에서 모든 짐을 휴대하고 출입심사를 받았다. 심사를 받는 데는 지루할 만큼 시간이 걸렸다.

출입심사 후 북측 여행 중에 이용할 차량으로 갈아탔다. 차량은 일련번호가 붙어 있었고, 우리가 타는 차량은 14호였다. 여기서부터 금강산관광 동안 안내할 가이드가 함께 탔다. 북에서는 가이드라는 외래어를 사용하지 않고 '관광조장'이라 했다. 키가 아담한 젊은 여성이었는데, '보름달'이라고 불러달라고 자기를 소개했다. 버스를 타고 남측 비무장지대, 군사분계선, 북측 비무장지대를 지나 북측 출입사무소에 도착했다. 이쪽 군사분계선 및 남측 비무장지대는 유엔사가 관리한단다.

북측 사람들이 있는 자리에서 남한, 북한이라고 하면 안 된다. 남측 사람들이 있는 자리에서 북조선, 남조선이라고 하는 것과 같기 때문이다. 그래서 통상 북측과 남측 또는 북과 남으로 칭하는 것이 통례다.

남북측 비무장지대는 각각 2km 정도라 그리 시간이 걸리지 않는다. 2006

년 개성공단에 갈 때 육로를 통해서 북측에 가본 적이 있고, 북측 땅을 몇 차례 밟아 봐서 그런지 북측에 도착하는 순간에도 담담했다. 북측 출입사무소는 비닐 텐트 같은 임시 건축물이었다. 가이드 말로는 사무소 건물을 짓는 중이라고 한다. 출입증에 도장을 찍어 주고 모든 짐을 검사하며 카메라 등은 별도로 점검했다. 절차는 비교적 간단하게 진행됐다. 다만, 전체적으로 18대 정도의 버스에 탄 인원이 같이 움직였기 때문에 시간이 걸렸다.

출입심사를 마치고 금강산으로 출발했다. 버스가 달리는 포장도로 양옆으로 녹색 철책이 있었다. 녹색 철책은 남측 차량만 사용하는 전용도로라는 표시다. 도로는 남측이 시설했는데, 자재를 나르는 트럭과 관광객을 태운 차량이 주로 보였다. 거기에 남측 차량 앞뒤로 북측 차량이 호위하는 모습도 보인다. 전에는 남북을 왕래하는 차량에 번호판을 교체해 다녀야 했으나, 현재는 남측 번호판을 가리고 운행한다. 북측에서는 자전거도 번호판을 달고 다닌다고 한다.

개성공단에 갈 때는 산에 나무가 없는 것이 땔감으로 나무를 모두 베었기 때문이라는 설명을 들었다. 하지만 금강산을 가는 길에서는 일부 구역 나무를 보안상 이유로 모두 베어 냈고, 나머지는 토양이 물에 너무 잘 씻겨나가 나무가 잘 자라지 않기 때문에 나무가 없다고 한다.

금강산관광 중심지인 온정각까지 가는 중간에 여러 마을과 사람도 몇몇 보였다. 마을 집은 시멘트 집 또는 기와집이지만 지은 지는 매우 오래된 듯 낡아 보였다. 가이드는 어느 다리를 건널 때 이 다리를 남측 전용도로로 사용하는 바람에 북측 사람들은 다리 밑으로 물을 건너 왕래하고 있다면서 감사하는 마음을 가져달라고 부탁하기도 했다.

기술과 예술성을 갖춘 교예단 공연

오후 4시 조금 넘어 온정각에 도착했다. 동관과 서관으로 구성된 온정각에는 남측 식당과 쇼핑센터가 있고 주변에 문화회관, 북측 식당인 옥류관, 금강산온천, 금강산호텔이 모여 있다. 원래 계획은 숙소에 짐을 풀고 관광센터를 둘러보거나 온천을 하고 저녁을 먹는 일정이었으나, 다음날 보기로 했던 평양모란봉교예단 공연을 먼저 관람하는 것으로 일정이 변경됐다.

공연은 4시 30분부터 약 1시간 30분 동안 온정각 문화회관에서 열렸다. 관람은 선택사항으로 희망하는 사람에 한해 별도 비용을 부담하고 관람했다. 입장권은 일반석과 특석으로 구분됐다. 공연이 무대 바로 위뿐만 아니라 상당히 높은 위치에서도 이루어지기 때문에 중앙의 뒷좌석이 특석이다. 특석은 대인·소인 구분 없이 1인당 30불이고, 일반석은 대인 25불, 소인 20불이었다. 고민하다가 특석을 선택했다.

교예공연은 서커스 공연이다. 북측에서 교예는 '아름다운 예술'이라는 의미로 서양 서커스가 기술에 치중한다면 북측 교예는 기술에 예술성까지 가미한다는 점에서 차이가 있을 뿐이다. 공연을 하는 동안 2층에 있는 관현악단이 라이브로 연주한다. 연주는 공연과 조화를 이루어 전체적으로 힘찬 분위기의 곡으로 관객의 긴장도를 높여 공연에 빠져들도록 한다. 이처럼 교예공연은 육체와 기술과 음악이 조화를 이룬 종합예술이라고 봐도 될 듯하다. 평양모란봉교예단은 인간이 육체로 표현할 수 있는 아름답고 역동적인 체력 교예를 추구하고 있어서 세계적으로도 명성을 얻고 있다. 교예단에 속한 배우 중에는 장관급에 해당하는 인민배우와 차관급에 해당하는 공훈배우도 있다.

금강산 옥류관, 김용기 제공.

프로그램은 공중에 매달린 긴 줄 또는 천을 자유자재로 오르내리며 갖가지 자세를 취하는 공연, 다양한 줄넘기 공연, 수직 철봉을 원숭이처럼 오르내리는 키가 아담한 남성 5인조 묘기, 다양한 곤봉 저글링, 물 채운 와인잔 쟁반을 막대로 받쳐 입에 물고 그네를 타는 묘기, 공중그네곡예로 다양하게 구성돼 있다. 중간마다 코믹한 연기를 배치하고 여성사회자가 특유의 과장된 말투로 프로그램 또는 배우를 소개하면서 진행한다. 공연 중에는 촬영할 수 없고 공연이 끝나고 배우들이나 악단이 인사를 할 때는 촬영을 할 수 있었다.

저녁 식사와 온천

공연이 끝난 후 저녁 식사를 했다. 온정각에 있는 식당은 남측이 운영하는데, 서관에는 한식뷔페가 있고 동관에는 한식당과 푸드 코트가 있다. 온정각 지역에서는 달러를 내는 게 원칙이다. 하지만 남측 운영 식당에서는 원화도 받았는데 1달러를 1,000원으로 계산했다. 식사가격은 보통 10달러 이상이었다. 우리 가족은 온정각 서관 뷔페에서 저녁 식사를 했는데 가격은 10달러였다. 식탁에 오른 여러 채소는 북에서 직접 재배한 것이라고 한다.

식사 후에는 온천장에 갔다. 온천장은 온정각에서 셔틀버스를 타면 1-2분이면 도착하는 가까운 거리에 있었다. 온정각 내에서는 비교적 자유롭게 왕래할 수 있어서 충분히 걸어갈 수 있는 거리다. 온천장 2층은 전시장으로 북측 유명화가 그림을 전시하고 있었다. 바위에 강렬하게 부딪히는 파도를

온정리 교예공연장 전경, 김용기 제공.

그린 그림, 커다란 호랑이 조각, 기타 풍경을 그린 유화와 조선화가 전시돼 있었고, 현장에서 판매하는지 판매가격표도 붙어 있었다. 유화는 보통 600-800달러 정도였고, 조선화는 그보다 약간 낮은 가격이었다. 온천은 실내에 탕이 3개, 사우나실이 2개 있으며, 야외에 온탕과 냉탕 및 발바닥 마사지 탕 시설을 갖추고 있었다. 야외 온천장은 기온이 찬 편이었으나 탕 안으로 들어가면 추운 줄을 몰랐다.

숙소는 고성만 바닷가에 있는 금강패밀리비치호텔이다. 경사진 지형에 3층으로 5동까지 쭉 연결돼 있었다. 2동의 1층이 1동의 2층과 연결되고, 3동의 1층이 2동의 2층과 연결되는 구조다. 우리는 3동 302호실에 묵었다. 묵은 방은 복층 구조로 아래층에 2인용 침대 두 개가 있고, 위층에 조그만 온돌방 하나와 TV를 볼 수 있도록 소파와 탁자가 마련된 거실이 있었다. TV는 남측 방송만 나오고 북측 방송은 나오지 않았다. 방에서 바다를 내려다보는 전망이 좋았다. 냉장고 안에는 과일 조금과 물 2병 그리고 판매용 술이 들어 있었다. 북측 술을 맛보기 위해 저녁을 먹고 가게에서 대동강맥주를 사 와서 과일을 안주 삼아 아이들과 함께했다.

상팔담을 남긴 구룡연 등반

2일째 오전 일정은 구룡연 등반이다. 6시 30분부터 호텔 식당에서 아침을 했다. 한식뷔페였다. 흰밥과 여러 채소가 반찬으로 차려졌는데 한편에 우유와 시리얼도 있었다. 커피를 마시려면 원두커피든, 믹스커피든 별도로

1달러를 내야 했다.

호텔에서 버스로 7시 40분경에 출발해 온정각으로 이동했다. 전체 관광객이 온정각에 모여 간단한 준비를 하고 함께 출발했다. 비가 꽤 왔다. 비옷을 팔기도 했지만, 우리는 서울에서 준비한 우산을 쓰고 걸었다. 도중에 북측 식당에서 점심과 저녁을 하려면 예약을 해야 하는데, 문화회관 매표소에서 그날의 점심과 저녁 예약을 받았다. 점심은 옥류관에서 냉면을 먹기로 하고, 저녁은 고성항횟집에서 회를 먹기로 했다. 옥류관의 물냉면은 12달러, 쟁반냉면은 15달러, 횟집은 소(2인분) 80달러, 중(3인분) 90달러, 대(4인분) 100달러라고 했다. 북측 식당은 예약한 만큼만 음식을 준비하기 때문에 주문을 정확히 해야 한다.

온정각에서 버스를 타고 구룡연 등산로 입구까지 갔다. 신계천을 따라 신계사를 거쳐 갔다. 가는 길 양옆으로 쭉쭉 뻗은 소나무들이 즐비하게 서 있다. 이곳 소나무는 미인송(미인 다리같이 쭉쭉 뻗었다고 하여 붙여진 이름), 적송·홍송(겉이 붉은색을 띠어 붙여진 이름), 금강송(줄기가 곧고 강하게 자라기 때문에 붙여진 이름), 황장목(임금의 관 재료로 쓰이고 속이 황금빛을 띠어 붙여진 이름)이라는 이름으로도 불린다. 죽은 소나무도 종종 보였는데 솔잎혹파리로 인한 것이고, 다행히 재선충은 오지 않았다고 한다.

가이드가 신계사 옆 문필봉을 향해 빌면 수험생이 합격하는 효험이 있다고 설명해 준다. 문필봉이란 이름은 붓끝을 세워 놓은 것 같은 형상을 하고 있어서 생긴 이름이다. 남측에도 여기저기 문필봉이 많아 수험생을 위한 기도처로 꼽힌다. 설악산, 대둔산, 청량산, 월출산, 계룡산, 마이산, 청원 문필봉, 함양 문필봉, 강릉 모산봉, 안동 약산, 영양 일월산, 당진 문봉리 문필봉, 부산 눌차동 문필봉 등등. 지혜 보살인 문수보살을 모시는 사찰도 수험생을 위한 기도처다.

구룡연 등산로 입구 주차장에 도착해 차에서 내리면 거기서부터 산행을 할 수 있다. 가이드는 등산하기 전에 주차장 화장실에 들러 용변을 보라고 권한다. 주차장에 있는 화장실은 무료지만, 그 후 등산로에 있는 화장실에서는 소변 1달러, 대변 2달러(이 금액은 할인 금액으로 원래는 소변 2달러, 대변 4달러다)를 내야 하기 때문이다. 비가 그치지 않아 우산을 쓴 채로 산행길에 올랐다. 구룡폭포 산행코스다.

주차장 → 오선암 → 목란관(북측 식당) → 앙지대(일명 회상대) → 선수암 → 계절폭포, 금강문 → 삼녹수 → 옥류담, 무대바위 → 연주담 → 비봉폭포, 봉황담 → 무봉폭포 → 은사류 → 관폭정 → 구룡폭포·구룡연

등산로가 계곡을 따라 완만한 경사를 이루고 있어서 산행이 크게 부담이 되지는 않았다. 다만 비가 와서 계곡을 둘러싼 산봉우리를 구경할 수 없는 것은 안타까웠다. 등산로 초입 산허리에 구름 깔린 모습이 인상 깊었다. 깜빡하고 사진을 못 찍었는데, 그 같은 멋진 광경이 다시 잡히지 않았다. 여기서 느낀 것은 여행할 때 좋은 장면이 있으면 그때 바로 사진을 찍어 두고, 좋은 물건이 있으면 바로 그 자리에서 사야 한다는 것이다. 여행에서 '다음'은 없다.

구룡계곡은 참으로 물이 많다. 좌우 봉우리나 계곡 전체가 돌로 이루어진 돌산인데, 어떻게 그리 물이 많을까, 또 물은 왜 그리 맑을까 궁금했다. 저 물은 태초에도 흘렀을 것이고 또 앞으로 언제까지나 저렇게 흐르겠지. 옥이 흘러내린 것 같다고 하여 옥류라 불렀다는데 역시 옥류답다. 굽이굽

이마다 폭포가 있고 물웅덩이가 있다. 물웅덩이인 돌확은 물에 얼마나 세게 침식됐는지 깊이도 몇 길이나 될 정도로 매우 깊다. 봉황이 춤추고 날아가는 형상의 폭포, 용이 물살을 차고 올라가는 형상의 폭포 등 형상과 이름 모두 아름답다.

걷다가 쉬다가 사진 찍다가 그렇게 관폭정까지 올라가는 데 1시간 30분에서 2시간 정도 걸렸다. 관폭정에 거의 다다랐을 때는 길 위에 얼음이 녹지 않은 상태라 조심해서 걸었다. 관폭정이라는 이름은 구룡폭포 앞에 있는 정자로 구룡폭포를 구경하는 정자라는 뜻이 있다. 수많은 사람이 관폭정에서 보이는 구룡폭포에 감탄해 시를 썼다고 한다. 구룡폭포 하단 바위에 '彌勒佛(미륵불)'이란 글씨가 크고 수려하게 새겨져 있다. 이 글씨는 고종의 일곱째 아들인 영친왕에게 서법을 교수한 해강 김규진이 쓴 것이다. 김규진은 근대 서예를 대표하는 거목이고 영업사진관의 효시인 '천연당사진관' 주인으로서 고성 건봉사에 있는 '不二門(불이문)'이란 글씨도 썼다.

안내표지판을 보니 '나무꾼과 선녀' 이야기 무대인 상팔담은 관폭정 바로 아래 갈림길에서 왕복 1시간 정도 더 올라가야 한다고 되어 있다. 정상까지 가려면 아이젠도 있어야 한다고 해서 상팔담은 다음 기회를 위해 남겨 두었다. 하지만 다시 가지 못하고 오늘에 이르고 있다. 기회 있을 때 다녀왔어야 한다는 진리를 다시 깨닫는다.

옥류관에서 냉면 맛보기

올라왔던 코스를 되돌아와 주차장까지 내려와서 버스를 타고 온정각으로 돌아오니 12시가량 됐다. 점심은 예약한 대로 북측 식당인 옥류관에서 했다. 한복을 곱게 입은 북측 여종업원이 손님을 맞고 서빙을 했다. 여종업원이 냉면은 좀 늦게 나오니 그사이에 요리 하나를 먹는 것이 어떠냐고 권한다. 그러면서 '쏘가리튀기'가 적당할 것이라고 한다. 25달러나 했는데, 냉면 두 그릇보다 비싸다. 쏘가리 한 마리를 튀긴 것으로 청천강에서 잡은 쏘가리란다.

아침에 예약한 대로 물냉면 두 그릇과 쟁반냉면 한 그릇을 먹었다. 옆자리에 공무원으로 근무하다가 정년퇴직했다는 남자 두 분이 가물치회를 시켜 놓고 북측 소주를 한잔 하면서 나에게도 권했다. 북측 소주는 알코올 도수가 30도로 독한 편이지만 맛이 개운하다. 가물치회는 처음 먹어 보았는데 비교적 부드러웠다. 냉면은 면이 매우 부드러웠으나 육수의 향이 잘 맞지 않았다.

신선도 머문 삼일포 관광

오후 일정은 삼일포를 유료로 관광하거나 자유 시간을 갖는 선택사항이었다. 다음날 오전에 만물상 등산 또는 삼일포, 해금강 관광이 선택사항으로 예정돼 있었기 때문에 다음날 만물상 등산을 하려면 오후에 삼일포 관광을 해야 한다. 다음날 오전의 삼일포, 해금강 관광은 무료이므로 이를 선택할 사람은 오후에 삼일포 유료관광을 선택할 필요가 없다. 금강산까지 왔으면 만물상을 보고 가야 한다는 일념으로 삼일포 유료관광을 선택했다.

삼일포 유료관광은 초등학생 이하는 무료이고 그 이상은 1인당 10불씩 받는다. 온정각에서 버스를 타고 15분 정도 갔다. 주차장에서 내려 소나무 숲으로 난 포장길을 따라 10여 분 이상 걸어가니 호수가 나타났다. 도중에 가는 대나무밭도 있었는데, 이 대나무는 남측에서 선물한 것을 심은 것이라고 한다. 다행히 비가 그치고 햇빛이 나기 시작했다.

삼일포는 옛날에 신선 또는 왕이 하루 놀다 가려고 왔다가 아름다운 경치에 취해 3일이나 머물렀다는 데서 붙여진 이름이다. 원래 바다였는데 만 입구 쪽이 막혀 호수가 됐다. 호수는 36개의 크고 작은 산으로 둘러싸여 있고 호수 가운데는 섬 몇 개가 있다. 가장 큰 섬은 와우도(옛날에는 소나무가 많아 솔섬 또는 송도라고도 했다)가 있고, 바위섬 세 개가 더 있다. 바위섬 중에 하나는 신라 때 신선 네 명이 놀다 간 사선정이 있는 단서암이다.

연화대와 봉래대는 삼일포 전경을 둘러볼 수 있는 전망대로 연화대는 호수에서 배를 타고 보면 연꽃 같아 보인다고 해서 붙여진 이름이다. 봉래대에는 시인이며 서예가인 봉래 양사언이 호수를 바라보며 글공부를 했다는 봉래굴이 있다. 봉래대 건너편에 있는 소나무밭에는 꿈에서 본 샘물이라는 몽천도 있다. 북측 여성 안내인이 삼일포 관광의 백미는 배를 타고 연화대를 보는 것과 몽천 물을 마시는 것이라고 한다. 이 두 가지를 하지 못해 아쉬움이 남는다면서 조만간 조국통일이 되면 다시 와서 여유 있게 보라고 한다. 호숫가를 돌아 구경하는데 1시간 30분 정도의 시간이 소요됐다. 삼일포 관광을 마치고 온정각으로 돌아오니 4시쯤 됐다.

고성항에서 먹은 북측 회

교예단 공연이 4시 30분부터 있어 전날 교예단 공연을 보지 못한 사람들은 이를 관람했다. 우리는 교예단 공연을 관람했기 때문에 온천을 하고 5시 30분경까지 호텔로 돌아가 옷을 갈아입고 쉬다가 호텔 바로 아래 있는 고성항 횟집에서 저녁을 할 계획을 세웠다.

오늘은 온천 남탕과 여탕 위치가 전날과 정반대로 바뀌어 있었다. 온천에 들어갔다가 5시쯤 나와서 호텔로 가려는데, 아무리 기다려도 온정각에서 호텔 쪽으로 운행하는 셔틀버스가 오지 않았다. 셔틀버스는 6시가 다 돼서야 고성항 횟집에 6시 예약 손님을 태우고자 왔다. 그래서 호텔로 가려는 계획을 취소하고 바로 저녁을 먹으러 고성항 횟집으로 갔다. 회는 매우 얇고 양도 많은 편이 못 됐다. 25도짜리 평양 소주를 마셨는데 향이 좀 이상해서 30도짜리 들쭉술로 바꾸어 마셨다.

세상의 기초인 만물상 등반

마지막 날 아침 일정은 전날과 마찬가지였다. 6시에 일어나 아침을 먹고 짐을 정리한 후 체크아웃을 하고 좀 일찍 바닷가에 나가 사진을 찍었다. 다행히 비는 오지 않았다. 7시 40분 호텔을 출발해 온정각에 8시경 도착했다. 관광객은 만물상 등산팀과 삼일포·해금강 관광 팀으로 나뉘어 각각 다른 버스로 이동했다. 만물상 정상에 오르려면 아이젠을 빌려야 한다. 아이젠을 빌리면 1개당 10달러씩 예치하고 반환할 때 8달러씩 돌려주었다.

온정각에서 출발해 한하계(寒霞溪, 차가운 안개가 긴 계곡)를 따라간 후 온정령을 굽이굽이 올라갔다. 온정령은 매우 가파른 언덕길이다. 대관령 오르막 길보다 더 가팔라 보였다. 굽이도 대관령보다 더 많은 106구비라고 한다. 한참 올라가서 등산로가 시작되는 주차장에 도착했다. 비교적 가파른 돌계단과 철 계단을 올라야 한다는 설명에 다소 긴장됐다. 천선대까지 올라갔다가 내려오는 코스를 선택했다.

주차장 → 삼선암, 귀면암, 정성대 → 절부암, 칠층암 → 안심대 → 망장천 → 하늘문 → 천선대

안내처럼 등산로가 매우 가파른 편으로 철 계단은 경사가 급한 곳은 90도 가까이 되는 것 같았다. 등산로 좌우에는 기암괴석 행렬이 이어진다. 올라갈 때는 마음이 급해서 삼선암 구간을 스쳐 지나갔으나, 내려오면서 삼선암과 귀면암을 구경하고 정성대에 올랐다. 삼선암은 세 개의 돌 봉우리로 세 신선이 굳어져 된 것이고, 귀면암은 귀신 얼굴을 닮았다 하여 붙여진 이름이다. 귀면암을 배경으로 사진을 찍을 수 있는 촬영장소가 마련돼 있고, 사진기사 한 명이 카메라를 들고 관광객에게 사진 찍기를 권한다. 여기서 찍으면 온정각에 내려가서 점심때쯤 사진을 찾을 수 있다고 한다.

절부암은 도끼로 쪼갠 바위라서, 안심대는 평평해서 안심할 수 있어서, 망장천은 한 모금 마시면 기운이 솟아 짚고 다니던 지팡이를 버리고 가는 샘터라서 붙은 이름이다. 천선대 정상에 가까울수록 바람 또한 매우 세찼다. 평소에도 바람이 센 편이란다. 등산로를 따라 오르다 보면 옆으로 돌

봉우리와 능선이 늘어서 있는데, 이것이 바로 만물상이다. 봉우리에 놓인 돌 모양이 온갖 짐승과 사물 형상을 하고 있다.

만물상은 하늘을 향해 솟아오른 바위가 각양각색, 즉 만물의 형상을 닮아 있었다. 용·말·소·호랑이·곰·학·매·개를 비롯해 각종 짐승, 죽순·꽃봉오리·붓·달마대사 머리·누운 부처 외에 각종 형상, 사람이 면벽 수도하거나 두 손 모으고 예를 표하는 모습, 아름다운 여인이 누운 모습, 손을 들어 호통치는 모습까지 다양한 인간을 연상시키는 바위의 집합체다. 같은 사람이라도 보는 각도와 감정 상태에 따라 다른 형상을 보게 된다고 한다. 지구 운동과 세월과 바람이 빚어낸 자연의 예술품이다.

금강산에 있는 만물상도 전국 각지에 있다. 남측에서는 설악산 천불동계곡 만물상, 오대산 노인봉 소금강 계곡 만물상, 가야산 만물상 이름이 높다. 하지만 금강산 만물상이 원조 격이고 단연 최고다. 예로부터 만물상의 아름다움을 많은 사람이 칭송해 왔다. 왜 굳이 만물상을 찾는가? 문무자 이옥은 "아름답기 때문에 왔다. 아름답지 않다면 오지 않았을 것이다"고 했다. 조선시대 유학자들도 금강산을 많이 찾아 기록으로 남겼는데, 그중에서도 어당 이상수가 1856년 3월 금강산을 유람하고 『동행산수기』를 남긴 것이 유명하다. 만물상은 만물초라고도 하는데, 조물주가 만물을 만들 때 여기에서 초(기초)를 잡았다는 의미다. 여기에 어당은 '이곳에서 만물상을 보니 그 의미를 알 것 같지만, 사람들의 송사가 많은 것에 비추어 보면 조물주는 일찍이 정한 것 없이 우연히 만들었다'는 견해를 밝힌다.

산 위로 올라갈수록 계단이 좁아 한 줄로 올라가야만 해서 일단 천선대까지는 가능한 한 빨리 올라가기로 했다. 천선대는 선녀들이 하늘에서 내려와 춤을 추고 놀았다고 해서 붙여진 이름이다. 천선대 정상에는 바람도 세게 불고 사람도 밀려와서 오래 머물 수가 없다. 사진을 찍기도 쉽지 않다. 여기서도 만물상을 배경으로 사진 찍기 좋은 장소에 사진기사가 자리를 잡고 있었다. 우리는 가지고 간 카메라로 촬영했는데 제대로 나오지 않았다. 거기서 눈 질끈 감고 기념으로 사진기사가 찍는 사진 한 장을 남겼어야 했는데, 이제 와 생각하면 후회막급이다.

천선대 내려오는 길은 올라가는 길과 다르다. 내려오는 길이 음지라 얼음이 녹지 않은 곳도 있어서 애를 먹기는 했으나 그렇다고 아이젠을 착용할 정도는 아니었다. 어렵게 내려와서 오르막길과 갈라지는 곳에 오니 다른 쪽으로 망양대 가는 길이 있다. 망양대를 다녀오려면 왕복 1시간이 더 걸린다고 하고 아이젠도 필요하다고 한다. 시간이 부족해 망양대는 다음 기회를 위해 남겨 두었다.

아쉬움을 뒤로 하고 주차장에 내려오니 11시가 조금 넘었다. 버스를 타고 온정각으로 가서 점심을 먹었다. 이번에는 온정각 동관의 남측 음식점에서 먹었다. 부침개를 같이 먹고 평양식 온반을 먹었다. 온반은 밥을 말고 소고기를 잘게 썰어 넣은 국물이 따뜻했다. 기념품을 사기 위해 온정각 서관에 있는 쇼핑센터에 들렀다. 만물상에서 버스로 내려올 때 가이드가 북측 술을 살 경우 선물용으로는 들쭉술을 사고, 자기가 마실 것으로는 개성인삼주를 사라고 권했다. 아무래도 들쭉술의 뒤끝이 좋지 않은 모양이다. 토종꿀이나 기타 토산품도 무난하다고 정보를 주었다. 오후 1시 10분 온정각을 출발해 남으로 귀환 길에 올랐다. 북으로 올라올 때의 역순을 밟아 돌아왔다. 남측 출입사무소에서 휴대전화 등을 돌려받고 수속을 마치니 3시가량 됐다.

백두대간 종주를 간절히 바라며

2박 3일의 짧은 여정으로 아쉬움을 남긴 금강산을 다시 찾아가고 싶은 마음에 지금과 같은 남북 화해가 깨지지 않고 지속하기를 간절히 염원했다. 더 많은 사람이 빼어난 금강산 경치를 맛보고 우리 민족이 하나라는 걸 체감하면 좋겠다는 생각을 했다. 그리고 남북 현실과 화해 분위기를 아이들도 함께 느끼기를 바랐다.

1998년에 시작된 금강산관광은 처음에 북측은 외금강만 개방하다가 2007년 5월부터는 내금강도 개방했다. 아직 내금강을 가 보지도 못했는데, 2008년 7월 11일 한 관광객이 북측군 피격으로 사망하는 사건이 발생하면서 잠정 중단된 후 다시 회복되지 못하고 있다. 금강산관광은 평화적인 남북관계의 상징으로 산을 좋아하는 사람으로 다시 못 간다는 것은 큰 아쉬움이 아닐 수 없다.

우습게도 최근에 와서 백두대간 남북 전 구간을 종주한 사람은 남측이나 북측 사람이 아니고 뉴질랜드 사람인 로저 셰퍼드(Roger Sheperd)다. 뉴질랜드에서 경찰로 일하던 그는 2006년 휴가차 한국을 찾았다가 백두대간 매력에 빠져 직장을 버리고 2007년부터 본격적으로 백두대간 탐험에 나섰다. 2012년에 평양에 있는 조선-뉴질랜드 친선협회 협조로 백두대간 북측 구간을 촬영했고, 2013년에 첫 사진집을 발간했다. 그리고 2015년, 2016년에 걸쳐 고양, 천안, 김포에서 사진전을 개최하기도 했다. 우리 산하를 외국인을 통해 간접적으로 경험하고 감상해야 하는 이런 통탄스러운 상황은 언제까지 계속되려나? 살아생전 백두대간이 뚫려 남쪽 지리산에서 시작해서 북쪽 백두산까지 종주할 수 있는 날이 오기를 간절히 소망해 본다.

처음으로 열린
금강산 세존봉

양경숙
한국재정정책연구원장
전 서울시립대 초빙교수

이 글은 2006년 5월 28일부터 29일까지 북한에 간 소감과 에피소드에 대한 기록입니다.

저는 당시에 80년대 군사독재정권에 맞서 싸우다 감옥 생활을 하였던 학생운동 지도자들이 만든 '민주화운동청년연합(민청련, 초대의장 김근태)'에서 활동하고 있었습니다. 이러던 중 북측에서 최초로 공개하는 금강산 최고봉인 비로봉 바로 앞에 있는 세존봉 8시간 등반코스에 초대를 받았습니다. 그리고 1박 2일에 걸친 금강산 등반에는 민주화운동과 통일운동을 하면서 보냈던 민주화운동청년연합동지회, 민주화운동공제회, 전북민주동우회(전민동)가 함께 참가하였습니다.

당시 종로에서만 수백 년을 살아온 집안에서 시부모님을 모시고 3대가 함께 살고 있던 저는 가족들에게는 덕유산에 간다고 하고 나선 길이었습니다. 아침 일찍 아이들한테 인사를 하고 산행 차림으로 나서니 어머님은 덕유산이 험하니 조심해서 다녀오라는 당부까지 하시더군요.

약속된 장소에 나가 준비된 두 대의 차량에 나눠 타자 전민동모임에서 만난 양희철 선생님도 계서서 반가웠습니다.

"선생님 축하드립니다. 소원풀이 하시겠네요" 하고 인사를 드렸더니 "나는 못 가요. 허락을 안 해 줬어요"라는 대답이셨다. "통일부에서 그저께 밤에야 통보가 왔어요. 안 된다고…. 그래서 잠을 못 이루다 금강산에 관한 시를 하나 써 왔어요".

갑자기 가슴이 멍~하고, 한동안 아무런 말을 할 수가 없어 선생님을 몇 번이고 안아 드렸습니다. 선생님은 밤새 써 온 그야말로 눈물로 쓴 시 「그리운 금강산」을 낭송하고 차에서 내리셨습니다. 우리는 쓸쓸한 새벽 거리에 선생님만 남겨 놓고 떠났습니다.

양 선생님은 이념대립이 극심했던 20대에 감옥에 들어가 전향서를 쓰지 않았다는 이유로 36년을 감옥에서 살았고, 60이 넘은 노총각으로 김대중 정권 시절 출소하였습니다. 그러다 65세의 나이에 감옥으로 면회를 다니던 30대의 아리따운 약사 여성과 결혼식을 올려 큰 화제가 되기도 했지요. 자식도 낳아 행복하게 살고 계십니다. 결혼식에 다녀왔던 저는 비극적인 현대사를 다시 한 번 짚어 보면서 많은 생각을 했습니다. 그리고 장기수 송환 소식에 양 선생은 "결혼을 했으니 만약 내가 간다면 통일될 때까지 내 처가 처가와 이산가족이 될 텐데 그럴 수는 없잖아요, 가 보고 다시 올 수 있다면 얼마나 좋을까?"라는 말씀으로 많은 사람들을 울컥하게 했던 기억도 있습니다. 이후 선생님은 몇 달 뒤 허가가 나와 금강산에 다녀오셨습니다.

오랜만에 만나는 민청련 선배들은 차 안에서 술잔을 돌리기 시작했습니다. 초록의 싱그러운 나무들은 우리 마음처럼 춤을 추며 흔들어 대고, 코발트빛 동해 바닷물결도 기분 좋은 나들이를 아는지 마음껏 출렁이고 있었습니다. 몇 년 전 지역구 지지자들과 함께 즐겼던 최북단 화진포해수욕장도 지나고, 통일전망대를 거쳐 민간인통제선(민통선) 들어서니 검게 탄 산불흔적이 여기저기 남아 있고, 민둥산 행렬은 한참이나 계속되었습니다.

드디어 북방한계선을 넘으니 밭을 갈거나 씨앗을 심고, 모내기하는 북한 주민들이 곳곳에 보이고, 마르고 그을린 군인들이 이따금 우리를 쳐다보았습니다. 양지바른 저편엔 듬성듬성 마을들이 자리 잡고, 낡은 슬레이트 지붕들이 햇볕 쬐기 경쟁에 여념이 없어 보였습니다.

드디어 온정리에 도착했습니다. 기대와 달리 캠프촌에 왔다는 기분이 물씬 느껴졌습니다. 새로 지었다는 가건물 캠프장에 여장을 풀고 금강산 호텔로 식사하러 갔습니다. 벽면을 가득 메운 대형 풍악산 그림이 우리를 맞이하고, 소박한 채소 중심의 뷔페에 시원한 맥주가 나왔습니다.

식사 후엔 평양가무단 공연이 있었습니다. 간드러진 여성사회자와 가수들은 환영의 노래로 「반갑습니다」를 불러 주었습니다. 「번지 없는 주막」, 「홍도야 우지마라」, 「나그네 설움」, 「울고 넘는 박달재」, 「휘파람」, 「심장에 남는 사람」, 「민족은 하나」 등 흘러간 노래와 북한 가요, 제목은 모르지만, 러시아풍의 신나는 춤곡에 25줄 가야금연주를 비롯한 손풍금 연주까지 모두 신기에 가까운 솜씨들이었습니다.

노래 가사도 가슴을 후벼 팠습니다. '항상 만나도 생각나지 않는 사람보다 한번을 만나도 심장에 남는 사람', '조국도 하나, 민족도 하나, 핏줄도 하나' 등 슬픈 노래도 격조 있게 불렀습니다. 공연예술의 힘은 순간순간 벅찬 감동과 분단의 분노가 뒤엉켜 응어리를 만들어 내고, 뜨거운 눈물이 저절로 흘러내려 흥건한 박수와 환호가 교차하게 하였습니다.

'내가 너무 감상적인가?'라고 생각하면서 살짝 옆을 보니 아예 눈물 닦는 것 자체를 포기한 채 울고 있거나, 안경을 벗고 눈물 닦는 사람들이 대부분이었습니다. 「안녕히 다시 만나요」로 공연은 끝났습니다. 우리는 자연스레 옆 사람과 어깨를 걸었고, 몇몇은 무대로 올라갔습니다. 모두의 눈물을 반주로 「우리의 소원은 통일」을 목청껏 함께 불렀습니다.

자유 시간에 금강산호텔 1층 라운지는 우리 일행이 대부분이었고, 외국인 3인조 밴드는 흘러간 팝송과 우리 가요를 멋들어지게 불러 댔습니다. 흥이 많은 선배 부인들이 춤을 추며 바람을 잡았고, 한 풍류(?)하는 저도 자연스레 합류했지요. 그러다 보니 우리끼리의 가무단 오디션이 시작되어 디스코, 트위스트, 라밤바까지 온갖 춤이 무질서하게 펼쳐졌습니다. 어느덧 남한의 나이트클럽 수준의 집단광기(?)가 발동한 밤이 되었습니다. 저는 남편과 함께 추었던 그날의 블루스가 아직도 기억이 납니다. 그리고 백옥같이 하얀 면 이불과 요가 깔린 숙소로 올라가 텔레비전을 켜니 우리가 매일 흔히 보는 남측의 현란한 상업광고가 판을 쳐서 모처럼 만의 흥취가 깨는 것 같았습니다.

금강산 온정리 북측마을, 김용기 제공.

5월 29일 일요일

그 유명한 '온정각'에서 아침을 먹고 7시 정각에 세존봉을 향해 출발했습니다. 금강산 입구에서부터 빠른 걸음으로 올라가기 시작하는데, 토사가 흘러 내려서인지 모든 등산로 돌 틈 사이사이는 시멘트가 발라져 있었습니다. 동행한 안내원으로부터 계곡 물에 들어가거나 물을 떠 마셔도 안 되는 등 자연을 조금이라도 훼손하면 10만 원의 벌금을 내야 한다는 주의사항도 들었습니다.

사방이 드높은 바위 절벽으로 에워싸여 땅과 하늘만 보인다는 안지문(安地門)을 지나 나쁜 사람은 커다란 바위 벼락을 맞는다는 금강문(金剛門), 저 멀리 꼭대기에선 작은 물줄기가 흐르고 그 주변엔 드넓은 광장처럼 웅장한 바위 여기저기에 폭포 흘러내린 자국이 남아있는 곳을 지나 그 유명한 구룡폭포(九龍瀑布)에 도착했습니다! "우와~ 굉장하다~~" 여기저기서 감탄사가 끊이지 않았습니다.

미륵불이라 쓰인 거대한 바위 옆에서 흘러내리는 선녀 옷자락 같은 폭포의 우아한 자태와 진초록의 깊은 담(潭) 주변의 웅장한 암반들… 구름이 봉우리 아래 모여 속삭이며 어우러져 있는 풍광은 신선들도 감탄할 만한 장관이었습니다. 그런데 여기저기 바위에 새겨진 구호나 이름들을 보며 '어떻게 저렇게 자연을 망가뜨릴 수가 있나. 참으로 안타깝다!'는 생각도 지울 수가 없었습니다. 감상하다가, 감탄하다가 기념사진도 찍었습니다. 전민동만 플래카드를 가지고 왔는데 여기저기서 자기도 전민동이라고 우기면서 끼어드는 사람들이 많아 한바탕 웃음바다가 되기도 했습니다.

다시 헉헉대는 산행이 시작되었습니다. 이번 산행을 책임진 선배한테 너무 빨리 걸으니 힘들다고 했더니, 힘들면 천천히 오거나 더 힘들면 다시 돌아가서 냉면이나 사 먹으며 기다리고 있으라고 자존심을 건드렸습니다. '하하~ 웃으며 앞으로 돌진~'.

흐리던 날씨는 어느덧 구름을 걷어 내고 있었고, 저는 틈틈이 뒤돌아서서 가는 곳마다 탄성을 지르게 하는 금강산 여기저기를 샅샅이 감상하는데 여념이 없었습니다. 오르막이 하염없이 계속되고 있었습니다. 올라갈수록 봉우리 숫자는 많아지고, 내리쬐는 햇볕에도 위로 도망가지 못한 구름은 아예 올라갈 것을 포기한 채 여기저기 운무를 형성하고 우리와 금강산 유람을 하고 있었습니다.

70도는 족히 넘는 듯한 가파른 고갯길을 오르고 또 올랐습니다. 등산로 언저리엔 청정한 바람을 즐기며 반짝거리며 깨끗하게 단장한 각종 나무와 고산 식물들이 꽉 차 있었고, 선명한 원색의 각종 야생화가 즐비했습니다. 재촉하는 사람들이 많아졌습니다. 애써 여유를 부리며 예로부터 금강산은 등산보다는 유람해야 한다는 말을 강조하면서 여기저기 첨단의 디지털카메라들이 번쩍였습니다. 그렇게 풍광에 취할 때마다 노랫말처럼 심장에 풍광을 남기겠다는 마음으로 사방을 둘러보았습니다.

양쪽이 모두 기암괴석인가 싶더니, 어느새 깎아지른 절벽이고, 여기저기 바위 병풍이 둘러쳐 있구나 했더니 아직 녹지 않은 하얀 눈들도 보였습니다. 살아서 육백 년, 죽어서 천 년을 간다는 주목들도 오랜만에 만나는 남쪽 사람들을 향해 한껏 자태를 뽐내고 있었습니다.

올라갈수록 봉우리들이 급속하게 늘어 가는 재미를 느끼며 가파른 등정은 계속되었습니다. 그런데 선배 한 명이 쥐가 나서 쓰러져 있으니 몸 살림 실력자는 다시 내려오라는 소식이 구전을 통해 전달되고 있어 걱정도 있었습니다.

드디어 세존봉(世尊峰)! 누군가는 '정상이다!'를 외칩니다. "와~ 정말 멋있다~ 정말 굉장하다. 장관이네~ 장관이야!" 여기저기서 탄성 소리가 한동안 요란했습니다. 도대체 여기서 아래로 내려다보이는 봉우리들이 몇 개란 말인가? 하긴 금강산 봉우리가 일만이천 봉이라지 않는가? 바로 저 건너에 있는 봉우리가 금강산 최고봉인 1,639m의 '비로봉(毘盧峰)'이라니…. 그늘이 거의 없는 길게 늘어진 정상 능선 곳곳에서 아래를 내려다보니 가는 곳마다 현기증이 절로 나고, 떨어지면 뼈도 못 추릴 것 같다는 말이 저절로 실감 나는 광경이었습니다.

지나쳐 왔던 기암괴석과 절벽들로 이루어진 봉우리들은 이미 눈 아래 펼쳐져 섬처럼 작게 보이고, 고개를 들어 위로만 바라보고 걸었던 구름은 어느새 저 아래에서 검푸른 바다를 이루어 두 팔과 다리를 벌리고 날아가면 그 푹신함으로 다시 부~웅 떠오를 것 같았습니다.

세존봉 중턱엔 사람모양의 '옥황상제바위'가 있습니다. 그런데 관을 안 쓰고 맨머리로 앉아 있습니다. 옛날 옥황상제가 금강산을 구경하려고 비로봉에 내려와 내·외금강과 금강산 봉우리들을 차례로 다 둘러보고 세존봉 구룡 연못가에 왔는데, 물이 어찌나 깨끗하고 맑은지…. 옥황상제는 관과 옷을 벗고 연못에 뛰어들었습니다. 그때 산신령이 나타나 금강산 신령 약수는 사람들이 마시는 물인데, 왜 목욕을 하느냐며 꾸짖고 관을 들고 가 버렸답니다. 그러니 옥황상제는 관을 못 쓰고 하늘로 올라갈 수밖에 없었고, 예의에 어긋나는 일은 하지 말라는 교훈을 말해 주다가 끝내는 관을 벗은 채 맨머리로 굳어졌다고 하는 전설이 있답니다.

사방을 고루고루 둘러보다가 더위도 피할 겸 나무그늘을 찾아 잠시 상념에 잠겨 보는 여유도 가졌습니다. '자유롭게 이산 저산, 이 봉우리 저 봉우리 다닐 수 있다면 얼마나 좋을까…. 비로봉은 언제 가 보나…. 아직 개방도 안 했으니, 산 오르기도 이렇게 힘든데, 통일은 언제나 될까…. 햇볕정책이 계속 진전을 보았다면 북미 관계의 중재자도 중국이 아니라 우리가 되었을 텐데…. 북한 실정으로 보아 아직 한참은 경제지원을 해야 할 것 같네…. 남북정상회담을 통해 가시적인 민족통일문제가 하루빨리 획기적 진전을 보아야 할 텐데….' 등등.

배가 고팠습니다. 우리는 옹기종기 모여 앉아 시원한 바위에 등을 기대고 온정각에서 준비해 준 맛좋은 도시락을 먹었지요. 수많은 봉우리와 운무, 탁 트인 발아래 구름바다, 비로봉을 바라보면서 세존봉 정상에서 먹는 밥맛은 그야말로 평생 잊을 수 없는 형언할 수 없는 기가 막힌 맛이었습니다.

이제는 하산길! 올라올 때의 반대방향으로 내려갔습니다. 겨우 올라온 선배는 다리가 경직되고 쥐가 나서 전혀 걸을 수가 없다고 했습니다. 세존봉 정상에 엎드려 소리를 지르며, 몸살림 회원한테 시술을 받는 진풍경이라니…. 조금 있으니 갈 길이 멀다고 먼저들 가라고 합니다. 내리막길은 80도가 넘어 보이는 대단한 경사로 시작되었습니다. 한 사람만 헛디디면 모두가 낭떠러지로 떨어질 수 있는 위험한 상황이라 일렬로 서서 내려가고, 그룹별로 앉아서 대기하기를 여러 차례 반복하면서 1시간여에 걸쳐 철계단과 나무계단을 내려왔습니다.

그리고는 생각보다 험하지는 않다는 말을 들었습니다. 간혹 발이 후들거리기는 했지만 올라올 때와는 또 다른 명경 같은 넓은 계곡을 여러 개 지나고 걷기를 반복하면서 진풍경을 감상하고, 사람들과 이런저런 이야기도 나누면서 여유롭게 내려왔습니다. 가끔 나타나는 시원한 벽계수는 깨끗함과 시원함으로 우리 모두를 충분히 매료시킬 만했습니다. 어떤 물에도 손만 담가도 벌금이고, 정 마시고 싶으면 엎드려 입으로만 먹으라는 경고는 잊어버린 지 오래였습니다.

심지어 동행했던 북측 안내원이 아직도 있기는 한 건지, 어디쯤 가고 있는지 관심도 없었습니다. 모두 계곡이 나타나면 내려가서 떠먹기도 하고 손도 씻고, 발도 담그고 가끔은 바위에 누워서 계곡과 절벽들을 구경하기도 하고, 과일도 나눠 먹고 큰소리로 노래도 불렀습니다.

여장을 다시 꾸리고 숲 사이 조용한 산길을 내려오다 너른 바위를 시원스레 흐르는 옥류(玉流)를 보고는 감탄사를 연발하며 다시 잠깐씩 멈추고를 반복했지요. 산길을 내려오다 멜로디가 동요 같고, 가사는 단순해서 어제 배워 놓았던 '휘파람'도 흥에 겨워 멋들어지게 불렀습니다. 산에서 부르니 어느덧 경쾌한 행진곡풍으로 모두를 즐겁고 신나게 해 주었지요.

한동안 평탄한 흙길을 지나자 우리나라 전통 소나무인 적송나무 숲이 이어지더니 자갈길을 한참 지나 너른 계곡 저편에 우리를 태워 줄 셔틀버스가 대기 중이었습니다. 드디어 8시간이 넘는 금강산 산행이 끝난 것이었습니다. 시간은 오후 3시 반이 넘었고, 온정각 앞에서 남쪽으로 출발하겠다던 버스승차 시간은 이미 지나 있었습니다. 온천물로 땀 씻을 여유는커녕 들쭉술 한 병 살 틈도 없었지만, 다행히 낙오자 없이 관광버스에 올랐습니다. 발이 너무 아프다고 하소연하는 사람들도 있었지만 모두 만족스러운 표정들이었습니다.

버스가 남북의 경계선을 넘어 다시 동해가 보이자 이참에 바닷가에 가서 회를 먹으며 여유를 갖자고 의기투합했습니다. 하지만 휴게소에 예약을 미리 했고 미리 말하지 않았다는 이유로 처참히 무산되어 버렸습니다. 그러다 언제 샀는지 북쪽 술들이 줄줄이 나오고, 종류별로 서로 음미하면서 모두 비우기 시작하였습니다. 직접 캔 30년산 더덕으로 담갔다는 커다란 페트병 더덕주가 바닥날 때 즈음 서울로 가는 버스 안은 비워진 술병 대신 노래들로 채워졌습니다.

우리는 모처럼 어울려 술도 마시고 노래도 하며, 6월 항쟁 때 있었던 에피소드를 비롯해 살벌한 군사독재정권시절 민주화운동, 통일운동하면서 함께 겪었던 이야기를 나누며 즐거운 시간을 쏜살같이 보냈습니다. 그날 자정이 훨씬 넘어 광화문에 도착하였고, 자유롭게 왕래하는 통일의 그날이 하루빨리 오기를 기원하면서 헤어졌습니다.

북녘 사람들의 시선

강민숙
시인

금강산을 방문한다는 설렘

금강산을 가기 전날 밤, 짐을 싸면서 가방의 비밀번호를 어떻게 정할까 고민하다가 문득 '1210'으로 하였다. 금강산으로 출발하는 2004년 12월 10일, 그날은 날씨가 몹시 추웠다. 이른 새벽에 종로구 현대상선 계동 사옥, 3박 4일의 금강산 방문이라고 써진 버스 앞에 모였다. 어쩌면 '금강산 방문'이 아니라 '금강산관광'이 더 정확한 말로 여겨졌다. 그날따라 눈까지 내렸다. 추운 겨울 세상을 포근하게 덮어 주는 그런 눈, 우리의 마음을 포근하게 해주는 함박눈이 아니라 말 그대로 '휘몰아치는 북풍한설'이었다.

매서운 바람이 도심을 사정없이 할퀴고 있었다. 절세 비경 명산 금강산을 방문한다는 설렘보다 내게는 살을 에는 추위가 더 걱정이었다. 여기가 이럴진대, 금강산 추위는 어떨까. 하필이면 이런 날로 날짜가 잡혔을까 염

려하는 동안 불안감이 엄습했다. 서울의 평범한 겨울 추위에도 내복과 속
옷을 몇 겹씩 껴입고서야 겨울을 날 수 있는 나였기 때문에 이런 혹한의 날
씨에 금강산관광은 걱정이 앞설 수밖에 없었다.

평소에 가깝게 지내던 김 기자와 그의 일행 몇 사람과 인사를 나누었다.
저마다 금강산에 대한 부푼 기대와 통일의 열망에 대한 대화를 나누다 보
니 어느덧 강원도 고성 통일 전망대에 이르렀다. 그곳에는 눈이 그치고 햇
살이 비치기 시작하면서, 서울에서 걱정했던 것보다는 날씨가 어느 정도
푸근해졌다. 고성에서 동해를 배경으로 한껏 포즈를 잡고 지인들과 다정한
것처럼 어색한 미소를 곁들여 함께 사진을 찍었다. 김 기자는 사진을 찍으
며 '강시인, 시인답게 포즈를 잡아 봐요'라고 짓궂게 주문했지만, 나는 가볍
지 않은 마음에 "어디 시인의 포즈가 따로 있냐?'고 대꾸하였다.

통일 전망대에서 북측으로의 입경을 기다리는 동안, 시인 한상억이 읊은
시 「그리운 금강산」이 떠올랐다. "누구의 주제런가 맑고 고운 산 / 그리운
만이천 봉 말은 없어도 / 이제야 자유 만민 옷깃 여미며 / 그 이름 다시 부
를 우리 금강산 / 수수 만 년 아름다운 산 못 가본지 몇몇 해 / 오늘에야 찾
을 날 왔나. / 금강산은 부른다…."

시인의 시구처럼 금강산이 나를 불러 찾아온 여기에 금강산 폭포가 대신
대답하며 천길 물속으로 떨어지고 있는 풍경이 눈 앞에 펼쳐지고 있었다.
어느덧 나도 모르게 노래를 입으로 읊조리고 또 읊조리고 있었다. 그리고
동해안 푸른 물결이 왜 이제야 왔느냐고 나에게 질책하듯이 바위에 부서지
고 있었다.

남에서 북으로 가는 생경함

점심을 서둘러 마치고 군사분계선 출입경 절차를 밟았다. 남북측이 분단 국가라는 사실을 새삼 확인되는 순간이었다. 남쪽 군사분계선의 출경 절차는 으레 있을 수 있는 형식적 절차일 뿐이라고 여겨졌는데, 북쪽 군사분계선에서의 입경 수속은 자못 분위기가 무거웠다. 우리 일행이 탄 24인 버스가 검문을 받기 위해 멈춰 서자, 북측 한 병사가 버스 출입문에 올라섰다. 깡마른 체구의 그 병사는 무뚝뚝한 표정으로 우리 일행을 날카롭게 쏘아봤다. 그의 시선은 한순간에 우리를 압도했고 주눅이 들게 했다. 잔뜩 긴장한 우리 일행은 행여 그에게 책을 잡힐까 봐 조바심치며 그의 시선을 의식해야 했다. 병사가 우리의 운명을 거머쥐고 있는 것처럼 느껴지는 순간이었다. 금방이라도 병사가 "동무는 반동이야! 날래 내리라우!" 하며 버럭 소리치며 끌어내릴 것만 같았다. 그렇지만 아무 일도 일어나지 않았다.

북쪽 군사분계선을 지나면서 내 시선을 붙잡은 것은 잘 닦인 포장도로와 민둥산이었다. 깔아놓은 지 얼마 안 된 포장도로는 남북 화해와 공영을 상징해 주는 것 같았다. 하지만 민둥산은 북측 동포의 헐벗은 삶을 보는 것 같아 마음이 먹먹해졌다. 같은 강원도인데, 북쪽과 남쪽이 이렇게 다를 수 있을까. 상대적으로 바위와 암석이 더 많아서 그런지는 몰라도 북쪽의 산야는 남쪽의 6, 70년대의 산야처럼 황량해 보였다. 그 민둥산의 모습이 좀 전에 본 그 깡마른 북측 병사의 모습과 클로즈업되면서 말로 표현하기 어려운 먹먹한 감정 때문에 한동안 고개를 들 수 없었다.

해금강 호텔에 여장을 풀었다. 해금강 호텔은 대형 유람선을 고쳐서 만든 호텔이었다. 사람들은 저마다 "본래 금강산 인근은 군사적으로 긴요한 요충지인데도 김정일 국방위원장이 한껏 양보해서 만들어진 거", "종래에는 남북대화와 교류가 남북 평화를 가져오는 것"이라며 한마디씩 거들었다. 나 역시 그 말에 한편으로는 동의하면서도, 마치 우리가 크나큰 은전이라도 받은 듯한 표현에 대해서는 막연하게나마 그동안 남북 간의 이질적인 정서가 얼마나 깊이 뿌리내리고 있었는지를 확인하는 순간이었다. 잠시 이런저런 생각을 하는 동안 버스는 저녁 식사를 위해 온정각으로 이동하고 있었다.

온정각 앞에는 낯익은 24시간 편의점인 '훼미리마트'가 보였다. 팔고 있는 상품은 그다지 많지 않았지만, 북측 땅에서 남측 가게를 본다는 것 자체가 신기하게 느껴졌다. 나 자신이 북측과 남측이 공존하는 현장에 있다는 생각에 묘한 기분마저 들었다. 북쪽 군사분계선을 넘어올 때 북측 병사의 날카로운 눈매를 보며 들었던 감정과 우리가 같은 민족에게서 멀어진 듯한 정서가 뒤섞여 긴장감이 한순간에 사라졌다.

온정각에서 식사를 마치고 일행과 함께 금강산 여관 1층에 있는 선술집에 들렀다. 그곳은 바깥 날씨와 달리 따뜻했다. 어둡던 실내 분위기가 자리에 앉자 조금씩 익숙해져 갔다. 그때 무채색 조명 속에서 함께 온 남자 여러 명이 내 시야에 들어왔다. 북쪽 여성 종업원들은 그들에게 서빙을 하고 있었다. 실내는 남한의 술집처럼 적절하게 어둡고 은근한 조명이 야릇한 분위기를 연출했다. 판매되는 술은 북측 맥주와 양주, 소주 같은 것이었다. 북쪽 여성 종업원들은 절도가 있어 다소 딱딱했지만 비교적 친절했다.

우리 남녀 남성들이 입버릇처럼 뇌까리는 "남남북녀"라는 말을 떠올리기라도 한 것처럼 남측에서 온 남성 관광객들은 북녘 여성들에게 말을 걸려고 안간힘을 쓰고 있었다. 여성인 내 직감에 의하면, 남녘 남성들이 북녘

제84회 전국체전 금강산 성화 채화, 현대아산(주) 제공.

여성 종업원들에게 보이는 관심은 이중적이었다. 한편으로는 어떻게든 수작이라도 걸어보자는 보통의 남쪽 남자 생각과 다른 한편으로는 북측 주민을 만났다는 반가운 감흥이 혼재해 있을 것이었다. 어느 편의 감정이 더 강한 지 나로서는 판단할 수는 없었지만, 지금처럼 남과 북의 만남이 계속되면 무슨 일인들 불가능하겠는가 하는 생각도 들었다. 그리고 지금의 내 관심은 남녘 남자들이 어떤 수작을 거는가에 있는 것이 아니라, 북녘의 여성들이 어떤 반응을 보이는가에 있었다. 잠시 뒤 남녘 사람들은 자신들의 수작이 잘 통하지 않자, 결국에는 북녘 종업원에게 노래를 청했다.

과연 그녀들은 김정일의 충직한 신민처럼 보였다. 그들이 부른 노래는 김정일 찬양가 일색이었고, 하나같이 그 노래만 불렀다. 당시 내 판단으로는 그랬다. 그렇지만 내가 놀란 것은 독재자를 찬양하는 노래에 그 같은 유려한 서정의 옷을 입힐 수 있었을까 하는 것이었다. 개인들의 내밀한 정서를 담아내는 것이 우리 사회의 유행가요 대중가요일진데, 어떻게 북측의 대중가요(?)는 한결같이 저토록 서정적일 수 있다는 말인가? 솔직히 김정일을 찬양하는 가사와 구절만 없다면 북측 여성의 입에서 흘러나오는 노랫가락이 매우 나긋나긋해서 심금을 울리기에 충분했다.

공자가 동이족이라고 얕잡아 호칭하면서 우리 민족을 일러 "음주가무에 능하다"고 했다고 한다. 동서고금을 돌아보아 사람이 소리를 내어 만드는 노랫소리가 사람의 정신을 좌지우지하거나, 사람의 생각을 결정한다고 하여 음악 혹은 노래의 효용성을 높이 평가했다. 나는 북측 여성 종업원들이 부르는 노랫소리를 들으며 그들의 정신세계나 세계관이나 가치관에 대해 깊이 생각해 보았다. 개방된 세계를 살아온 우리 남측과 폐쇄적이고 경직된 체제 속에서 살아온 북측에서 어떤 접점을 찾아 미래를 설계할 수 있을까? 한동안 골몰했다.

약간 취기가 오른 상태로 금강산 여관 주점을 나와 숙소인 해금강 호텔로 돌아왔다. 해금강 호텔은 칠흑에 잠겨 있었다. 이곳이 군항이라는 말이 헛말이 아닌 듯했다. 숙소는 바다 위에 떠 있어서 바닷물의 흔들림에 따라 조금씩 움직였다. 약간 취기가 올랐음에도 감각이 예민한 나는 흔들림을 온몸으로 감지할 수 있었다. 그 미묘한 흔들림 때문인지는 몰라도 나는 북녘 사람들과 우리가 그동안 얼마나 차이가 나는가, 그들과 우리는 그동안 얼마나 멀어졌는가, 이런저런 생각에 잠을 이루지 못했다. 수면제를 먹었지만 뜬 눈으로 날을 지새우고 다음 날 아침을 맞이했다.

북측 나무꾼이 남측 선녀 옷을 훔친다면…

둘째 날 관광 코스는 남매바위, 구룡연, 만물상을 관광하고 저녁에 노천탕인 선녀탕에서 온천욕을 하는 것으로 짜였다. 남매 바위를 구경하는 동안 눈이 내렸다. 눈은 생각보다 많이 내리지는 않았다. 북측 관광 안내원이 들려주는 남매 바위에 얽힌 전설이 마침 눈과 관련이 있어서 더 흥미 있게 들렸다. 깎아지르듯 높다랗게 솟아 우리를 응시하고 있는 듯한 바위들은 안내원의 손짓과 설명에 따라 하나하나 구체적인 형상이 눈앞에 나타났다.

우리에게 관광 안내원이 눈이 내리고 있는 상황에 맞춰서 즉흥적으로 꾸며 낸 것처럼 절묘했다. 전설은 하나같이 애잔했다. 특히 눈이 내리는 한겨울 오랫동안 헤어졌던 남매가 상봉했다는 사연을 간직한 전설은 듣는 내내 가슴이 쩡했다. 모든 전설이 그러하듯, 무릇 전설이란 사실과 현실적인 욕망이 적절하게 섞여 있는 것이 아닌가. 유달리 슬픈 사연을 간직한 전설이 많은 우리나라의 경우 역설적으로 민초 혹은 민중의 욕망이 전설에 담겼으리라. 남매바위의 전설을 들려주는 안내원의 마음에도 그런 욕망이 담겼을 것이라는 추측을 하면서 듣다 보니 전설의 의미가 더욱 절실하게 다가왔다.

순서를 바꿔서, 그날 밤 노천 온천탕에의 기억 보따리를 여기서 풀어야 할 것 같다. 마지막 여정인 노천탕으로 들어가니 너무나 좋았다. 뜨거운 탕 안에 몸을 담그니 서울에서부터 가지고 온 추위와 긴장감이 한꺼번에 날아갔다. 머리를 들어 하늘을 보니 은하의 바다에 하얀 별들이 곧 폭포처럼 쏟아져 내리기라도 할 듯이 머리 위에서 아우성치고 있었다. 몸은 하늘로 날아오를 듯이 가벼워졌고, 급기야 하늘의 별 바다를 유영하는 느낌으로 빠져들었다. 내가 마치 선녀가 된 기분이었다. 문득 낮에 들었던 '선녀와 나무꾼' 전설이 떠올랐다. 나무꾼이 옷을 감춰서 하늘에 오르지 못했듯이, 북녘의 어느 남자가 옷을 감춰서 남으로 내려가지 못하고 북녘에 남게 되면 어떨까 하는 상상이 스치자 피식 웃음이 흘러나왔다.

다시 관광으로 돌아와서, 남매 바위를 지나니 구룡연이 발밑으로 까마득하게 보였다. 하얀 바위로 둘러싸여 푸르스름한 얼음으로 꽁꽁 얼어붙어 있는 구룡연 연주담은 너비와 깊이를 가늠할 수 없었다. 전설처럼 아홉 마리의 용들이 저 연못 속에 살고 있다면 하는 생각에 이르자, 용들이 내게 말을 걸어오는 듯했다. 그들이 나에게 말을 건다면 어떤 말을 할까? 아마 용들은 우리를 여기에서 꺼내 달라고 아우성치지 않았을까, 아니면 우리의 동면을 방해하지 말라고 하소연하고 있을까. 그도 아니라면 어서 빨리 통일이 돼 금강산에서 한라산까지 바람처럼 자유롭게 오가라고 할까, 아무튼 나는 신들린 사람처럼 그 자리에 한동안 멍하니 서 있었다.

애초에 얼어붙은 구룡폭포에 기대는 별반 없었다. 구룡폭포를 대하자 폭포수가 흘렀을 하얀 암반 물길에는 거칠게 초벌 풀칠을 해놓은 듯 얇은 얼음이 덮여 있었다. 멀리서 보이는 그 모양새가 옛날 시골에서 나이 드신 할머니가 조청으로 투박하게 빚어낸 하얀 유과처럼 보였다. 북측 땅이라는 제약이 없었다면 그 유과처럼 생긴 얼음을 따먹으러 갔을 것이다. 마침 남매바위 초입에서 북측 관광 안내원이 남측 관광객을 상대로 북측 상품을 팔고 있었다. 나는 반 호기심으로 그들이 빚은 한과를 사서 먹어 보기도 했다.

금강산관광의 가장 중요한 가치

남측 관광객에게 있어서 금강산관광의 가장 중요한 가치는 민족의 명산 금강산의 수려한 풍광을 관광하는 것이었지만, 사실 그보다 더 중요한 가치가 있다면 북측 사람들을 만난다는 것 자체일 것이다. "금강산도 식후경"이라는 말에 빗댄다면 "금강산 구경도 사람 먼저", "금강산 구경도 사람과 사람이 만나고부터"라고 고쳐서 말할 수 있을 것이다. 문득, 지난밤 금강산 여관의 선술집에서 만난 북쪽의 접대원들이 떠올랐다. 그녀들에게 청해서 들은 노래는 선율 자체는 감미로웠지만, 가사의 이면에는 선동적인 김정일 찬양가 일색이었다. 이를 두고 단순히 그들이 세뇌받은 탓이라고 치부해 버릴 수도 있지만, 아니 그들이 엄혹한 통제를 받고 있기 때문이라고, 그들의 자발성을 부정할 수도 있을 것이다. 하지만 그런 설명만으로는 이해되지 않는 부분이 많았을 것이다.

나는 그들이 몹시 궁금했다. 어쩌면 내 반쪽이었을 그들…. 세계 많은 고대 설화와 신화들은 인간이 본래 남녀동체, 즉 남녀가 한 몸이었다고 말하고 있다. 플라톤의 대화편 〈향연〉에서 아리스토파네스도 그렇게 말했다. 나는 남녀가 한 몸이었다는 게 중요한 게 아니라 우리가 모두 한 몸이었다는 것이 더 중요했다. 이런 인류의 신화적 기원에 대한 설명은 우리 민족에게 각별한 의미를 지닌다. "우리는 본래 한 몸이었다." 그러기 때문에 이 말은 우리의 가슴을, 우리의 마음을 애잔하게 파고드는 것이다.

눈여겨본 것이 또 하나 있었다. 바로 북녘 관광 안내원들이었다. 그들은 몇 가지 상품들을 들고 와서 남녘 관광객들에게 팔았다. 그들의 호객행위를 눈여겨보았다. 그런 내게서 북녘 사람들에 대해 일종의 편견을 발견했다. 그들을 이상한 존재로, 마치 동물원의 원숭이를 대하듯 한 것은 아닌가 하는 의문이 들기도 했다. 왜냐하면 북녘 사람들도 장사를 하는구나 하는 생각이 부지불식간에 들었기 때문이다. 이미 남녘 관광객들을 많이 대해온 이력 때문에 저들도 벌써 자본주의에 물들었구나 싶기도 했다. 아니면 이미 그들도 초보적인 자본주의 시장 경제 시스템을 이미 익숙하게 받아들인 것을 우리가 북측에 대한 무지 때문에 알지 못한 것일 수도 있다. 어쨌거나 북측 안내원들이 물건을 팔기 위해 호객행위 하는 것이 신기하게 보였다. 어쩌면 너무도 자연스러운 일이라고 여겨지기도 했지만, 사람 사는 곳에 거래가 있을 수밖에 없다 생각하면 우리가 그동안 북녘 사람에 대해서 얼마나 선입견이나 편견이 있었는지 씁쓸했다.

금강산을 관광하는 동안 여성 안내원도 있었지만, 남성 안내원도 있었다. 우리 팀을 안내하는 안내원 중에는 세 명은 여자였고 두 명은 남자였는데, 남남북녀라는 말이 무색할 정도 두 남자는 키가 훤칠한 미남이었다. 그중 한 남성 안내원이 내 가슴팍에 매달린 명찰을 보더니 시에 많은 관심을 보였다. 그는 김일성대학을 다니면서 시를 좋아하게 됐다며 몇 편의 시를 써 보기도 했다고 했다. 그래서 우리는 자연스럽게 김삿갓으로 잘 알려진 난고 김병연의 시를 화두로 꺼냈다. 난고는 금강산에 대한 시를 여러 편 썼다. 다음은 그가 쓴 금강산 무봉폭포이다.

폭포수는 절구로 절벽을 찧고 (水作銀舂絕壁)
구름은 옥자로 청산을 재는구나 (雲鳥玉尺度青山)
달빛 희고 눈빛도 희고 천지도 희네 (月白雪白天地白)
산 깊고 물 깊고 나그네 수심도 깊네 (山深水深客愁深)

우리의 대화가 자연스럽게 무르익어 갈 무렵, 그가 갑자기 금강산에 대한 즉흥시를 부탁했다. 명색이 시인인데 '안 된다'고 거절하기에는 체면이 서지 않아서 '시도 안 되는 소리'를 해댔다. 그는 즉흥시가 맘에 들었는지 큰 박수를 치며 웃더니, 이번에는 같은 동료를 손짓해 부르더니 그 앞에서 또 다른 시를 써 보라고 재촉했다. 나는 성화에 못 이겨 용기를 내어 몇 편의 시를 더 즉흥적으로 읊었다. 그도 듣기만 하는 것이 미안했는지, 즉흥시를 마치자 시로 화답하며 금강산을 예찬했다. 우리는 이렇게 꿈같은 두어 시간을 보내다가 자리에서 일어섰다. 그 순간, 그 자리는 내가 금강산에 취했는지, 아니면 내가 그 사람들에게 취했는지 알 수는 없었지만 아쉽고 안타까운 시간이었다.

　그는 자리를 뜨기 아쉬웠던지 마지막 청이 있다고 내게 말했다. 자기에게 시 한 편을 써 달라는 부탁이었다. 설레는 감정을 억누르면서 시가 아닌 시 형식을 빌려 내 감정을 전달하기에 골몰했다. 지금도 선명하게 각인된 그의 얼굴과 몸짓, 눈빛이 기억난다. 부족하고 부끄러운 시를 지금도 간직하고 있다면 제발 버려 주길 바랄 뿐이다. 아니, 다시 만나면 "그건 시가 아니고 그저 내 감정에 취해 아무렇게나 마음이 가는 데로 휘갈긴 것"이라고 변명이 아닌 변명을 하고 싶다. 그때의 추억에 얼굴이 화끈 달아오른다. 그때의 감정과 감흥에 젖어 또 부끄러운 시 한 편을 적어 본다.

　　구룡폭포 가는 길
　　－금강산에서－

　　눈앞에 펼쳐지는 저 선경
　　어찌 하나
　　마음속에 담았다가
　　한 걸음 올라서면
　　걸음마다 다른 자태로
　　운무에 휘감기고

　　구룡폭포 오르는 길
　　기암의 춤사위를
　　넋 놓은 채 바라보다

마음에 새긴 풍광
새겼다가 지우는
변덕 같은 이 세속의 마음
그 누구가 알 것인가

수천만 년 세월 두고
빚어낸 신의 솜씨
왜 무릎인들 못 꿇을까
신의 장막들을
들추고 들춰가며
우뚝한 저 봉들 헤아려 무엇 할까

그 신비 차마, 볼 수 없어
감은 눈 다시 떠보니
우래 치는 폭포소리가
세속의 마음을 지워야 보인다며
내 등짝을 후려친다

지금도
금강산이 부른다

류재복
전 중국 길림신문 서울지국장
일간투데이 중국전문대기자

북측 요원과 나눈 첫 대화

"반갑습니다."

"반갑습니다. 수고가 많으십니다."

"네, 안녕하십네까? 길림신문이면 중국 길림신문을 말합네까?"

"네, 그렇습니다."

2005년 9월 27일 17시 40분. 나의 여권에 '조선, 금강산 09, 27 통행검사소'라고 붉은 스탬프를 찍어 주는 북측 출입국관리소 직원과 나눈 첫 대화였다. 서울에 상주하는 외신기자 38명을 대상으로 한 남북경협의 상징인 금강산 현장 답사는 남북경협의 전문가와 실무자로부터 그간의 남북경협 과정과 현재 상황에 대한 설명을 듣는 자리였다.

입경 절차를 마치고 평양이 아닌 북측의 시골 땅에 첫발을 딛는 순간, 출입소 영내에서는 우리를 환영하는 노래 「반갑습니다」가 우리들의 귀를 때렸다. 그러나 미지의 세계를 개척하는 것도 아니고 들뜬 마음도 아닌 형언하기 힘든 긴장감이 엄습해 왔다. 주변 곳곳에 서 있는 무표정하게 굳어 있는 병사들의 모습 때문이다.

온정리로 향하는 차창 밖 북측 풍경은 한적한 시골 그 이상도 이하도 아니었다. 현대아산이 세운 녹색 울타리 사이로 현대가 건설한 관광전용도로 좌우 들녘에는 벼가 누렇게 익어 가고 있었다. 이미 벼를 베어 볏단을 세워 놓은 곳도 있었다. 그 한가운데서 황소들이 긴 울음을 토해 내며 한가로이 풀을 뜯었다.

차 안으로 스며드는 공기 또한 청정했다. 수확이 끝난 옥수수밭 주변에는 어린이를 포함해 일하는 주민들이 보였고, 멀리 우뚝 서 있는 금강산이 시야에 안겨 왔다. 차량 행렬이 지날 때 일부 주민들은 우리에게 손을 흔들었다. 저녁밥을 짓는 듯 잿빛 민가의 굴뚝에서는 연기가 모락모락 나왔다. 김일성 주석을 기리는 영생탑과 이산가족면회소 착공식 표지판이 보였다. 봉화리 마을과 구룡마을, 온정각 휴게소를 지나 우리가 머무를 금강산호텔로 접어드는 입구에 '우리식대로 살아가자'는 구호를 보니 확실히 내가 북측 땅에 온 것을 실감할 수 있었다.

천하일미 '홍합죽'

12층 규모의 금강산호텔에 도착해서 객실 배정을 받았다. 배정받은 1010호실에 들어서자 금강산의 세존봉과 채화봉이 한눈에 들어왔다. 시야 한가

외금강호텔 전경. 김용기 제공.

득 들어온 금강산을 바라보고 있으니 9년 만에 다시 찾은 감회가 실로 감개무량했다. 1996년 6월, 첫 방북 때 평양에서 험한 육로를 따라 이곳 금강산에 한 번 다녀간 적이 있었지만, 그때는 아무것도 없었다.

2004년 7월에 개관했다는 호텔은 비교적 깨끗했다. 그러나 전력난으로 발전기가 돌아가는 소리가 들렸고 그 때문에 실내는 모든 불을 켜 놓아도 다소 어두웠다. 객실에 비치된 TV에서는 남측 방송만 보일 뿐 북측 방송을 볼 수 없는 것이 유감이었다. 욕실에 들어가 손을 씻으니 물은 확실히 좋았다. 미끈거리는 물이 온천수임을 금방 알 수 있었다.

숙소 배정이 끝나고 우리는 호텔 1층에 있는 강당에서 시작된 남북경협 관련 설명회에 참석했다. 통일교육원 권영경 교수의 「남북경협 현황과 과제」, 현대아산 변하중 차장의 「남북경제 협력사업」에 대한 설명을 들었다. 약 2시간의 설명회를 마친 후 우리는 호텔 부근의 금강원 식당에서 첫 만찬을 가졌다. 이곳도 실내가 어둡기는 마찬가지였지만, 코스 요리 중 '홍합죽' 맛은 가히 천하 일미였다. 이날 저녁 나는 이곳에서 공교롭게도 경남대 남북경협 아카데미를 함께 수료한 현대아산 금강산사업소 총소장인 김영현 상무를 반갑게 만났다. 고려인삼주를 반주로 털게, 흑돼지 등 푸짐한 요리 맛을 본 후 우리는 금강산예술단 가무단 공연 관람을 끝으로 첫날 일정을 마무리했다.

둘째 날인 9월 28일. 눈을 뜨니 새벽 공기가 상쾌했다. 금강산으로 해가 오르는 모습이 장관이었다. 이 장면을 같은 방에 투숙한 이영호 기자가 카메라에 열심히 담았다. 나도 창밖을 통해 금강산을 바라보았다. 금강산은 맑은 날씨보다 흐리거나 비 오는 날이 더 많고 고원지대라 날씨가 변덕스럽다고 함께 입경한 김민수 조장이 설명해 주었지만, 이날 날씨는 맑고 청량했다. 역시 금강산은 가히 절경이었다. 아름드리 미인송과 잣나무가 하늘을 무서워하지 않고 쭉쭉 뻗어 나간 모습들은 한 폭의 수채화같이 아름다웠다.

불교의 성지, 신계사 터

아침 7시. 금강산에서 맞는 첫 아침 식사는 뷔페식인데 그중 죽 맛이 가장 좋았다. 원래 아침 식사를 하지 않는 나였지만 죽 맛이 좋아 두 그릇을 비웠다. 조찬을 끝내고 우리는 산행을 시작했다. 금강산은 식물원을 능가하는 자연의 보고다. 멀리 보이는 금강산은 산이 아니다. 신만이 창조할 수 있는 지상 최고의 걸작, 하나의 완벽한 예술작품이다. 특히 기암괴석으로 얽힌 암벽과 흙 한 줌 없는 절벽 틈에 뿌리를 내리고 꼿꼿이 서 있는 나무들은 자연이 빚어낼 수 있는 조화의 극치다. 암벽의 나무들은 자연 분재, 그 자체다.

첫 산행길인 구룡폭포 가는 길의 오른쪽 넓은 터를 모두가 신계사 터라고 했다. 절의 규모가 어떠했는지 가히 짐작이 갔다. "일만이천 봉, 팔만구 암자"라는 노래가 있듯이 금강산은 민족의 영산이요, 불교의 성지다. 신계사는 유정사의 말사로 금강산 4대 사찰 중 하나였고, 외금강의 가장 큰 사찰이었지만 6·25 때 불타 버렸다. 그러나 금강산관광이 시작되면서 남북 합의로 신계사를 복원키로 결정, 현재는 조계종의 제정 스님이 주지로 와 있고, 그 외 다른 스님과 보살을 포함, 5명이 상주하고 있다고 한다. 규모는 작지만 대웅전이 우뚝 서고, 그 외 불사가 진행 중인 모습에 감회가 깊었다.

구룡연 오르는 등산로는 비교적 경사가 완만해 산행하기가 좋다. 목란관을 지나 수림대-앙지대-삼록수-금강문을 거쳐 옥류동 계곡으로 발걸음을 옮겼다. 무대 바위에서 바라본 옥류동은 수정을 녹인 물처럼 맑고 푸르다. 마치 구슬을 위에서 쏟아 붓는 듯 흘러내리는 폭포는 절로 감탄을 자아내게 한다. 눈을 들어 좌우를 바라보면 보이는 것이 모두 폭포다. 옥류동 계곡을 발아래 두고 연주담, 비룡폭포를 지나니 마침내 구룡폭포. 더는 오를 수 없고 바라볼 수밖에 없는 수직의 절벽 사이로 높이가 80m가 되는 구룡폭포가 힘찬 물기둥을 장엄히 쏟아 낸다.

주변 바위들은 물줄기를 받아내며 영겁의 세월을 살아온 듯 기세등등한 절벽의 바위와 달리 고분고분한 모습으로 숨어 있다. 다시 한 번 눈을 돌려 보니 금강산은 원시의 자연 그대로다. 물로 씻어 낸 듯 천연 본래의 수줍은 모습으로 자리를 지키고 있다. 마음속에 남겨 놓고 기억 속에 간직할 만한 7천만 민족의 자랑이다.

58년 전, 그때 그 자리

구룡폭포 관광을 마치고 하산하면서 '앙지대'에서 해설을 하는 북측여성 김옥란(23세) 씨에게 말을 걸었다.

"오늘 곳곳을 보면서 표지판을 보니까 김일성 주석께서 1947년 바로 오늘, 9월 28일에 이곳을 다녀가셨는데 나도 오늘 이곳을 다녀갑니다."

삼일포 겨울 풍경, 김용기 제공.

그녀는 깜짝 놀라며 대답했다.

"야! 놀랐습네다. 위대한 수령님께서 다녀가신 오늘 날짜를 살펴보고 이런 질문을 해 온 분은 선생님 한 분 뿐입네다."

그녀는 반가운 기색과 함께 명찰을 유심히 보았다.

"아! 길림신문 기자님이시구나, 역시 다르십네다."

하산 후 우리는 목란관에서 오찬을 했다. 메뉴는 냉면과 비빔밥 둘이었는데 비빔밥을 선택했다. 반주로 '대봉막걸리'를 한잔 마셔 보니 맛이 좋다. 특히 검은색의 '능이버섯요리'는 천하 일미다.

오후에는 관광을 위해 삼일포로 향했다. 책에서 보았던 관동팔경 중의 한 곳을 간다는 생각을 하니 기대감에 설렜다. 옛날에 어떤 왕이 관동팔경을 하루씩 머물며 여행을 하던 중 삼일포 비경에 반해 3일을 묵고 갔다 하여 삼일포라는 이름이 지어졌다는데 끝이 보이지 않는 호수와 주변의 절경을 보니 3일이 아니라 영원히 머물고 싶었다. 삼일포 앞에서 파는 꼬치구이 냄새도 코를 자극했다. 여기서 김창호 국정홍보처장이 몇몇 기자들을 불러 모아 싱싱한 송이 꼬치를 안주로 '대봉막거리'를 한 잔씩을 돌렸다.

잔잔한 호수 주변을 돌아 삼일포 호수를 한눈에 볼 수 있는 바위산 봉래대에 올랐다. 이곳도 가히 절경이다. 겨울에 눈 쌓인 설경이라면 더더욱 아름다울 것 같았다. 이곳 여성 안내원에게 노래를 청하자 수줍은 듯 뽑아내는 그녀의 노랫소리가 삼일포에 퍼진다. 삼일포 하산 길에는 《실미도》 영화에 나오는 「적기가」 가사 내용이 붉은 글씨로 새겨진 커다란 바위를 보았다. 이런 사상과 신념에서 살아온 그들이기에 지금의 북측이 존재하고 있음을 알 수 있었다.

'모란봉교예단' 서커스에 넋을 잃고

삼일포 관광을 끝내고 온정리 문화회관에서 평양모란봉교예단 서커스 공연을 관람했다. 이미 몇 차례 평양을 방문한 나로서는 평양 교예극장에서 공연을 본 적이 있지만, 이곳의 공연도 정말 훌륭했다. 인간이 도달할 수 없는 신기 자체다. 공연을 보면서 감탄이 다시금 나왔다. 프로그램도 전과는 다소 바뀐 듯했지만 '인간이 어떻게 저럴 수 있나?' '도대체 인간의 한계는 어디까지인가?' 싶었다. 인간의 무한한 가능성을 다시 한 번 실감해 보는 귀한 시간이었다.

특히 장대 체조에서 "하나"라는 글자가 펼쳐질 때 내 눈시울에 이슬이 맺혔다. 장대 위를 걷는 공연, 봉재주 등의 공연은 가히 세계적 수준이었다. 공연이 끝나고 사회자의 "동포 여러분! 안녕히 가십시오. 다시 만납시다"라는 인사말에 객석에서는 힘찬 박수와 아쉬운 환호성이 터져 나왔다. 일부 관광객들은 눈시울을 적시기도 했다. 이날 현대아산에서는 관중들에게 우리 외신기자들을 소개하기도 했다.

구룡폭포 등산에서 흘린 땀을 씻을 기회가 왔다. 금강산 온천에 몸을 담근 것이다. 온정리는 글자 그대로 '온정'이라는 따스한 샘이 있는 마을이다. 이곳에서는 100% 천연온수를 즐길 수 있다. 노천탕에 몸을 담그면 금강산의 최고봉인 비로봉을 비롯해 여러 봉우리를 한눈에 감상할 수 있다. 그런데 금강산이 원래 음기의 산이다 보니 이곳 온천탕은 매월 남탕과 여탕을 바꿔가며 관광객을 맞는다고 한다. 이날 내가 들어간 남탕은 8월에는 여탕으로 사용한 곳이라 했다. 그래서 실내에는 바가지로 사용하는 바가지탕이 있었다.

온천탕에서 일하는 조선족 남자 최광국(21세) 씨에게 물어보니 그도 1년 계약으로 일하고 있는데 월급은 $270, 중국에서 일하는 것보다 좋다고 했다. 온천욕을 마치고 2층으로 올라가 보았다. 마침 그곳에 북측 유명작가의 그림을 전시했는데, 익숙한 인민예술가 최하택의 유화와 정창모 화가의 산수화가 보였다. 다른 한쪽 복도에는 금강산에서 상봉했던 이산가족들의 갖가지 사연과 사진이 걸려 있어 가슴이 뭉클했다.

불야성의 고성항

온천욕을 마치고 저녁 식사를 하기 위해 고성항 횟집으로 이동하는데 온정각휴게소를 벗어나자 주변 마을과 도로가 온통 칠흑이다. 민가에 불빛이 전혀 보이지 않는 것은 전력 공급이 어렵다는 증거다. 등불도 없는 어둠 속에서 생활하는 북측 주민을 생각하니 순간 안타까움이 엄습해 왔다. 그러나 고성항횟집 주변은 불야성이다. 인근에 있는 해금강호텔과 금강팬션타운의 야경이 퍽 대조적이다.

횟집은 현대아산에서 임대를 주었다고 하는데 식당 내에서 봉사하는 여성들의 가슴에 붉은 배지만 보이지 않았다면 남측 식당과 별반 차이를 느끼지 못했을 것이다. 즐거운 만찬을 나누고 식당을 나서며 현대아산의 금강산사업소 총책임자인 김영현 소장에게 "이곳에 사는 주민들이 우리 측 관광객을 볼 때 어떻게 생각하느냐?"고 물었다. 그는 "매우 혼란스러워하고 있다"고 답했다. 김 소장이 정확한 답을 해 준 것 같다. 그럴 것이다. 자신들의 생각과 현실에 엄청난 차가 있으니 혼란이 왜 없겠는가.

금강산관광 3일째인 9월 29일. 조찬을 마친 우리는 짐을 정리해 다시 온정각에 도착했다. 온정각 마당에서는 매일 버스 기사와 조장, 안내원들이 안전수칙 구호를 복창하면서 관광객들을 위한 친절봉사를 다짐하는데, 그 모습이 매우 좋았고 인상적이었다. 내가 탄 2호 버스 기사는 길림성 장춘이 고향인 조선족 남자 김영호(43세) 씨였는데 그는 계약직으로 월 $390을 받는다고 한다. 이날 도올 김용옥 교수가 쓴 온정각 동쪽에 있는 고 정몽헌 회장의 추모비를 살펴보았는데 북측 요원들도 자주 본다는 소리를 들었다. 온정각에서 출발 점검을 완료한 우리는 다시 77개의 굽이굽이 고갯길을 오르며 만물상으로 향했다. 다시 또 차창 밖에 펼쳐지는 금강산의 아름다움을 감상했다.

이때 우리 차량 앞으로 황금 마차가 쏜살같이 달렸다. 이른바 이동매대(이동상점) 차량이다. 이동매대는 항상 관광 코스 곳곳의 장소에 먼저 도착해 자리를 잡는다고 한다. 조선족 여자 2명이 장사를 하는데 수입이 좋다고 한다. 구룡폭포가 있는 곳에 버스가 주차하면 걸어서 만물상을 오르는데 이날은 우리를 포함해 수백 명의 등산객 인파가 몰렸다.

77개 고갯길을 돌며 오른 만물상

만물상 오르는 길은 교통체증보다 인파 체증이 심했다. 관광객 모두는 만물상을 오르는 가파른 길에서 금강산의 기세에 눌려 처음에는 가쁜 숨을 몰아쉬며 무작정 걷기만 했다. 하지만 금강산의 바위와 바위산들은 온통 선녀와 신선의 이야기를 담고 관광객들의 이런 침묵을 용서하지 않았다. 주인의 명령을 기다리는 듯 금강산을 지키고 있는 갖가지 동물 모양의 바위들을 보며 감탄의 연속이었다.

천선대를 오르는 철 계단의 급경사는 전신에 땀을 흐르게 했다. 이날 관광객 중 70대의 노인도 감탄사를 연발하며 올라가는 모습에 험난한 철 계단조차 금강산 비경으로 쏟아 내는 감탄사를 막을 수 없다는 것을 알았다. 삼선암-칠층암-절부암-안심대-하늘문을 지나 만물상 최고봉인 천선대에 당도했다. 천선대 주변에는 수없이 많은 기암괴석이 즐비했다.

천선대에서 다시 망양대로 향해 잠시 망장천에서 약수를 마셨다. 샘물이 바위에서 졸졸 흐르는데 물이 너무 적게 나와 이곳도 장사진이었다. 망양대에서는 동해와 해금강, 그리고 우리 땅 남쪽 산도 볼 수 있다고 했지만, 산허리를 돌고 있는 안개구름에 가려 남쪽의 산하를 볼 수는 없었다. 천선대, 망양대까지 같이한 인민일보 쉬바오캉, 경제일보 자오스쿵, 신화통신 짱진팡 지국장 등도 함께 올랐는데 이들은 이곳 만물상을 모두 다섯 번 이상 와 봤지만 올 때마다 기분이 좋다고 말했다. 특히 쉬바오캉 지국장은 평양지국장을 10년간 했기에 북측에 대한 추억이 많다고 했다.

금강산에서의 마지막 식사인 오찬은 옥류관에서 했다. 메밀차를 마시며 대동강 맥주를 곁들여 먹어 본 냉면은 평양 옥류관 맛을 그대로 옮겨 놓았다. 이날 오찬을 겸해 김창호 처장은 우리에게 2박 3일간의 행사에 대해 격려하고 앞으로도 지속해서 남북경협에 관심을 가져달라고 부탁했다. 분명 뜻깊은 자리였다. 개인적으로도 이곳 금강산을 직접 현장에 와서 살펴보니

금강산 계곡, 류재복 제공.

인식과 현실의 차이는 매우 컸다. 그간 국민의 정부와 참여정부가 꾸준한 대북정책을 전개하고, 이에 호응해서 현대아산의 도전과 노력으로 이룩한 남북경협 및 민족교류의 생생한 현장을 본 것은 나에겐 귀한 체험이자 역사적 체험이기도 했다.

대북협력은
통일에 대한 투자

일부에서는 금강산관광을 놓고 퍼주기라는 비판도 있지만, 미래를 위한 통일 투자로 생각하면 의의가 깊은 사업이다. 특히 외신 기자들에게 이런 현장 체험을 하게 한 국정홍보처와 한국언론재단의 지원에는 우리 기자들 모두가 고마움을 느꼈다. 이날, 김창호 처장은 "우리가 모두 마음속에 담겨 있는 금강산을 통해 남북의 평화와 발전을 위해 노력하자"고 다짐했다. 옥류관에서 마지막 단체촬영을 끝내고 출경 절차를 밟기 위해 우리는 북측 출입국관리소로 향했다. 길가에는 맑고 곱게 핀 코스모스 물결이 우리를 환송했다. 그러나 일부 주민과 군인들은 우리의 차량 행렬이 그들 곁을 지날 때 고개를 뒤로 돌리며 모습을 감추려 했다. 이런 모습은 개선해야 할 문제로 보인다. 분명 상부에서 지시를 내렸기에 그들은 그런 행동을 취했을 것이다.

입경 심사 때와는 다르게 관광객들도 경험이 있어 모든 짐을 가지고 차에서 내리자마자 알아서 번호대로 출경심사를 받았다. 도착 때와는 반대로

"잘 가세요. 우리 다시 만나요~"라는 노래가 영내에 울려 퍼졌다. 우리 일행 전원도 무사히 출경 심사를 마쳤다. 그날 14시 50분. 군사분계선을 넘어 북에서 남으로 돌아오는 길. 그 10분 동안에 기회가 되면 개인적으로 다시 금강산을 반드시 찾아오겠다고 각오했다. 또 금강산의 사계를 살아 생전에 모두 보고야 말겠다는 다짐도 했다. 지금도 눈을 감으면 아름다운 금강산이 눈앞에 성큼 다가온다. "아! 그 꾸밈없는 아름다움과 순수함, 그리고 자연의 보고, 천혜의 미소를 이 세상 어디에서 또다시 만날 수 있단 말인가?" 지금도 금강산이 나를 부른다.

다시 가고 싶은
금강산

유창근
㈜에스제이테크 회장
개성공단 기업인

그리운 금강산

　금강산을 유네스코 세계유산에 지정되도록 애쓰는 '금강산 지킴이' 심의섭 교수께서 금강산 회고록에 대한 원고를 의뢰했다. 개성공단 전면중단으로 위기에 직면한 회사를 정상화하기 위해 여유가 없는 상황이었지만, 거절하지 못한 것은 '다시 가고 싶은 금강산'에 대한 그리움 때문이다.

　금강산은 한민족의 자랑으로 중국의 시인 소동파, 스웨덴의 국왕 구스타프 6세를 비롯해 세계 많은 사람이 극찬을 아끼지 않은 명산이다. 일본화가 모리타 류코(守田龍光)는 "금강산 경치는 상상 이상이라서 화가 머리로는 도저히 구상할 수 없는 그림이다"며 금강산에 대한 감탄사를 남겼다.

　가곡 「그리운 금강산」은 한상억 시인께서 가사를 쓰고 최영섭 선생께서

18차 이산가족 이동 중 차로 변 푯말, 현대아산(주) 제공.

작곡을 했는데 가사의 한 구절 한 구절이 애절하기 그지없다. 이처럼 금강산이 우리 국민 마음속 깊이 자리한 것은 KBS가 6·25 11주년을 맞아 통일을 열망하는 국민의 뜻을 담아 제작한 「그리운 금강산」이 방송 전파를 타면서부터다. 이후 이 노래는 통일을 염원하는 대표 가곡으로 국민의 사랑을 받아 왔다. 지척에 두고도 북녘땅에 가지 못하는 안타까운 심경을 위로하기 위해 강화평화전망대와 인천종합문화예술회관에 노래비를 세워 놓았다. 한편 통일을 염원하는 상징적인 가곡임에도 불구하고 북측에서는 금지곡으로 지정돼 분단 아픔만큼이나 안타깝게 하고 있다.

여기에 더해 국민 관심이 더욱 쏠린 요인은 고 정주영 명예회장께서 문을 여신 금강산관광이다. 금강산관광은 세계적 관심을 받으며, 1998년 6월 정회장이 직접 통일소를 이끌고 판문점을 넘은 지 5개월 만에 이루어졌다. 지금도 통일 꿈을 싣고 동해항에서 '금강호'가 금강산으로 처음 출항하던 날의 기억이 생생하다.

1985년 전두환 정부에서 '남북이산가족 고향방문단 및 예술 공연단 교환 방문 행사'가 이루어졌을 때는 통일에 대한 기대보다 분단으로 헤어졌던 이산가족 만남에 관심이 더 많았다. 또한 '금강호'가 통일 꿈을 싣고 출항할 때는 독일처럼 우리에게도 통일이 이루어지기를 간절하게 소망했다.

금강산 가는 길

2004년 11월 '금강산관광 기념행사'에 개성공단 시범단지 입주기업 대표단 일원으로 초청받아 처음 금강산을 방문했다. 행사 초청을 받은 곳이 북측 땅이다 보니 처음 방북하는 사람들은 대부분 긴장하는 모습이었다. 하지만 이미 개성공단을 여러 차례 다녀온 나로서는 북측에 가는 두려움보다는 금강산 절경을 볼 수 있다는 기대로 설레었다. 다만 개성공단으로 가는 길처럼 비무장지대와 남북 군사분계선을 넘어야 해서 마음이 편치는 않았다.

남측 출입사무소에서 개성공단 방문 때처럼 신분 확인 및 세관검사를 마치고 남방한계선에 들어서니 3중으로 된 철책 사이로 군인들이 경계근무를 서며 우리를 지켜보고 있었다. 눈빛으로 안전하게 잘 다녀오라고 배웅을 하는 것 같았다.

우리 측 경계구역을 지나 북방한계선을 넘을 때는 북측 군인이 차에 올라와 인원을 확인하고 일일이 대조 조사를 했다. 개성공단을 오가며 여러 번 겪은 절차임에도 여전히 위화감을 느낄 수밖에 없었다. 또한 북측 출입사무소 수속은 모두 수작업으로 이루어져 남측보다 꽤 많은 시간이 걸렸다. 분단 이후 오랜 기간 닫혔던 장벽을 넘는 일이 쉬울 리 없겠지만, 그래도 관광 가는 길이 안보교육 현장을 방문하는 것 같아 아쉬웠다. 지금도 남북 군사분계선에는 많은 무기가 배치되고 남북 군인들이 빈틈없이 경계하고 있어서 분쟁 지역임을 실감할 수 있다. 물론 통일을 해야 실현할 수 있겠지만, 앞으로 금강산을 다시 간다면 모든 철책을 걷어 내고 국립공원에 들어갈 때처럼 입장료만 내고 들어가고 싶다.

금강산관광 기념행사를 주관한 현대아산은 2004년 6월 한국토지공사와 함께 개성공단을 공동 개발해 분양에 성공하자, 이봉조 통일부차관과 관계자, 김동근 개성공업지구 관리위원장, 개성공단 시범단지 입주기업 대표단을 특별 초청했다. 남북경제협력의 상징이 된 개성공단사업은 남북이 대치하고 있는 분쟁 지역에 '국제적 수준의 투자환경을 조성해 한반도 경제공동체를 건설해 동북아 경제 중심지로 육성하고자 하는 목표'로 개발한 사업이다. 현대아산은 개성공단 시범단지를 성공적으로 분양한 자신감을 갖고 6년 차에 접어든 금강산관광사업도 본격적으로 확대 발전시키려는 바람이 큰 것 같았다.

행사는 2004년 11월 19일부터 20일까지 1박 2일 동안 열렸다. 주요행사로 금강산 골프장 착공식, 금강산관광 6돌 행사, 신계사 대웅보전 낙성식이 열렸고, 부대행사로 금강산 등반, 금강산 겨울여행 사진 공모전, 금강산 야생화 사진전, 2004 금강산 사랑 바자회가 이어졌다.

각계에서 많은 인사가 참석해 축하와 격려를 아끼지 않았다. 주요 인사로는 열린우리당 배기선 의원(남북관계특위위원장), 한나라당 정병국 의원, 새천년민주당 김효석 의원을 비롯해 여야 18명의 국회의원, 프랑수아 데스쿠에트 프랑스 대사를 비롯한 13명의 주한 외교사절단, 신계사 복원 추진 위원장인 조계종 원로회의 종산 의장과 전국의 주요 사찰 주지스님, 한겨레문화재단이사장, 조성우 민화협 상임의장, 국제위기감시기구 피터벡 동북아소장, 도올 김용옥 선생, 유홍준 문화재청장, 고은 시인, 가수 이동원, 금강산 지킴이 심의섭 교수, 북측의 강광승 아시아태평양위원회 실장, 전영남 참사, 리덕수 금강산관광총회사 부총사장 외에 남북 많은 분이 참가해 남북이 화합하는 장을 만들었다.

현대아산은 1998년 11월 처음 금강산관광를 시작한 이래, 2004년 10월까지 총 80여만 명이 금강산을 다녀갔다고 소개하며, 이는 정부가 적극적으로 지원하고 국민 성원에 힘입어 이루어 낸 성과라고 감사 인사를 전했다. 현대그룹 현정은 회장은 기념사에서 고인이 되신 정주영 명예회장과 정몽헌 회장의 큰 뜻을 계승해 국가와 민족을 위해 금강산관광이라는 의미 있는 사업을 반드시 성공시키겠다는 강력한 의지를 표명했다. 더불어 이번 행사는 금강산관광사업이 제2의 도약을 시작하는 자리로, '금강산특구는 국제적 관광단지로 거듭나고 남북화합 및 평화정착에 더 크게 이바지할 것'이라고 했다. 이후 현정은 회장은 모든 사업이 중단된 상황에도 포기하지 않고 재개를 위한 만반의 준비를 하고 있어서 남북경협에 종사하는 많은 분이 늘 감사하는 마음으로 격려를 보내고 있다.

이봉조 통일부차관은 축사를 통해 "남북이 서로 신뢰하고 협력하면 우리가 소망하는 일이 이루어진다"면서 6·15 공동선언을 준수하고 이를 이행해야 함을 강조했다. 이 차관과는 금강산관광 이후 2014년 지병으로 세상을 떠날 때까지 계속 인연을 맺어 왔다. 특히 공직을 떠나 흥사단 도산통일연구소 소장으로 재직할 때에는 특별히 협조를 요청해 통일의 밑거름을 만드는 일에 작은 힘이나마 보탠 기억이 남는다.

2004년 11월 19일에는 금강산 골프장의 착공식이 고성봉 기슭에서 열렸다. 고성봉에서 보이는 금강산 최고봉인 비로봉은 한 폭의 그림처럼 펼쳐져 있고, 아래로는 파란 동해와 고성항이 한눈에 들어왔다. 착공식에는 현대그룹 현정은 회장을 비롯해 본 행사에 초청을 받은 대부분 주요 인사가 참석했다. 국회 남북관계발전특위 배기선 위원장은 "이제 골프공이 날아가듯이 우리 경협사업이 하늘을 향해서, 통일을 향해서 날아가는 계기가 될 것으로 믿습니다"며 격려를 해 주었다. 콜린 헤슬타인 호주대사는 골프코스가 환상적이라며 금강산의 아름다움에는 그저 말문이 막힌다며 놀라움을 금치 못했다.

골프장의 전체 규모는 종합레저기업 에머슨퍼시픽이 고성봉 일대 50만여 평 구릉지에 18홀 규모로 골프장을 건설하고, 현대아산은 온정각 앞 10만여 평 부지에 9홀 규모로 총 1천억 원 정도를 투자해 골프장을 조성하기로 했다. 현대아산이 금강산관광사업 초기부터 추진해 온 골프장 사업은 순탄하게 진행되지 못했다. 정주영 명예회장과 정몽헌 회장이 타개하면서 사업이 최대 위기를 맞았다. 앞을 내다볼 수 없는 남북관계와 국내외 사업 변화로 현대그룹 내에도 커다란 시련이 있었지만, 현대아산은 포기하지 않고 아무도 가지 않은 길을 홀로 개척해 왔다.

다시 가고 싶은 금강산

일정 중 금강산 산행에 기대가 컸다. 특히 우리나라 3대 폭포 중 하나인 구룡폭포와 '나무꾼과 선녀' 전설이 깃든 상팔담을 볼 생각에 정신없이 올라갔다. 그때 관광객인 듯한 사람이 "이곳에 경주하러 왔나?" 하며 "이곳의 돌과 물, 그림 같은 경치 어느 하나 그냥 지나칠 수 없는 소중한 것입니다"라며 안타까워하셨다.

인사를 나누면서 알게 된 그분은 '금강산 지킴이' 심의섭 교수였다. 그날 심 교수는 금강산을 함께 오르며 길잡이를 해 주었다. 심의섭 교수는 '남북 교류와 사람들'이라는 인터뷰에서 금강산 지킴이가 된 계기를 이렇게 설명했다.

"금강산관광이 허용되던 시기에 북측을 좀 더 알고 통일을 앞당기기 위해서는 우리가 뭔가 알아야 한다고 생각했습니다. 그런데 현실적으로 우리가 아는 교육 현장은 금강산밖에 없었습니다. 통일을 앞당기기 위해 2001년에 '금강산을사랑하는범국민연대'를 발족했습니다. 이를 통해 금강산관광 캠페인을 벌였고, 2003년부터는 이름을 바꿔서 '금강산사랑운동본부'로 활동했습니다. 당시 우리를 지지하는 분들은 금사모라고 불렀으며, 우리는 다른 누구보다 금강산에 애정과 관심을 기울였습니다. 이후에도 뜻을 같이하는 분들이 참여하게 됐습니다."

심교수의 설명과 함께 신계천 계곡을 따라 올라가며 주위를 보니 조금 전까지도 보이지 않던 아름다운 금강산 절경이 눈에 들어오기 시작했다. 오른쪽으로는 맑고 깨끗한 계곡 물이 흐르다 지친 듯 잠시 머물며 못을 이루고, 왼쪽으로는 여러 봉우리가 어우러진 모습이 장관이다. 산굽이를 돌아 오르니 회상다리가 나왔다. 그곳에서 위를 보니 아름다운 경치가 그림처럼 펼쳐진다. 거북선바위를 지나니 개구리바위가 기다리고, 조금 더 오르니 산삼과 녹용이 녹아내렸다는 삼록수가 반긴다. 삼록수를 손 그릇으로 떠서 마시니 피로가 싹 가시며 힘이 솟는 듯하다. 만경다리를 건너 잠시 쉬면서 세존봉을 바라보니, 사람이 먹는 물에서 목욕해 벌을 받고 상제의 관을 빼앗겼다는 전설의 옥황상제바위가 보였다.

금강문은 금강산의 관문으로, 이 문을 통과하면 지금까지와는 다른 금강산 최고의 경치를 볼 수 있다. 김일성도 이곳에 와서 "이 금강문을 지나야 금강산 맛이 납니다"라고 말할 정도여서 이를 기념하는 표지비도 세웠다고 한다. 금강문을 빠져나가니 방아 찧던 토끼가 금강산 절경을 보러 왔다가 경치에 취해 바위로 변했다는 토끼바위가 있다. 금문교와 백석담을 지나자 수정같이 맑은 물이 흘러내리는 옥류동 아름다운 경치가 들어온다. 천화대와 옥녀봉의 아름다운 모습을 감상하며 아래를 보니 옥류담이 맑은 물을 담고 있다. 옥류담은 금강산의 소 중 가장 크다. 옥류동을 지나니 연주담이 맑은 물을 담는다. 연주담을 지나 건너편을 바라보니, 세존봉이 하늘에 닿아 있다.

세존봉 아래로 뻗은 바위벽을 타고 흰 물줄기가 흐르는데, 금강산 4대 폭포로 꼽히는 비봉폭포라고 한다. 봉황담 위쪽에는 물보라를 뿌리는 모습이 봉황이 춤추는 듯하다고 이름 지어진 무봉폭포가 장관을 이룬다. 무봉폭포를 지나 무룡교를 건너니 은사류가 보이고, 조금 더 올라가니 수렴폭포가 보인다. 수렴폭포를 지나자, 구룡폭포가 위용을 드러낸다. 구룡폭포는 거대한 암벽을 타고 흘러내리는 폭포다. 폭포 아래에는 깊이가 13m나 되는 구룡연이 똬리를 틀고 앉아 있다. 구룡연에서 끓어 솟구쳐 오른 폭포수는 다시 곡선을 이루며 환상적인 공연을 하는 듯하다. 구룡폭포는 비로봉에서 시작해 구담곡을 지나 상팔담을 흐르는 웅대하고 아름다운 폭포다.

구룡폭포의 장관을 보며 땀을 식힌 뒤, 연담교를 건너 구룡대로 향했다. 급경사인 계단을 오르다보니 힘들다. 아래로는 삿갓봉을 휘몰아 흐르는 물줄기가 보인다. 물줄기는 넓고 큰 바위 사이로 난 물길을 따라 흐르며 못을 만들고 잠시 멈췄다가는 다시 흐른다. 못은 여덟 개나 되는데 모양이 다 다르다. 금강산에는 팔담이 두 곳이 있는데, 이곳 팔담을 구룡폭포 위에 있다고 해서 상팔담이라 하고, 내금강의 만폭동 구역에 있는 팔담을 내팔담이라고 한다. 구룡폭포 위에 솟은 산봉우리와 깊은 골짜기를 흐르는 물줄기와 팔담은 급경사 계곡 양편에 솟은 각양각색의 바위와 선계에서나 볼 수 있는 조화를 부린다. 구룡연코스를 내려오는 길에 맛이 일품이라고 자랑하는 목란관에서 평양냉면을 먹고, 휴식을 취한 다음 금강산을 올려다보니 다른 모습으로 다시 오라고 손짓한다.

그날 이후, 금강산은 내 마음속 깊은 곳에 자리를 잡았다. 지금도 다시 가고 싶은 마음이 간절하다. 그 간절함이 어찌 금강산의 경치 때문만이겠는가? 금강산은 통일을 열고, 남북이산가족을 만나게 하고, 전 세계인을 초청해 한반도를 동북아 평화거점으로 만드는 디딤돌이 되기 때문에 더 간절함이 깊어지는 것이리라. 나는 글을 준비하면서 아내와 함께 금강산을 관광하며 느꼈던 기행문을 남기고 싶었지만, 행사 탐방기로 소회를 남긴 것은 개성공단처럼 중단된 금강산관광이 하루빨리 재개되고 남북경협이 다시 살아나기를 바라는 마음이 간절하기 때문이다. 그리고 지금도 금강산관광 기념행사장에서 만났던 많은 분과 인연을 함께하고 있다. 앞으로 금강산을 지키려고 애쓰시는 분들과 한반도 통일과 금강산을 지키기 위한 활동을 함께하고 싶다.

사진제공: 이정수

3장

금강산
사랑

금강산은 평화의 못자리였다

-금강산사랑운동 회고

심의섭

명지대학교 명예교수

전 금강산사랑운동 상임공동대표

　이 글의 제목 '평화의 못자리'는 논농사의 못자리에서 따온 것이다. 금강산 사랑은 내 생애 최대의 보람이었다. 우리 역사에 조금이라도 보탬이 되고자 '금강산사랑운동'에 온갖 노력을 기울여 왔다. 내가 늦깎이로 통일운동, 금강산 사랑운동에 참여한 것은 통일의 토양에 퇴비와 같은 보탬이 되고자 하는 마음에서 비롯됐다.

　이제 남북분단의 공고한 통한의 벽에 '금강산사랑운동'으로 조그만 구멍을 내고자 한 자전적 활동 이야기를 몇 개씩 정리해 보고 싶다. 먼저 '금강산사랑운동'을 평가하여 보고, 학자로서의 '나의 금강산사랑 활동'과 '나의 금강산관광 낙수'로 이어 보려 한다.

통일의 노래
「그리운 금강산」

금강산을 상징하는 노래인 「그리운 금강산」의 수정된 가사를 알리고 싶다. 다 아는 이야기지만 국민 애창곡 「그리운 금강산」 원가사 일부가 민족 화합에 도움이 안 된다는 논란이 있어서 가사 일부가 수정되었다. 하지만 아직도 이전 가사로 노래를 부르는 현실이 있어 안타깝다.

「그리운 금강산」

(한상억 작사/최영섭 작곡, 발표 1961, 수정 1972, 괄호 안은 이전 가사)

1.

누구의 주재런가 맑고 고운 산
그리운 만이천봉 말은 없어도
이제야 자유만민 옷깃 여미며
그 이름 다시 부를 우리 금강산
수수만년 아름다운 산 못 가본(더럽힌) 지 몇몇 해
오늘에야 찾을 날 왔나
금강산은 부른다

2.

비로봉 그 봉우리 예대로 인가(짓밟힌 자리)
흰 구름 솔바람도 무심히 가나

발아래 산해만리 보이지 마라
우리 다 맺힌 슬픔(원한) 풀릴 때까지
수수만년 아름다운 산 못 가본(더럽힌) 지 몇몇 해
오늘에야 찾을 날 왔나
금강산은 부른다.

　이 노래는 1972년 남북적십자회담이 진행되자 남북 화해 분위기 속에서 많이 불려 국민적인 가곡이 됐다. 1985년 남북이산가족 고향 방문 예술단 교환 공연에서도 부르자 북측 관객이 기립박수를 보냈다. 그러나 '더럽힌 지 몇 해', '우리 다 맺힌 원한', '더럽힌 자리', '발아래 산해만리 보이지 마라, 우리 다 맺힌 원한 풀릴 때까지'라는 가사가 북측 정권에 대한 적대적인 감정을 드러내고 있어 민족 화합 조성에 적합하지 않다는 지적이 있었다. 그 후 가사를 수정해 '더럽힌 지 몇 해'를 '못 가본 지 몇 해'로, '우리 다 맺힌 원한'을 '우리 다 맺힌 슬픔', '짓밟힌 자리'가 '예대로인가'로 부르고 있다.

　이처럼 냉전 시기를 반영한 원 가사를 1972년 남북공동성명과 남북적십자회담 등으로 이어지는 남북 화해 분위기에 맞추어 작사자인 한상억이 개사했다(1985년 남북예술공연교환행사 때 개사한 것이 아님).

　작곡자인 최영섭 선생의 소회에 따르면 개사곡에 대한 일화가 있다. 1985년 남북이산가족상봉 시 평양에서의 남북 예술 공연 때 어느 성악가가 이 노래를 불렀다. 그녀는 고친 가사대로 연습은 했지만 모란봉극장 무대에서는 '짓밟힌 자리', '우리 다 맺힌 원한', '더럽힌 지 몇몇 해' 등 원래 가사대로 불렀다고 한다. 그녀가 6·25 때 아버지를 따라 월남한 사람으로서

금강산 동석동 집선봉, 이정수 제공.

평안남도에서 당했던 과거의 고통이 생각나 개사한 가사대로 부르지 않았다지만, 남북 당사자 간의 약속을 어긴 돌발 상황이라서 관계자들을 당황하게 했다.

'금강산사랑운동' 약사

'금강산사랑운동'을 함께한 동지들을 떠올리며 기록에 남기고 싶은 분들이 많다. 이 운동을 처음부터 끝까지 앞장서서 이끌어 준 김규철 선생과 조항원 선생, 탁본에 얽힌 사연으로 남다른 일화를 가진 고 임병규 남양주향토박물관 관장, 개방된 금강산 곳곳을 필생의 사업으로 여기고 사진으로 남기신 이정수 사진작가, 금강산 지역 주민들 치아관리를 하며 주야장천 빨간 넥타이를 매고 다닌 고 이병태 박사, 항상 지도와 참여에 열정을 아끼지 않은 전숙희 박사와 백관석 선생, 금강산 사업의 처음부터 끝까지 실무 현장에 있었던 역사의 증인 심상진 교수, 그리고 현대아산의 임직원과 수많은 금강산 사랑 NGO 활동가들에게 감사한 마음을 남기고 싶다.

초기 '금강산사랑운동'을 펼친 NGO 단체는 '금강산을사랑하는범국민연대'로 2001년 2월 3일 출범하였다. 이듬해인 2002년 2월 7일에는 '금강산을사랑하는범국민운동본부'로 이름을 바꾸었고 2003년 3월 12일에 '금강산사랑운동본부'로 활동하다가 2007년 4월 6일부터 현재까지는 '금강산사랑회'로 활동하고 있다.

1) 금강산을사랑하는범국민연대

'금강산을사랑하는범국민연대(이하 금사연)'은 북측의 해금강 호텔에서 시민단체가 모여 '위기에 빠진 금강산관광 돌파구는 없는가?'라는 토론회와 함께 준비위원회(2001.2.3)를 구성하였다. 그리고 2001년 12월 3일 공식 발족하며 금강산사랑운동의 최전선 활동단체로 자리매김 되었다.

금사연은 2001년 12월 20일 서울 명동, 을지로 입구 등에서 전단을 나누어 주면서 '금강산 평화관광 살리기를 위한 국민청원 운동' 캠페인을 벌였다. 뒤이어 속초항 터미널에서 '금강산 평화관광 살리기를 위한 서명운동'을 하고 금강산으로 출발했다(2001.12.30). 캠페인은 남북측에서 같이 펼쳐졌는데, 북측에서는 금강산 온천장에서 캠페인을 벌인 후 '국민청원운동'을 하였다. 당시 금사연은 을지로 입구 사무실에 회원들이 정기적, 부정기적으로 회의를 진행하며 시기에 따른 금강산사랑운동을 전개했다.

이어 '금강산 평화관광 살리기를 위한 100만 명 서명운동'과 '금강산 평화관광 살리기 전국 버스 투어 출정식과 기자회견'을 개최하고 1차 광주 버스 투어(2002.1.18)를 실시하였다. 당시 정부의 '1·23 금강산관광 지원 방향' 발표로 '퍼주기 논란'이 한창일 때, 금사연은 이와 반대로 '평화 퍼오기'로 남북평화에 동참하라는 여론을 이끌었다. 또한 금강산관광 열기를 고조시키기 위해 금사연은 금강산에서 '평화 퍼오기' 사업의 일환으로 '제2회 국제 금강산 마라톤 대회'(2002.2.23)에 참여했다. 마라톤 대회에는 시각장애인 5명, 일본인 8명, 독일인 베르너 사세 유럽 한국학학회 회장 등 총 200여 명이 참가했다. 또 전국대학 과반학생회, 학회소모임, 동아리에서 '새내기 금강산관광단' 약 30여 명, 외국인 마라토너 11명을 포함, 약 220명이 대회에 참가했다. 마라톤 대회는 고성항에서 삼일포를 거쳐 온천장까지 달리는 하

금강산 직지찾기사이클 대회(2005. 8. 10), 현대아산(주) 제공.

프 코스(21.1㎞)와 고성항을 출발한 뒤 금강산여관을 거쳐 온천장까지 달리는 건강달리기 코스(10㎞)로 나누어 진행됐다.

2) 금강산을사랑하는범국민운동본부

'금강산을사랑하는범국민운동본부(이하 금사본)'는 2002년 2월 7일 창립되었다(상임공동대표 심의섭 명지대 교수). 금사본은 '금강산관광은 평화사업'이라는 측면에서 정부 정책을 촉구하는 활동을 주로 전개하였다.

'금강산 관광경비 보조대상을 확대 실시하라'(2002.3.12), '정부의 금강산 관광객 지원조치 환영한다'(2002.3.27), '축하엽서 보내기 거리 캠페인'(2002.4.16), '금강산 사랑우체국 설립과 남북이 참여할 수 있는 평화사업'(2002.4.21), '금강-설악권 연계 개발' 주장(2002.12.28), '금강산 사랑은 통일교육의 첫걸음'(2003.2.17)과 같은 주장과 활동을 했다.

3) 금강산사랑운동본부

좀 더 일반에게 친숙한 이름으로 활동하기 위해 위 '금사본'을 '금강산을 사랑하는모임'으로 개명하고자 준비위원회를 조직(2003.3.12)하고 5차례의 토론회를 개최했다.

1차 토론회는 「금강산관광사업의 현황」(현대아산 심상진 부장), 2차 토론회는 「금강산에 관한 전문가 이야기」(성남고등학교 한관수 선생)와 「환경 친화적인 금강산관광 개발」(경기대 관광학과 엄서호 교수), 3차 토론회는 「사진으로 본 아름다운 금강산의 사계」(이정수 사진작가)와 「화보로 본 금강산 기행」(리훈 교실련 상임대표), 「북측 환경관리원과의 사연」(임병규 남양주향토사료관 관장) 발표로 이어졌다. 4차 토론회는 「금강산관광사업과 민족경제 공동체」(심의섭 명지대 교수)과 「환경 친화적인 숙박시설과 금강산 모닝타운 조성 계획안」(김영일 효원물산 사장)을, 그리고 5차 토론회는 「통일교육과 분단 현장 체험장으로서의 금강산 역할」과 「금강산 황금화」에 대한 이야기 등을 다양하게 다루어 금강산 이해의 폭을 넓히고 활동과 역할에 대한 심도 있는 논의를 전개했다.

최종적으로 '금강산사랑운동본부(이하 금사운)'로 확정하고 창립총회를 개최(2003.4.24)하여 상임공동대표로 심의섭 교수가 선출되었다. '금강산을 유네스코 세계자연유산으로', '내년엔 평양 지하철에서 금강산사랑운동을 펼치겠다'는 희망을 발표하고, 6·15 3주년을 기념해 을지로 입구와 속초항에서 '열린 금강산길을 더 활짝 열자', '살아 있는 통일교육은 금강산에서'라는 캐치프레이즈로 그림과 사진을 전시하고, 축하곡을 연주하는 행사를 진행했다.

금사운 활동이 활발해지면서 총 50명이 참가하는 '2003금강산평화방문단 출정식(2003.6.24)'을 하고 '금강산 국제평화캠프장 추진 토론회'를 개최했다. 그리고 금강산관광의 저변 확대를 위해 '금강산평화사업 살리기 주식 갖기 운동'을 펼쳤다. 금강산사업 살리기 운동은 100일간 100만 명이 10주씩 500억 원 모금이라는 목표를 갖고 추진했다(2003.9.4). 마침 현대아산의 김윤규 사장은 현대아산 국민주를 공모하고 38만 주, 주당 5000원에 일반 공모(2003.9.9)를 발표하여 금사운은 명동에서 어깨띠를 두르고 '현대아산 주식 갖기 캠페인'(2003.09.29)을 실시했다. 이어서 금사운은 '평양 평화 방문단 출범식'(2003.10.6)을 하고, 1100명이 참여해 개성을 거치는 육로로 버스를 타고 '류경정주영체육관' 개관식(2003.10.9)에 참석했다.

금강산관광은 양적으로나 질적으로 발전했다. 금강산 당일 관광이 시작됐고(2004.6.15), 신계사 낙성식, 금강산 골프장과 온정 골프장 착공식, 온천공통수식(2004.11.19-20), 제1회 한민족 한마음 금강산 평화마을 입촌식(2004.12.10-12)이 이어졌다. 금강산관광 7주년 기념 토론회를 '남북평화사업인 금강산관광 7주년 · 회고와 과제'(2005.11.18)를 주제로 금강산 해금강호텔에서 개최했다. 정몽헌 회장 3주기 금강산 추모음악회도 참석했다(금강산 문화회관, 2006.8.4-6). 이렇게 활발하게 전개되던 금강산관광사업이 관광객 박왕자 씨의 총격 사망으로(2008.7.11) 전면 중단되어 오늘에 이르고 있다. 그 후 금사운 활동도 급격히 시들어, 그동안 활동에 열성적으로 참여했던 사람들이 모여 '금강산사랑회'를 조직하여 오늘에 이르고 있다.

주마등에 어리는 금강산사랑운동 사람들

금사연, 금사본, 금사운에 참여했던 분 중에 잊지 못할 분들이 많이 있다. 특히 김규철 선생과 조항원 선생은 금강산 운동을 주도적으로 이끌어 온 산 증인들이다. 그리고 고 임병규 관장, 고 이병태 원장, 이정수 선생, 전숙희 박사, 백관석 선생, 리훈 박사도 모두가 헌신적으로 참여했다.

김규철과 조항원은 금강산 운동을 기획하고, 추진하고, 평가하는 등 모든 분야를 주도했던 분들이다. 임병규 남양주향토사료관장은 금강산에 미친 사람이다. 금석과 탁본과 금강산 미술, 시문에 조예가 깊고, 금강산사랑 활동 중 북측 관광안내원과의 사연은 잊지 못할 것이다. 치과의사인 이병태 원장의 금강산 지역 의료봉사는 언제나 헌신적이었다. 이 박사는 서울대 치대를 졸업하고 대한치과의사학회 회장을 역임했다. 2001년 남북치의학교류협회를 창립하고, 2005년 금강산 온정인민병원에 치과를 개소하고, 2004년부터 2009년까지 60여 차례에 걸쳐 북측을 방문, 주민들에게 진료 봉사를 했다. 사진작가 이정수 선생은 금강산의 역사를 사진에 남기느라 금강산을 누구보다도 많이 찾아갔다. 전숙희 박사는 금강산관광과 통일교육에 진력하고, 백관석 선생은 불편한 몸으로 금강산을 찾아다니는 열성을 보여 주었다.

금강산사랑연대와 금강산사랑운동본부는 2001년부터 6차에 걸쳐 금강산평화방문단을 조직, 금강산을 방문했다. 리훈 박사는 조총련계 재일동포들의 금강산관광의 기회를 마련하는 역할을 했다. 리훈 박사가 주도해 재일본조선인총연합회(조총련) 동포 및 조총련 전향자 32명, 일본인 11명 등 총 43명이 2004년 5월 9일부터 13일까지 처음으로 금강산관광에 나선 것이다. 재일동포들도 이념을 떠나서 조국을 사랑하고 통일을 염원하는 마음으로 금강산과 진솔하게 대화하며 남북과 해외동포들의 간극을 좁혔다.

남기고 싶은 또 다른 기억은 국회 '새벽21' 단원들과의 금강산 답사(2002.1.18-20)다. 금강산관광 활성화 대책 마련을 위한 토론회가 고성항 호텔 해금강 회의실에서 열렸는데, 주최는 국회의원 모임인 '새벽21'이고 김성호, 송영길, 박인상, 장성민, 정범구 의원이 참가했다. 나와 유시민 박사, 이동원 가수, 이윤수 회장, 임을출 기자가 토론에 참가했다. 나는 「금강산 평화관광사업의 활성화 전략, 한반도 긴장 완화의 상징, 금강산관광은 계속되어야 한다」(2002.1.18)는 주제발표를 했다. 열띤 토론과 함께 참가한 국회의원들의 지성, 이성, 야성, 비전과 논리 등에 탄복했는데 왜 그들이 국회에서는 제 역할을 다하지 못하는지 알다가도 모를 일이다.

이 밖에도 성시일 교수의 금강산에서의 신혼여행 추억도 잊을 수 없고, 나의 은사님이신 지천 김윤환 선생님을 금강산에 모시고 갔던 것도 잊지 못할 추억이다. 학형 변형윤 선생님을 모시고 겨울철 천선대 얼어붙은 철제 계단을 앙금엉금 기어오르던 기억도 가물거린다.

천선대에 오를 때 '언제 다시 올 수 있을까?' 생각하면서, 눈보라와 진눈깨비를 맞으며 계단가이드를 팔로 껴안고 오르다가 기이한 경험을 했다. 천선대 바위틈에 이름이 적힌 종이가 붙어 있는 것이 보였다. 자세히 보니 이전에 왔을 때 등산 가방에 붙였던 아내의 이름표다. 바위에 얼어붙어 있는 이름표를 잡으려 했지만, 손이 닿지도 않고 위험해서 떼려야 뗄 수도 없었다. 이게 무슨 조화란 말인가? 무섭기도 하고 신비하기도 했다. 항상 천선대를 오르는 것처럼 매사에 조심하고 조심하라는 아내의 소망처럼 느껴졌다.

학자로서의 금강산사랑 활동

금강산은 알면 알수록 우리나라의 보물일 뿐만 아니라 인류의 보물이다. 이러한 금강산과 한국의 통일에 대한 학술적 연구와 홍보가 매우 부족한 상황이다. 나름대로 정성을 들였지만 이제는 시간의 제약을 통탄할 뿐이다. 그래도 희소성 때문인지 나의 논문과 저서가 외국에서 많은 관심을 가지는 데에 자부심을 느낀다.

현재 설악산은 유네스코 세계유산 등재 잠정목록에 올라 있고, 북측 금강산은 세계복합(자연+문화)유산 등재 잠정목록에 올라 있다. 설악산과 금강산을 세계유산으로 올리기 위한 활동을 남북측이 합동으로 추진하는 것이 바람직하다.

1) 학자로서 금강산사랑 활동

학자로서의 나의 금강산사랑 학술활동은 학술지와 학술대회에서의 논문 발표, 저서, 논설, 그리고 미디어 등으로 나누어 볼 수 있다.

금강산사랑과 관련하여 5편의 논문을 학술지에 발표했다. 2003년 9월 일본의 북해학원 동북아연구교류센터에서 환일본해학회와 한국동북아경제학회 공동학술대회에서 일문과 영문으로 작성해 발표했다. 2004년에는 연변경제학회지와 중국 길림대학 교육부동북아중점연구기지에서 중문으로 발표했다. 그리고 중국어 논문을 중국의 어느 재경대학에서 판권을 달라고 해서 허락했는데 아직 책자를 받아보지 못해 출판 여부가 확인이 안 된다.

학술대회 발표 중 기억에 남는 것은 유네스코 한국위원회가 주최한 금강산과 세계유산 세미나에서 발표한 「금강산의 세계유산등록, 이제 시작할 때이다」 논문이다. 칼럼으로서 남기고 싶은 것은 「통일세대, 그대 떠나라! 금강산으로」(동국대학교신문, 2002.4.15), 그리고 「통일교육 따라잡기 금강산사랑운동」(전교학신문, 2003.2.17)과 신문 인터뷰 등이 있다.

방송으로는 국내 MBC, SBS, KBS, YTN, 매경TV, 평화방송, 국군의 방송 등에 자주 출연했으며, VOA(Voice of America; 2004.10.8; 2006.11.28)에도 두 차례 출연했다. 저서로는 명지대학 출판부에서 펴낸 『북한경제와 금강산』(2005.2)

과 『한반도 경제이슈: 금강산관광과 한류』(2006. 2), 그리고 『평화시대의 금
강산관광과 북한경제』(평화연대 평화연구소, 2006.2)가 있다. 모두 안 팔리는 책
이었지만, 『평화시대의 금강산관광과 북한경제』는 당시 한국에서 이 분야
의 유일한 책이었다. 외국 도서관에서 비치용으로 개별주문이 와서 약 60
권 정도를 발송한 기억이 있다.

2) 금강산사랑 보도자료

다음의 언론 인터뷰와 기고문은 당시 상황을 이해하기 위한 참고자료이다.

「'금강산을 사랑하는…' 공동대표 심의섭 교수」*

"금강산을 평화관광지대로 만듭시다! 금강산을 육로로 찾아갑시다! 금
강산관광은 특정기업의 수익사업이 아니라 평화와 통일의 뱃길입니다!"

금강산을사랑하는범국민연대(이하 금사연) 공동대표 심의섭 명지대 교수
(경제학·경실련 통일협회운영위원장)는 이렇게 운을 떼며 금강산관광의 중요성을
역설했다. 그는 "금강산관광은 단순한 관광이 아니라 민족화해를 위한 평
화관광"이라며 "한반도의 평화공존을 원한다면 금강산에 가야 한다"고 목
소리를 높였다. 이어 금강산사랑은 남북의 분단을 뛰어넘는 '하나 되기 운
동'이라며 금강산사랑 운동에 동참할 것을 권유했다.

심 교수가 금강산을 통일체험의 학습장으로 활용해야 한다고 주장하는
이유도 여기에 있다. 그는 "평화 차원에서 남북측 민간교류와 평화통일교

---

* 출처: 전교학 신문, 2003.2.17.

금강산 청년역 남북철도연결식 북측 주민 축하장면, 현대아산(주) 제공.

육 장소로 금강산만 한 곳이 없다"며 "졸업여행 수학여행 대학 MT 등을 금강산으로 떠난다면 학생들에게는 건전하고 보람 있는 기회가 될 것"이라고 말했다.

그러기 위해서는 금강산관광 개발에 세심한 관심을 기울여야 한다며 쓴소리도 아끼지 않는다. 지난해 현대아산은 금강산에 면세점 골프장 해수욕장을 잇달아 개설하고 향후 스키장 카지노 영업도 할 계획인 것으로 알려졌다. 심 교수는 "위락시설을 준비하는 현대아산의 방침을 상업적인 측면에서 어느 정도 이해한다"며 "누적된 적자를 메우고 더 많은 관광객을 유치하기 위한 영업방침에 따른 것이라는 점도 어느 정도 수긍한다"고 전제했다.

하지만 그는 금강산관광은 평화사업이라고 힘주어 말했다. 따라서 면세점 및 카지노 설치보다 금강산에 평화관광-문화관광의 인프라를 먼저 구축해야 한다는 게 그의 주장이다. 심 교수는 "현재의 금강산 시설은 물론 앞으로 계획 중인 시설 중에서 청소년-대학생들을 위한 공간이 전무하다."면서 "현실적으로 보더라도 청소년 캠프장이나 MT 모임을 할 수 있는 동아리 방 하나 없는 금강산에 찾아올 청소년이나 대학생이 어디 있겠나?"라고 반문했다. 그는 이어 "해금강호텔, 설봉호 선내는 입시 지옥에 시달리는 청소년들에게 또 한 번 감금하는 곳이라는 인상을 주고 있다"며 "이 상태에서 청소년들의 수학여행과 동아리여행 장소로 금강산은 수준미달"이라고 평가했다.

심 교수는 "청소년들은 앞으로 우리 민족을 이끌어 갈 세대이며 평화통일을 달성할 세대이므로 이 점에 착안한 시설을 갖춰야 한다"며 "금강산에 소비 지향적-향락적인 놀이 시설을 갖추기에 앞서서 건전한 오락-문화, 평화관광의 인프라를 구축해야 한다"고 충고했다. 또 시설 못지않게 청소년을 위한 프로그램 개발도 필요하다고 덧붙였다.

마지막으로 "청소년들이 편안하게 금강산을 즐기기 위해서는 육로관광 실현이 시급하다"고 강조하면서 "또 한편으로는 금강산을 남북측 주민이 자유롭게 여행하고 상봉할 수 있는 '평화관광지대'로 승격시키기 위한 노력을 쏟아 붓고 있는 중"이라고 밝혀 인터뷰 마지막까지 금강산에 대한 그의 집념을 확인할 수 있었다.

「금강산 사랑운동 펼치는 심의섭 상임대표」*

1998년 11월 금강산관광의 문이 열린 지 얼마 되지 않아 관광 자체가 중단될 위기를 맞은 적이 있다. 당시 통일 대장정의 일환인 금강산관광이 중단된다는 것은 통일을 그만큼 더 늦어지게 만드는 것이라는 뜻을 같이한 지식인들이 금강산 찾아가기, 말하자면, '금강산사랑운동'을 펼치기 시작했다. 그곳에 바로 심의섭(60) 금강산사랑운동본부 상임대표가 있었다.

"금강산이 다른 곳에 있다면 그곳을 찾아가기는 쉽지 않을 것입니다. 우리 곁에 있기에 우리가 잘 지켜 인류에게 보여 주고 자랑해야 하는 것 아닙니까?"

심 대표는 최근 금강산을 유네스코 세계문화유산으로 등록해 금강산이란 '겨레의 보배'를 온 누리 사람들이 함께 아끼고 사랑하자고 주장한다.

현재 북측은 개성 역사지구, 평양 역사지구, 칠보산, 구장지역 동굴, 금강산 및 인근 역사유적(복합유산), 묘향산 및 인근유적(복합유산) 등 6가지를 세계문화유산 잠정목록에 올려놓은 상태다. 비록 북측은 금강산의 세계문화

---

* 출처: 통일한국, 2004.11.

유산 등록에 대해 부정적인 반응을 보이지만 심대표의 금강산 사랑은 끝이 없다.

그는 "금강산은 명산이기도 하거니와 통일의 성지로서 그 역할도 중요하다"며 "금강산의 자연과 역사, 문화 등을 함께 다룰 수 있는 금강산 디지털 센터나 금강산 박물관 건립을 준비하고 있다"고 금강산에 대한 국민의 적극적인 관심과 참여를 당부했다.

「금강산관광 빠르게 변하고 있다」*(기고문)

소위 김윤규 파동으로 지난 70여 일간 금강산관광의 파행적 운영에 따른 손실은 남측이 100억 원, 북측은 20억 원에 이른 것으로 분석되고 있다. 2005년 8월, 4만 3000명에 이르렀던 관광객을 하루 관광객 600명으로 제한하자 10월에는 1만 6000명으로 줄어들었기 때문이고, 그 후유증은 아직도 남아 있다.

나는 금강산관광 7주년 기념식에 NGO 초청인사 자격으로 금강산을 다녀오면서 새로운 감회를 맛보았다. 7년 전 해로관광 때에는 13시간을 항해하고서야 도착했던 금강산은 이제 서울에서 버스로 4시간 남짓이면 갈 정도로 가까워졌다. 당시는 편의시설도 없어 도시락을 들고 감격에 겨워 산에 올랐지만 지금은 호텔과 음식점, 공연장 등 각종 관광시설이 들어서 관광객들은 남측의 명소를 찾은 듯 자연스럽게 볼거리, 먹을거리를 즐기고 있을 정도로 변했다. 10여 개월 만에 찾은 금강산은 너무 빠르게 변하고 있었다. 1년도 안 되는 사이에 많은 변화가 있었는데 그중에서 두드러진 것

---

* 출처: 대자보, 2005.11.21.

몇 가지를 생각해 보면 다음과 같다.

① 도로가 아스팔트로 해금강 주차장까지 완벽하게 포장됐다. 통행 차량이 많아져서 통관 시에 60여 대의 차량이 길게 늘어서서 대기하는 모습은 감개무량하기까지 했다. 온정각 앞 도로에 차량이 많을 때에는 현대아산 직원이 교통정리도 해 주고 있어서, 평양의 길거리보다 차가 많아 보인다는 농담도 나올 정도였다.

② 온정각 관광지에 시설물이 많이 들어서고 넓어졌다. 금강패밀리비치 호텔, 구룡마을, 온정각 동관, 옥류관이 완공되어 운영되고, 이산가족 면회소, 골프장, 신계사 본당과 요사채가 한참 공사 중에 있었다.

③ 북측 봉사원들의 태도가 많이 달라졌다. 북측 식당의 음식 서빙 태도가 국제수준에(?) 근접하고 있을 정도이고, 한복만 연상되는 북측의 아가씨들이었지만 공연단원들의 세련된 양장 차림은 남남북녀를 한층 업그레이드시키는 것이었다.

④ 신계사 부근과 청터 솔밭에 죽은 소나무를 보면서 소나무 에이즈라는 재선충인가 의심했지만 솔잎혹파리의 피해라고 해서 천만다행이었다. 다행히 남북 강원도의 공동방재사업으로 제압됐다니 불행 중 다행이다. 또한 7년 전과 비교하면 메아리가 살 수 없어 떠났던 민둥산에 이제 솔씨가 많이 붙었으며 마치 옛날 까까머리 초등학생들의 머리가 이발할 때 쯤 된 것 같아 산의 정기를 붙들어 놓고 있었다.

⑤ 출입국 관리가 이제 한 장의 카드로 처리될 것이며 군사분계선 통과 시에 북측 군인이 버스에 올라타서 임검하던 절차가 없어져서 그렇게 쌀쌀맞던 그들의 태도도 이제는 아련한 추억거리로 사라졌다. 초병 초소가 콘크리트로 만들어졌고, 초병 숫자도 적어진 것 같고, 그들의 눈초리도 다소

부드러워진 느낌이었다.

반면에 좀 아쉬운 것은 이런 것들이다.

① 비무장지대에서 철책과 지뢰를 어렵게 제거한 사실과는 동떨어지게 관광도로 양옆에 완벽하게 이어지는 철조망 때문에 쓴웃음이 절로 나왔다. 또한 온정리, 봉하리 마을을 버스로 이동할 때는 그들의 생활을 엿보고 싶어서 '첫날밤 문풍지를 찢고 신방을 들여다 볼 때'처럼 야릇한 기대감을 갖고 있었는데, 육중한 콘크리트 담장이 여지없이 막아 버렸다. 철조망과 담장이 없어질 때 진정한 통일의 길로 접어들 것이다.

② 온정각 면세점의 물가가 너무 비싸다는 중평이다. 물론 각자의 주머니 사정에 달렸겠지만 관광객들이 들고 다니는 보따리가 너무 가벼워 보였다. 풍성하게 몇 개씩 들고 다니던 그때가 그립다. 앞으로는 속초, 강릉 주민들이 금강산으로 먹을거리 쇼핑을 하러 가는 장터가 됐으면 좋겠다.

③ 한국 관광객 중심으로 이어지는 관광사업은 진정한 관광특구 사업이 아니다. 외국 관광객이 주류를 이루어야 한다. 왜냐하면 금강산 관광객이 100만 명을 돌파하면서 이제 자발적인 풍치관광은 한계에 이르렀다고 볼 수 있기 때문이다. 삼각산이 서울에 있어도 서울 사람이 다 삼각산을 가는 것이 아니기 때문이다. 새로운 관광 국면의 전개를 위해서는 한국 돈과 북한 돈도 함께 사용하고(?) 북측 주민들도 우리와 함께 관광하는 시기를 앞당기는 노력을 남북이 함께 기울여야 할 것이다.

끝으로 이번 행사 기간에 관광객 한 분이 유명을 달리했다. 긴급재난 시를 철저하게 대비해야 하겠다. 말하자면 공중보건시설을 보완하고 공의파견을 검토하고 소방차 배치도 고려해야 할 것이다.

8년차에 접어든 금강산관광! 필자에게는 실로 감개무량하다. 앞으로의

7년의 역사를 가진 금강산관광은 더욱 가속될 것이므로 그 변화를 가늠하기 쉽지 않을 것이다. 앞으로 금강산관광도 설악산이나 삼각산을 다니는 것처럼 보편화할 것이므로 특수 상황에서의 낭만은 서서히 사라져 가고 있다. 7년 전 관광 초기 주민들의 이상한 짓들(쑥떡주기, 돌멩이 던지기, 침 뱉기 따위)은 이미 사라졌고, 우리 관광객들이 불편하게 느꼈던 담배 피우기, 노변 방뇨, 휴지 버리기, 가래 뱉기 따위도 이제 금강산에서 사라졌다.

누가 뭐래도 금강산관광이 통일을 앞당기고 있다. 2005년 한 해에 9만 명이 북측을 왕래했는데 이는 과거 50년간 남북을 왕래한 인원수와 같다. 이 순간에도 남북경제 공동체는 실현되고 있다. 11월 19일자로 114만 명이 금강산을 관광했단다. 작금의 금강산관광 갈등이 사라지면 '비 온 뒤에 땅이 굳듯'이 남북경제 공동체는 더욱 전진할 것이다.

다시 '금강내기'를 맞고 싶다

금강산의 돌개바람인 '금강내기'는 유명하다. 특히 봄날의 돌개바람에 대한 이야기가 많다. 돌개바람을 회오리바람이라고도 하는데 돌개바람은 주로 햇살이 비치는 맑은 날에 만들어지는 상승기류이다. 땅 위의 뜨거운 공기가 위에 있는 차가운 저기압 공기를 만나면 소용돌이를 만들면서 급속히 위로 올라가는데, 공기 전체가 깔때기 모양의 굴뚝이 되는 것이다. 울릉도에서는 해상에서 이는 돌개바람의 물기둥을 '용오름'이라고 부른다.

금강산 설화에 따르면 구룡폭포의 이름도 돌개바람에서 연유한다. 구룡

정몽헌 회장 금강산 추모비, 현대아산(주) 제공.

폭포의 줄기는 하늘로 날아오르는 용의 몸짓으로 느껴진다. 설화에 따르면, 그 연못의 용은 아홉 가지 조화를 부리는데 흰 물살을 용처럼 보이게 하는 것, 물 떨어지는 소리가 신비한 것, 돌개바람이 부는 것, 번개가 치고 비가 오는 것 등이다. 또 아홉 마리의 용이 있다 하여 폭포는 구룡폭포, 그 밑의 담소는 구룡연이라 했단다.

나는 금강산에서 두 차례나 금강내기를 경험했다. 첫 번째는 '금강산관광 6돌맞이 신계사 대웅전 낙성식 및 골프장 착공식'(2004. 11. 9)에서의 경험이다. 이 행사에서 주한 태국대사가 준공 축하 예불을 하고 나올 때 갑자기 돌개바람이 불어서 행사장의 천막을 흔들고, 사찰의 귀머리 풍경이 요란하게 울리며 천막을 걷어 내렸다. 마치 정주영 회장의 혼령이 돌개바람으로 변해 조화를 부리는 것 같아서 전율을 느꼈다.

또 다른 경험은 정몽헌 회장 3주기 금강산 추모식에서다. 추모식은 2006년 8월 11일 유가족과 친지, 현대그룹 임직원, 북측 인사 등 750여 명이 참석한 가운데 금강산 문예회관에서 거행됐다. "유분을 금강산에 뿌려 달라"는 고인의 유지에 따라 거행된 이날 행사는 오후 2시 30분부터 추도식과 유품 안치식, 추모비 건립식, 유분 뿌리기 순으로 2시간 30분가량 진행됐다. 추도식에 이어 온정각 맞은편 배 밭에서는 추모비 건립식이 거행됐다. 추모비는 높이 2.2m, 폭 3m의 화강암 재질이며 김용옥 교수의 헌사가 비문으로 새겨져 있다. 또 정 회장의 머리카락과 손톱 등을 담은 함과 시계, 안경, 가족사진, 명함, 책, 의류 등 유품이 추모비 뒤편에 마련된 석관에 안치됐다.

이 추모식에 참석하던 나는 또 한 번 돌개바람의 신비를 맞이했다. 고 정몽헌 회장과 추모시를 읊은 김용옥 교수는 모두 나의 고등학교 동문이어서 남다른 감회에 젖어 있었다. 추모비 제막식에서 나의 헌주 차례가 됐다. 등산화를 벗고 경건히 헌주를 하는데 갑자기 돌개바람이 일면서 비를 뿌려 잠깐 사이인데도 벗었던 신발 속에 물이 흠뻑 고였다. "이게 웬일인가? 아! 몽헌 회장의 혼령이 조화를 부렸음이 틀림이 없다." 이런 생각에 가슴이 철렁하면서 비 오듯 눈물이 흘렀던 기억이 난다.

금강산은
부른다

이정수
사진작가

금강산을 보지 않고는 천하의 산수를 논하지 말라는 말이 있듯이, 금강산은 계절에 따라 봄에는 금강, 여름에는 봉래, 가을에는 풍악, 겨울에는 개골산이라는 네 가지나 되는 이름으로 표현되는 개성이 강한 산입니다.

금강산은 강원도 내 고성군, 금강군, 통천군 등 3개 군을 포함한 남북 60km, 동서 40km, 530㎢의 면적을 지니고 있습니다. 그리고 다양하고도 웅장하며 수려하고도 기이한 천태만상의 자연은 세계적인 명산이라 말할 수 있습니다.

분단 반세기 만에 꿈에도 그리던 금강산 사진을 4계절로 촬영하게 된 것은 천운이라 생각합니다. 미술계에 종사한 한 사람으로 단원 김홍도, 겸재 정선, 근대화가 소정 변관식 등 수많은 화가의 그림에서 감명을 받고 그것이 동기가 되어 금강산 촬영에 임하게 되었습니다. 하지만 초창기에는 금강산을 촬영하기 위해서는 수많은 악조건과 싸워야 했습니다. 첫째는 시

만물상에서 촬영 중인 필자.

간과 빛의 싸움인데, 북한에서 배정해 준 한정된 시간 외엔 촬영이 허용되지 않는 점입니다. 둘째는 자유로이 다니면서 가장 좋은 촬영 장소를 물색하고 찾아야 하는데 특정한 지역 이외엔 허용되지 않는 점입니다. 셋째는 제한된 렌즈 이상은 사용하지 못하도록 규제하여 더 좋은 구도로 촬영하고 싶어도 할 수가 없었습니다. 정말로 모든 것이 그림의 떡이었습니다.

벌써 이십여 년이란 시간이 지났지만 1998년 11월 18일 자로 처음 출항한 금강호의 모습이 생생합니다. 이후 금강산 관광이 중단되기까지 십여 년은 어려운 상황 속에서도 100여 회가 넘게 오르며 민족 명산 금강산을 찍고자 하는 염원뿐이었습니다. 당시 북한에서 허락한 촬영 지역은 외금강내 해금강 - 만물상코스 - 구룡연코스 - 동석동 - 세존봉코스뿐이었습니다. 하지만 제한된 여건으로 만족할 만한 사진을 쉽게 얻을 수는 없었습니다. 그리고 계절별로 금강산을 자주 가다 보니 북한의 안내원이 "이 선생님 한번 찍으면 그만이지 자꾸자꾸 찍어다 무엇에 쓰느냐?"며 독촉하기 일쑤였고, 장전항이나 해금강 지역에선 북한 안내원이 일일이 렌즈 화각을 확인하고서야 찍을 수 있었습니다.

그런 동안에도 민영미 사건, 서해교전사건, 현대의 재정난 등으로 금강산 관광이 중단될지도 모르는 상황에 부닥치게 되자 조바심에 더욱더 촬영에 몰두하게 되었습니다. 더욱이 20kg 이상 되는 카메라 가방을 등에 지고 상팔담이나 만물상, 고도 1,200m의 세존봉 등을 오르는 산행은 체력의 한계마저 느끼게 했습니다. 하지만 그렇게 수십 번의 산행과 고난으로 얻어진 성공적인 몇몇 장면은 잊지 못할 추억이며, 새삼 감회가 새롭습니다. 이런 금강산이 온 국민의 소망인 화합과 평화통일의 초석이 되어 역사에 기록될 거라 믿습니다.

이 자리를 빌려 금강산 경협사업에 높고 깊은 뜻을 펴신 고 정주영 명예
회장님께 감사드리며, 금강산 관광사업에 온갖 노력과 열정을 쏟으신 고
정몽헌 회장님께도 삼가 진심으로 명복을 빕니다. 고인의 뜻이 헛되지 않
기 위해서라도 하루빨리 온겨레의 소원인 통일이 되기를 바랍니다. 개인적
으로는 금강산의 최고봉인 비로봉에 올라 자유로이 동서남북의 오묘한 빛
의 세계를 표현해 보고 싶고, 내금강과 북녘의 산하를 찍을 그날이 오기를
기원합니다. 하루빨리 금강산 관광특구가 재개되고 설악산 연계로 자유로
운 관광여행이 활성화되기를 바랍니다.

금강산박물관을
설립하자

임병규
전 남양주향토사료관장

넓어지는 박물관 개념

"박물관은 예술, 역사, 비술, 과학, 기술에 관한 수집품 및 식물원, 동물원, 수족관과 문화적 가치가 있는 자료, 표본을 각종 방법으로 보존하고 연구하는 한편 일반 대중에게 교육과 오락을 제공하기 위하여 공개 전시함을 목적으로 공공 이익을 위해 이룩된 항구적 시설을 뜻한다."

국제박람회의 헌장(ICOM헌장)은 박물관에 대해 이렇게 정의한다. 여기서 우리는 박물관이 수집, 보관, 전시, 연구라는 교육 활동을 매우 중요시하고 있음을 알 수 있다. 박물관에 대한 지금까지의 일반적 개념은 낡고 오래된 물건들을 진열하는 공간이다. 그러나 지금은 현대미술관, 과학관도 박물관 범주에 포함되듯이 수집한 물건을 전시하는 데 그치지 않고 교육과 관광, 오락에까지 그 영역이 넓어져 사회의 구석구석까지 영향력이 크게 미치고 있다. 기존의 역할 이외에도 다채로운 각종 행사와 폭넓게는 음악회, 연극

공연을 비롯한 미술학교, 어린이 체험교실까지 개설해 좋은 반응을 얻고 있다.

박물관은 전시 내용물에 따라 종합박물관과 전문박물관으로 구분되며 현대에 와서는 전문박물관이 주된 흐름이다. 미술사, 인류사, 자연사, 민속사 같은 전문박물관은 물론 체신, 교통, 의학, 서도 분야로 더욱 세분화한 박물관이 생기기도 한다. 현대는 경제사회의 구조에 따라 생활 역시 세분화해 가고 있는데 이에 따라 사회교육은 물론 학교에서도 실제를 추구하는 박물관 학습이 필요하다.

금강산이라는 관광지

사전에서는 관광을 자신이 사는 지역 이외에서 풍광, 풍속, 문물, 제도를 유람 시찰하는 것이라고 정의하며, 관광지를 대체로 다섯 가지로 나눈다 (이난영, 『박물관학입문』, 삼화출판사, 1981).

첫째, 천연 아름다움과 자연의 신비성을 지녀야 한다.
둘째, 관광객을 끌어들일 수 있는 제반 편의시설을 갖춤으로써 다시 찾을 수 있는 관광지여야 한다.
셋째, 역사와 전통을 가진 사적지.
넷째, 풍물이나 특산물이 특이한 곳.
다섯째, 종교적 기적이 일어났던 성지로서 신앙심을 유발할 수 있는 곳.

이와 같은 관광지의 조건을 모두 갖춘 곳은 그리 흔치 않다. 관광 목적으로 동기를 몇 가지만이라도 충족시켜 줄 때 우리는 가장 이상적인 관광지로 평가한다. 인상 깊고 보람 있는 관광은 추억을 만들고, 나아가 더 많은 관광객을 유치하며, 반복적 관광을 기약할 수 있기 때문이다. 여기서 우리는 관광지로서의 다섯 가지 조건을 충족시킬 만한 곳을 냉철히 선택해야 하는데, 이 조건을 모두 갖추고 있는 우리나라 유일한 곳으로 금강산을 꼽아도 이의를 제기할 사람은 그리 많지 않을 것이다.

산도 많고 명산도 많습니다. 그러나 금강산처럼 온갖 조건이 갖춰지고 또 인류가 기대하지 못할 정도까지 가진 명승은 과연 세계에 둘도 없는데….

-최남선, 『금강예찬』, 동명사, 2000.

암석미의 극치이며 표현을 경멸하는 산수미의 위엄

-문일평, 『한국의 산수』, 신구문화사, 1974.

이처럼 입 모아 말하는 금강산이 관광지로서 충족하는 조건은 그 첫째가 천연 아름다움과 자연의 신비성이다. 금강산은 세계에서 어디를 둘러보아도 비교할 짝이 없고 견줄 데 없는 빼어난 아름다움이 있다. 천지간에 유일한 기적으로서 금강산이 우리에게 있다는 것을 자랑스러운 긍지로 여길 수 있는 산이다. 금강산을 가지고 있는 지금 우리는 아슬아슬한 슬픈 행복과 알뜰살뜰한 하늘의 은총을 동시에 누리고 있다고 할 것이다.

둘째, 관광지 시설에서 금강산 온정리에 어느 정도 제반 시설을 갖췄으나 숙박시설은 절대 부족하다. 아울러 지금 우리가 논의하는 박물관과 미술관, 식물원을 신설해야 한다는 문제도 있다. 이처럼 고급 관광을 위한 넓고 깊은 서비스가 필요하다. 온천장 2층에 있는 미술관은 관광객이 접근하기에 무리가 있으므로 박물관과 같은 위치에 두어 접근을 쉽게 해야 한다. 식물원은 소규모 온실로서 분재원과 금강산 자생 야생화 재배를 원칙으로 관광객들에게 서비스를 제공하였으면 한다.

셋째, 금강산은 발길 닿는 곳마다 유적지이나 제대로 그 장점을 살리지 못한 것이 유감스럽다. 앞으로 박물관 연구팀이 연구해야 할 과제이다. 감호에 대한 재조명, 적벽강, 삼일포 사선정, 봉래굴, 세조 행궁지, 신계사를 비롯한 사찰지, 암각문, 황장송 등 바로잡고 새로 의미를 새길 것들이 많다. 이들에 관한 올바른 정보를 제공해 금강산이 문화 유적으로 거듭날 수 있는 생동하는 이야기가 필요하다.

넷째, 금강산 특산품, 특히 북측 특산물은 관광 상품으로서 한계가 있으며 제품과 비교해 가격이 높다는 말을 많이 하고 있다.

다섯째, 종교적 성지로서 금강산은 국민 정신은 물론이려니와 민족 신앙의 최고 대상이었다. 온 국민의 정신의 표상으로서 생활, 문화, 역사에 이르기까지 오랜 세월 불가분의 관계를 맺은 성스러운 존재이다.

선인들은 금강산을 생명의 본원이며, 영혼이 돌아가 머무는 곳으로 생각하고 가장 융숭한 예배와 경건한 참배로 예를 다했다. 일반 민중들도 기회와 사정이 허락하면 적어도 일생에 단 한 번은 금강산 성지를 참배했다. 금강산은 우리 한국인이 생활하는 중요한 일부이며, 상식이었다. 북측과 남측으로 우리 국토가 갈라진 이후 거의 1세기 동안 금강산 순례 참배가 단절됐다. 이에 금강산에 대한 친근감, 믿음, 이해도 사라질 즈음 현대아산이 용기를 내 금강산관광 길을 열었다. 그리고 10년 동안에 200만 명의 관광객이

금강산 풍경, 김광석 제공.

금강산을 찾았다.

금강산박물관에 참고할 자료

1) 금강산 기행 문학들

금강산 유람기행 중 가장 오래된 작품은 강원도 동해안 지역 여행기인 고려 말 임춘의 『동행기』이다. 이곡(1298-1351)이 쓴 『동유기』도 금강산 기행 작품으로 오래된 것이다. 조선 시대에 들어서며 남효온(1454-1492)의 『금강산 기행』과 김창협(1651-1708)의 『동유기』는 금강산을 본격적으로 조명한 대표적 기행작품이다. 작가 미상의 『금강산유산일기』는 정철(1536-1593)의 〈관동별곡〉에서 자주 인용되는 특이한 작품이다. 정곤수(1538-1602)가 쓴 『금강록』은 1605년 8월 고성군 백천교에서 출발해 '유점사' 승려 10인에게 도움을 받아 답사한 내용을 기록하고 있다. 특히 만폭동에서는 봉래 양사언(1517-1584)의 암각문 '봉래풍악원화동천(蓬萊風岳元化洞天)'을 보고 교룡이 뛰어나오는 형상과 같다고 감탄한다.

조선 후기에 조병균은 1890년 국문 기행록 『금강록』을 썼는데 금강산에 있는 사찰, 암자, 누각, 봉우리, 돈대, 다리, 강이나 하천을 따로 분류한 190개 항목을 정리했다. 이 중 고성읍 8개, 해금강 5개, 삼일포 5개, 총석정 3개소 이름을 각각 적고 그다음 금강산 총론과 본문을 적었다. 50일간 1,600여 리의 여정과 곳곳에 얽혀 있는 20여 개의 신앙 전설과 지명에 연관된 설화를 소개했다. 여러 사찰에 사는 승려의 생활상, 음식, 복식 범절을 적고 안경 쓴 석수의 모습을 적을 정도로 꼼꼼히 기록했다. 이 외에도 이광수의 『금강산유기』, 문일평의 『동해유기』, 최남선의 『금강예찬』은 현대 금강산기행 문학의 대표작이다.

금강산 관련 문예작품

구분		작품 수
금강산 기행문학		91
금강산 기행가사		25
금강산 기행시문집		57
금강산 서문		4
금강산 銘		1
금강산 설화		1
금강산 소설	한문	2
	국문	1
금강산 시조		1

2) 진경산수를 문화계 중심으로 이끈 겸재와 금강산

금강산을 접해 본 사람이면 누구나 그저 "경치가 아름답다"는 생각을 넘어 "조물주가 어떤 생각으로 창조해 낸 예술작품일까?" 하는 마음으로 봤을 것이라 믿는다. 진경산수를 말하면 겸재 정선(1676-1759)을 빼놓을 수 없다.

겸재는 18세기 우리 고유 서체인 동국진체를 주창한 농암 김창협(1651-1708)과 삼연 김창흡(1653-1722) 형제의 제자이다. 특히 겸재를 말하면 금강산이 머릿속에서 떠오를 만큼 그는 금강산을 대표하는 작가다. 기존 중국류에서 추구하는 상상적 산수 기법에서 벗어나 우리나라 실경을 화제로 새로운 진경산수화를 창작했으며 그 이후 많은 화가가 그를 본받아 18세기 이

금강산 보덕암, 김광석 제공.

후를 장식했다.

그와 함께 사천 이병연(1675~1735)은 동국진시를 창작함으로써 이 시기부터 시, 글씨, 그림이 중국을 벗어나 명실공히 문화의 혁명기를 맞았다고 할수 있다. 겸재 이후 김홍도, 최북, 이인문처럼 당시 쟁쟁한 화가들이 그린작품들이 쏟아져 나오면서 문예부흥을 맞이했다. 물론 문예부흥 진원지는금강산이요, 중심인물은 겸재와 사천이었다.

개화기 이후 민족 정체성 자각과 함께 세계적 명산인 금강산을 예찬하는시서화가 많이 나왔다. 1607년(선조 40) 7월부터 두 달 동안 금강산을 유람한권엽의 기행문 『구사금강록』의 서문(권엽의 외손 남구만 씀)에는 "1624년(인조 2)권엽이 명나라에 가서 동기창에게 금강산기행 시문을 보여 주니 동기창은'봉호보타'라는 글을 즉석에서 써 주었다"고 기록했다. 봉호보타는 '보석 같은 금강산에 입을 다물 수 없다'는 뜻으로 봉호는 봉래산의 별칭이다. 이처럼 중국의 서예가이자 화가인 동기창도 금강산을 높이 평가했다.

교통이 수월해진 개화기에는 금강산관광이 대단한 관심사였으며 모든사람이 소망하는 관광 행선지였다. 일제강점기에 금강산행 열차가 개통되면서 문인 묵객은 물론 일반인, 학생들에게까지 금강산 열풍이 불었다. '금강산전기철도 주식회사'는 철원과 내금강을 잇는 금강선 건설에 착수해1924년 8월 1일 철원에서 김화 구간을 개통하고, 1931년 7월 1일 내금강까지 116.6km를 완전히 개통했다. 1942년 약 10여 년간의 영업실적 통계에의하면 여객 90만 명, 화물 33만 톤, 연 수입 125만 원이었다. 또한 안변과양양을 잇는 동해북부선은 1929년 9월 안변에서 흡곡 간 31.4km를 먼저 개통하고 뒤따라 통천, 두백, 장전, 외금강, 고성, 간성 역을 개통했다. 이어서1937년 12월 간성에서 양양까지 42.6km를 건설하면서 192.6km 전 구간을 개통했다.

3) 김규진과 〈금강산만물초승경도〉

문인 묵객들 중 금강산을 출입한 가장 대표적인 화가로 해강 김규진(1868-1933)을 꼽을 수 있다. 해강은 평안남도 중화의 한 농가에서 출생해 외숙인 이희수(1836~1909)에게서 한문과 서화 기초를 배우고 1885년 중국으로 건너가 8년간 수학했다. 1893년 귀국해 평양에서 〈조선국평양성도〉(1895)를 그렸고, 1911년에 '서화미술회'에 이어 1915년 '서화연구회'를 설립함으로써 근대 미술교육 기관의 기틀을 마련했다. 1918년 '서화협회'가 결성될 때 조석진, 안중식, 오세창 등과 함께 발기인으로 참여했으나 그 뒤 협회를 떠나 후진 양성에 심혈을 기울였다. 이때 배출한 제자가 고암 이응노다. 고암 이응노는 1940년대 금강산 사생 여행을 하며 이전에 보였던 금강산 그림을 현대 감각으로 재해석하는 작업을 시도했다. 이러한 실험 정신으로 그는 세계적 화가로 이름을 알렸다.

해강이 금강산을 사생하기 시작한 것은 1919년 자신의 서예 작품을 암각하고 완공식에 참가하면서부터다. 내금강 만폭동에 쓴 '天下奇絶(천하기절)', '法起菩薩(법기보살)', '釋迦牟泥佛(석가모니불)' 등의 대각자는 지금도 있다. 그러나 금강산관광 미공개 지역에 있어 볼 수 없는 것이 유감스럽다.

하지만 다행스럽게도 외금강 구룡폭의 관폭정 정면 오른쪽에 '彌勒佛(미륵불)'이라고 새겨진 큰 세 글자에서 그의 필체를 확인할 수 있다. 글자의 길이가 무려 19m에 달하는 초대형 글씨를 새긴 이유는 상팔담에서 떨어진 물로 이뤄진 구룡연 바위 물웅덩이 깊이가 19m가 되어서다. 이 글씨는 일본인 서각가 스즈키가 조각했다.

1914년에 그린 〈해금강도〉가 있는 것으로 미루어 해강은 1919년 이전에 이미 금강산을 사생한 것으로 보인다. 1919년 금강산 여행을 하면서 해강은 사생뿐만 아니라 매일신보에 자신의 스케치를 곁들여 기행문을 발표했다. 금강산의 전경부터 부분 경치까지 다양하게 그린 작품은 수묵건필 느낌의 사생화로서 일본 화가들의 소묘풍과 유사하면서도 우리의 전통화법을 따랐다. 이때 사생하여 옮긴 그림이 '마아연동자석' 부채 그림이다. 전나무 숲 위로 우뚝 얼굴을 내밀고 서 있는 동자바위의 배치와 간결한 필치는 눈을 산뜻하게 해 준다.

　　1920년에는 순종 황제의 요청으로 왕의 집무실인 희정당 응접실에 벽화 〈해금강총석정도〉를 그렸다. 해강은 이 벽화를 제작하기 위해 3개월간 금강산에서 밑그림을 스케치했다. 지금 존재하는 총석정 초본 상단에 제작의 과정을 밝혀 놓았다.

　　"경신년 초여름 창덕궁 희정당 벽화 일로 명을 받들어 금강산에 들어가는 길에 통천군의 고저(강원도 통천군에 있는 어항으로 관동팔경 중 하나인 총석정이 있다)에 이르러 총석정에 올랐다. 수석이 천하에 절승함을 본 뒤 작은 배를 타고 그 전경을 그려 초본을 만들었다. 이 작품과 만물상 전경을 나라에 바치어 궁 안 벽에 걸고 이 초본을 남기어 후세의 기념으로 한다."

　　희정당 중앙 홀 동서 벽 문 위쪽 상단 장식화 〈총석정절경도〉와 〈금강산만물초승경도〉는 그 초본을 옮겨 그린 것이다. 옆으로 10여 폭 이상 이은 대형 비단의 채색화를 마치 벽화처럼 벽면에 바른 상태이다. 두 작품은 좌우 횡으로 8.8m의 화면을 꽉 채우는 구도이다. 특히 배를 타고 바다에서 바위 전체를 조망하고 스케치한 수평 구도가 장쾌하다. 특히 〈금강산만물초승경도〉는 화려한 단풍과 흰 구름 사이로 솟은 만물상 바위를 겹겹이 배치해 그 리듬감이 사람을 압도한다. 두 그림은 전통적 화원들의 궁중채색화풍을 충실하게 계승한 장식벽화라는 의미를 지니고 있다.

총석정은 잘 알려졌으나 만물초는 대중에게 생소한 이름이다. 만물초(萬物肖, 혹은 萬物草)는 만물상의 원래 이름이다. 최남선은 『금강예찬』에서 만물상이라는 이름으로 불리게 된 연유를 다음과 같이 적었다.

"만물초(萬物草)를 근래 일본인들이 '초(草)'자와 '상(相)'자의 음이 서로 같다는 이유로 만물상이라 했지만, 이는 옛사람 중에 혹 만물초(萬物肖)라고 쓴 이가 있었던 것과 마찬가지로 본래의 뜻을 해치는 일이다. 상(相)이 불교적으로는 우아한 이름이 될 법도 하지만 만물의 초(기초)가 분명하고 그 이상 적절한 맛이 없다."

최남선은 조물주가 천지만물을 만들 때 설계도를 그리고 모형을 만드는 기초를 잡았다 하여 '만물초(萬物草)'가 된 것이라 옛 선인들이 '만물초(萬物肖)'라고 하는 것도 잘못이라고 지적했다. 세계적 명산을 자랑하려면 먼저 '만물상'에서 '만물초'라는 원래 이름을 되찾아야 한다. 이런 다음에야 앞으로 공개될 〈금강산만물초승경도〉를 감상하는 심미안이 한결 높아질 것이다.

그릴 수 없는 그림을 담은 박물관

일본의 수많은 화가가 금강산을 표현해 보려고 애를 써봤지만, 그들은 단 한 폭의 명작도 남기지 못했다. 일본화가 모리타는 금강산을 화폭에 옮기는 어려움을 절절히 표현했다.

"금강산의 경치는 완전히 상상 이상이라서 화가의 머리로는 도저히 구상할 수 없는 그림이다. 우리는 금강산 진경에 접하면서 드디어 당황하게 되며 어찌할 줄을 모르게 된다. 오른쪽을 보아도 그림, 왼쪽을 보아도 그림, 앞도 뒤도 그림이며 또한 걸음을 옮길 때마다 변하는 데 있어서 그만 붓을 던질 수밖에 없다."

최남선은 『금강예찬』에서 금강산은 상상해 낼 수 없는 산이며, 금강산을 예찬한 문인, 화가가 이루 헤아릴 수 없이 많다고 기록한다.

"동양 산수화는 화가가 상상할 수 있는 이상적인 산수를 그리는 것인데, 화가들이 상상해 낼 수 없는 산수가 금강산이다. 시로 써서 읊을 수 없는 시경이 금강산이요, 붓으로 그릴 수 없는 그림이 금강산이지만 금강산을 읊은 시를 다 한 자리에 모을 수 있다면 도서관을 하나 채울 수 있을 것이요, 금강산 그림 또 한 자리에 모을 수 있다면 미술관을 몇 개 채울 수 있을 정도로 많다."

이제 구슬을 꿰어야 한다. 구슬을 꿰어 보물을 만드는 것은 지금 사는 우리 몫이다. 금강산 관련 작품은 일제 수탈기를 거쳐 한국전쟁으로 산산이 흩어져 일반인이 접하기가 거의 불가능한 실정인데 더 늦기 전에 모을 공간을 마련해야 한다. 금강산을 단지 구경거리로 인식해서는 안 된다. 우리 국민은 보물을 오래도록 가졌고 앞으로 영원히 수호할 의무와 책임이 있다. 더욱더 금강산을 잘 인식하고 '금강산박물관'을 건립해 학문적으로 연구해야 한다. 이를 통해 마음으로 느끼는 금강산을 만들어 나갈 때 금강산도 우리에게 행복과 영광으로 보답할 것이다.

〈참고문헌〉

- 국립중앙박물관, 이원복 외, 『아름다운 금강산』, 1999.

- 국립현대미술관, 『그리운 금강산』, 2004.

- 남구만, 『귀사금강록발문』.

- 서영보·심상규, 『만기요람』.

- 이시진, 『본초강목』.

- 임경빈, 『소나무』, 산림, 1986.

- 임경빈, 『한국산 적송의 천연림집』, 한국육종학회, 1981.

- 정영호, 『조선왕조실록에 수록된』, 자연보호 12.

- 최남선, 『금강예찬』, 동명사, 2000.

- 최완수, 『겸재정선 진경산수』, 범우사, 1993.

- 홍만선, 『산림경제』.

기다려요~
내 사랑 금강산아!

교육복지연구원장

갈 수 없어 더 보고픈 산

산은 나의 친구다. 비가 오나 눈이 오나, 혼자서 가나 여럿이서 가나, 새벽이나 밤이나 설레며 찾아가는 친구이다. 다시 가고 싶은 산을 들라면, 월출산, 백두산, 금강산, 한라산, 북한산을 꼽는다. 그런데 다른 산은 언제라도 마음만 먹으면 갈 수 있는데, 이제 금강산은 암만 맘을 먹고 준비를 해도 갈 수 없는 산이라고 생각하니까 더욱 가고 싶은 산이다.

집 서재에는 비록 복제본이지만 간송미술관에서 산 「금강내산」이 걸려 있다. 정선이 1747년에 그린 것인데 정선이 화제를 「금강내산」이라 했지만, 외금강이 진하게 둘러 있어 '금강산 전도'라고 볼 수 있다. 컴퓨터를 하다가 좀 쉬려고 목을 들면 딱 눈에 들어오도록 걸었다. 언제 봐도 부드러우면서 세밀하고 필력이 넘쳐서 감탄을 멈출 수 없다.

그리고 거실 중앙에는 북측화가가 그린 60호짜리 그림 「금강산」이 벽면

금강산의 호텔 로비에 있는 풍악산 그림, 전숙희 제공.

을 차지하고 있는데 단풍으로 물든 가을 풍악산이 출렁인다.

안방 화장대에는 작가 미상의 「금강산 신계사도」 복제본 엽서가 있다. 불타기 전의 신계사 주변 금강소나무가 멋지게 둘러 있고 문필봉에도 소나무가 그려졌다. 평생 산을 주제로 그렸던 한국 추상미술의 선구자 유영국이 "산은 내 앞에 있는 것이 아니라 내 안에 있다"고 한 말에 동의하지만, 그래도 내 사랑 금강산을 매번 앞에 두고 옆에 두고 싶은 것을 어찌하랴. 이제 나에게 금강산은 어려서부터 마냥 좋아했던 산으로 그치는 것이 아니라 통일의 과정으로, 화해와 교류의 장이며, 평화로 가는 길이다.

남북여성통일대회

처음 금강산을 찾은 것은 2002년 10월 16일이다. 민주평화통일자문회의 자문위원으로 있을 때이다. 분단 후 처음 여성 각계각층이 금강산에서 모여 남북여성통일대회를 열었는데 나도 거기에 참가했다.

서울에서 속초까지 버스로 4시간, 속초에서 고성까지 배를 타고 4시간이 걸려 금강산에 갈 수 있었다. 배가 고성으로 가는 도중 안내방송이 나왔다. "여러분이 타고 계신 배가 지금 막 북방한계선을 넘었습니다. 지금부터는 사진촬영이나 비디오 촬영이 금지됩니다." 말이 끝나기 무섭게 모든 사람이 "와!" 하며 갑판으로 나가 손을 흔들며 환호했지만 답하는 사람은 아무도 없었다. 주변은 망망대해뿐이었다.

금강산 김정숙휴양소 운동장에서 여성 770여 명이 모인 가운데 '6·15 공동선언 실천과 평화를 위한 남북여성통일대회'가 열렸다. 행사는 남측에서 다양한 이념적 성향을 가진 여성단체들이 함께 참여했으며, 북측에서도 노동, 농민 등 각 부분 단체장, 교수, 인민회의 대의원, 병원장, 출판사 사장, 방송국장 등이 참여하는 등 20대부터 80대까지 각계각층의 남, 북, 해외 여성이 함께했다.

남북여성통일대회에서는 토론회, 전시회, 오락경기, 예술 공연, 부문별 상봉, 공동 산행 등 다채로운 행사를 통해 남북 여성들이 친교와 이해의 폭을 넓혔다. 특히 대회 첫날 전시관에서 열린 '여성미술전'은 남측 미술가들의 그림을 최초로 북측 땅에 내건 자리가 됐다. 남쪽은 둘째 날 열린 부문별 상봉 모임을 통해 실질적인 교류의 장을 마련할 계획이었지만 대체로 '의견 차이'를 확인하는 것에 그쳤다. 남북 여성 간 지속적인 대화가 필요하다는 과제를 확인하는 날이었다.

한편 오락시간 끝에 남북 여성들이 소그룹으로 모여 친교를 했는데, 북측 여성들은 당당하게 나와 노래도 부르고 춤도 추는 데 반해 남측 여성들은 서로 눈치만 봤다. 그래서 이럴 수는 없다 하여 나는 사람들에게 「아침 이슬」을 부르라 하고 비탈진 잔디 위에서 즉흥 발레를 추어 큰 박수를 받았다. 「아침이슬」은 북측 사람들도 잘 아는 노래여서 남북이 함께 부를 수 있는 노래이기도 하다. 마지막 날 우리가 떠날 때 북측 여성들이 일렬로 서서 악수하고 껴안고 이별을 하며 다시 만나자고 눈시울을 적셨는데, 그때 내가 발레 하던 것을 기억하는 이들이 제법 있었다. 마지막으로 남북여성통일대회 참가자들은 다음 같은 결의문을 발표했다.

"오늘 우리 남과 북, 해외여성 대표들은 뜨거운 통일 열망과 의지를 안고 민족의 명산 금강산에서 분열사상 처음으로 여성통일대회를 가졌다. 대표

2002년 금강산 김정숙휴양소 운동장에서 열린 '남북여성통일대회', 전숙희 제공.

들은 역사적인 '6·15 공동선언 실천과 평화를 위한 남북여성토론대회', 부문별 상봉 모임, 합동 예술 공연, 유희 오락 경기, 수예 및 미술 전시회 등 다채로운 행사를 통해 6·15 공동선언의 생활력과 나라의 평화와 통일의 절박성을 더욱 절실히 느꼈다. 첫째, 6·15 공동선언 실천을 위한 통일운동 전개. 둘째, 한반도에서의 전쟁을 막기 위해 국제여성연대 강화와 여성들의 헌화적 힘 결집. 셋째, 한반도의 평화와 통일 위해 남, 북, 해외 여성들 사이의 연대와 단합 적극 도모 및 남북여성통일대회 지속 노력. 넷째, 통일과정에 여성들의 평등한 참여 보장과 성 평등 통일사회 기반 조성을 위한 공동 노력 등에 합의하고 공동결의문을 발표했다."

휠체어 장애인 방문

2005년에는 휠체어 장애인들을 노란 리프트버스에 태우고, 선도 지프를 따라 제일 앞장서서 금강산을 찾은 것이 감명 깊었던 일이다. 현대아산에서 관광버스 맨 앞에 장애인들이 탄 버스를 배치해 장애인들도 마음 뿌듯해 하면서 금강산을 찾을 수 있었다.

지금도 중중장애인들에게는 불편한 점이 많지만, 전에는 장애인들이 편하게 드나들 음식점이나 화장실, 편의시설들이 많이 부족했다. 이런 실정이니 들로, 산으로 장애인이 나가기는 더욱 어려웠다. 그런데 현대아산의 도움과 교육복지연구원과 한벗회의 지원으로 휠체어 장애인 5명과 다리가 불편한 지체장애인들이 생각지도 못했던 금강산을 보게 된 것이다.

버스에서 DMZ 구간과 짙푸른 동해를 지나며 아이들처럼 탄성을 지르는 장애인들을 보며 아직 금강산 입구에 도착하지도 않았는데, 정말 같이 오기를 잘했다는 절실한 감정이 치솟았다. 드디어 외금강호텔에 도착하자 관광객들이 '어찌 장애인들이 금강산까지 왔을까?' 하는 눈초리로 보는 사람들도 있었고, 반갑게 인사하는 사람들도 있었다.

온정리에서 북측의 평양금강산예술단의 가무공연과 서커스를 보았는데, 장애인들에게는 밑에 좌석으로 내려갈 수 없어서 뒷좌석 통로 자리를 배려해 주었다. 가슴 철렁이는 놀라운 서커스를 처음 보는 장애인들이 있는 힘껏 박수를 치며 좋아하니, 뒤에 서 있던 북측 감시원들도 좋아하는 눈치였다.

다음날 일정은 구룡폭포와 상팔담 산행인데 우리 장애인들은 휠체어를 타고 갈 수 없어서 다리를 지나 목란관 식당까지만 올랐다. 요즈음은 전문 산악자원봉사자들의 도움으로 중증장애인들이 산행을 하기도 하지만 그때는 그런 여건이 마련되지 않았던 때다. 당시의 마음으로는 장애인들도 산행을 하면 좋을 텐데 그리하지 못해 아쉽기만 하다.

금강산호텔에서 북측음식 만찬을 맛있게 먹고 나와서, 휠체어에 탄 중증장애인들을 리프트로 버스에 태우는 장면을 본 북측 직원은 신기한 듯이 고개를 갸웃거린다. 버스 안이 궁금했는지 차 안까지 샅샅이 살펴본다. 북측 직원에게는 남측 장애인들이 자유롭게 관광을 즐기는 것이 신기해 보였을 것이다. 장애인이라는 이유로 이중차별을 받는 제도와 인식을 개선하기 위해서라도 통일이 빨리 와야 한다.

통일 시간표 만드는 금강산사랑운동

산을 좋아하고 통일교육을 하는 나에게 금강산을 사랑하는 각 분야 몇몇 사람이 시작한 '금강산사랑운동본부'는 아주 매력적인 단체다. 설립 초기부터 공동대표, 상임대표로 일하면서 이론과 실제, 그리고 구체적인 면에서 금강산을 알아 가고 느꼈다. '금강산 사랑의 밤'을 개최하여 지하철에서 사진 자료를 전시하고 금강산관광 캠페인을 하면서 지치지 않은 이유는 금강산을 사랑하는 열정이 있었기 때문이다.

그리고 김정일 국방위원장에게 '금강산 1일 관광객 600명 제한조치를 즉시 철회하라'는 성명서를 만들고, 금강산을 오르내리며 세미나를 열었다. 돌이켜보면 유네스코 '금강산 문화유산 등록'을 위한 세미나를 열고, 홈페이지와 광고지를 만들고, 밤늦도록 회의하고 자료를 만들던 그때가 새삼 그립다.

'금강산사랑운동'은 6·15 남북 공동선언을 실천하는 길이며 조국의 분단 현장에서 통일을 체험하는 겨레 사랑 운동이다. 비무장지대를 지나 금강산을 찾아가는 것은 온 겨레와 평화를 사랑하는 사람이면 누구나 참여해 통일의 길을 열어 가는 실천적인 통일운동이다. 금강산관광은 비단 현대아산 등 몇몇 기업과 해당 종사자들의 문제만이 아니다. 한반도 경제와 민족의 미래가 걸린 경험적인, 생생하게 살아 있는 사안이라 하겠다.

이제라도 국민과 정부가 소통해 금강산 사업을 다시 살려 내는 일을 서두르자. 국회와 언론, 전문가와 실무자가 모여 구체적 실천계획을 만들자. 금강산관광을 기반으로 묘향산, 칠보산, 백두산을 가야 한다. 해외관광객도 끌어들일 충분한 기회가 될 것이다. 이제 국민의 힘으로 '금강산'이란 이름을 소리쳐 부른다면 금강산은 살아날 것이고, 남북 간 평화의 연결고리를 되찾게 될 것이다.

2018년 2월, 평창 동계올림픽에서 남북공동응원단의 열띤 함성을 들을 수 있도록 모든 국민이 힘써야 한다. 북핵과 사드 배치 뉴스에 온 세계인이 한국을 여행하기 무서운 나라로 생각한다. 평창 동계올림픽에 방문한 전 세계인과 언론에 남북의 '평화'를 보여 주고, 금강산관광을 갈 수 있도록 연계하는 작업이 필요하다.

금강산관광 재개는 국민적 응원의 힘을 통해, 더 나아가 '통일 시간표'를 만드는 일까지도 가능하리라 믿는다. 금강산아! 하루빨리 금강산을 보고 싶은 사람이 아주 많다는 것을 알아다오.

기다려요, 내 사랑 금강산아!

평화의 산
금강산 황금화

이 훈
금강산 세계화 추진위원장
금강산세계청년평화캠프올림픽조직위원장

금강산과의 인연

내가 처음 금강산에 관심을 두게 된 이유는 어릴 때부터 자연스럽게 들었던 "금강산도 식후경"이란 말 때문이다. 그 말을 들을 때마다 "금강산은 어디에 있고, 얼마나 아름다울까?"하는 궁금증이 났다. 내가 태어난 전라남도 광주는 무등산에서 흐르는 맑은 광주천과 극락강이 함께하는 아름다운 곳이다. 새벽이면 창호지 문창 살에 파고드는 강렬한 태양 빛에 눈이 부셔 잠에서 깨어났고, 눈만 뜨면 물고기가 넘치는 광주천과 마을 뒷산에서 온종일 뛰어놀았다. 청년이 돼서는 활동 범위를 무등산 정상과 입석대까지 뛰어다니는 등산광으로 성장했다. 거의 구보로 산을 오르내리자 지인들은 "산사람"이라고 불렀다.

그러던 나에게 동양화의 대가이신 고 의재 허백련 선생 화실 '춘설헌'은

금강산 전경. 김광석 제공.

하산 길에 들러 잠시 휴식을 취하는 곳이었다. 당시 선생은 너무 유명한 화가여서 중요 인사와 외국인이 선생을 뵈러 많이 찾아왔다. 신선 같은 허백련 선생을 자주 뵈면서, 무등산 춘설차의 맛도 음미할 수 있었다. 의재 선생은 금강산에 관심이 아주 많았다. 선생은 동아일보 후원으로 이당 김은호 선생과 국내 저명 작가들과 함께 금강산 사생과 유람을 다녀왔다고 회고한 바 있다. 하지만 그때 그린 작품들이 6·25전쟁으로 모두 소실되고 말았다며 아쉬워했다. 그렇게 회고에 젖어 창밖 대밭을 주시하시던 그때 선생님 모습이 지금도 눈에 선하다.

금강산 황금화의 시작

앞에서 이야기한 것처럼 금강산에 대한 관심은 60년대 초부터 의재 선생께서 기회 있을 때마다 금강산의 아름다움과 민족 분단에 대해 소상히 말씀해 주셨기 때문이다. 그래서인지 나름대로 금강산에 관심과 애착을 가졌다. 그리고 '평화의 산, 금강산' 황금화 작품 제작 후원을 하게 된 계기는 1980년대 말 김대중 총재와 정주영 회장을 보필하던 중 남북 평화 통일과 금강산에 대한 호기심이 발동했기 때문이다.

국내 저명 작가인 고 옥산 김옥진 선생과 의논했으나 "금강산을 금으로 그릴 필요가 있겠는가?" 하며 회의적이었다. 몇몇 화가는 금값을 주면 그림을 그려 주겠다는 세속적 반응을 보였다. 금을 사용하는 일본 화가도 만났으나, 작품이 마음에 들지 않았다. 그러던 중 중국 만리장성 작가 리영화백을 만난 것이 결정적 사업 추진 계기가 됐다.

리영 화백은 중국 전통 산수화가로 입지를 굳건히 했을 뿐 아니라 파리 전시 등에 출품한 경력을 갖춘 화가다. 7세 때 천재 화가로 알려져 주은래가 리 화백을 발탁할 정도로 관록과 함께 폭넓은 작품 활동에 전념하는 탁월한 경지를 이룬 화가다. 아쉬운 점이 있다면 너무 국수적이라고나 할까? 리영 화백은 이미 금강산을 체험해 어느 정도 알고 있었고, 북측을 통해서 금강산을 다녀왔다. 그뿐 아니라 중국의 유명한 산과 일본 후지산에도 많은 관심을 두고 뛰어난 작품을 제작한 경험도 있다. 특히 만리장성 추경과 낙조 석양 작품으로 유명해 일명 만리장성 작가로 불린다.

주은래, 강택민 등 중국 역대 지도자들이 리영 화백 만리장성 작품을 연하장으로 채택해 각국 지도자들에게 널리 사용했을 정도로 작품 활동이 왕성했다. 나이 27세에 벌써 중국 북경화원 교수로 발탁돼 탁월한 실력을 보여준 실력파이기도 했다. 어쩌면 리영 화백을 만나게 된 것은 나에게 크나큰 행운이었는지 모르겠다.

리영 화백과 인연을 맺고 북경과 일본을 수없이 왕래하고, 드디어 중국과 일본에서 금강산을 금으로 그리기 시작했다. 2년 넘는 기간 동안 준비를 마친 후 1999년 압구정동 현대백화점 갤러리에서 첫 전시회를 열었다. 물론 전시가 성공하리라 기대하지 않았다. 순수미술에 금을 처음 도입하면 관객들은 어떤 반응일까가 궁금할 뿐이었다. 전시 중 현대자동차 기획실에서 전시장을 여러 번 다녀간 뒤 금강산 망향대 20호짜리를 부탁했다. 정몽구 회장은 이 작품을 연하장으로 채택했다. 그리고 어떤 중소기업 사장 부부가 전시장에 일곱 번이나 왕래하며, 만물상 신록 20호 작품을 갖고 싶어 해서 작가의 양해를 구해 소장케 했다.

두 번째 초대전시는 전시 작품은 30점으로 문화일보 갤러리에서 열렸다. 이때 작가와 협의해 세계 순회 전시를 마칠 때까지는 작품을 매각하지 말자고 하였다. 이후 비매 전시로 일관했으나, 톱 탤런트와 유명 경제인들이 앞다퉈 구매 의사를 보였으나 정중히 사양했다. 2회 전시 때는 동경에서 서울 평창동으로 리영 화백의 화실을 옮겨, 시간과 해외 출장에 따른 번거로움과 경비를 절약하였다. 역시 결과는 좋았고 경제적으로 힘들었지만 비매품 전시로 일관했다.

세 번째 초대전시는 롯데호텔 2층 로비에서 비공식으로 열렸다. 당시 롯데호텔 창립 기념일에 VIP들이 참석한 모임이 있었는데, 거기 초대된 인사들만을 위한 전시였다. 오직 금강산 홍보를 위한 전시 기획이었기에 단 하루 동안의 전시였다. 네 번째 초대전시는 광화문 현대 로비에서 1개월간 지속해서 많은 사람이 관람할 수 있도록 했다. 당시 금강산관광 붐을 맞이해 그 분위기는 더욱 고조됐다. 다섯 번째 초대전은 여의도 현대증권 로비에서 열었다. 여의도 국회의원과 증권가 중심으로 이루어진 금강산 황금화 홍보전시였다. 금강산 작품 전시는 표면적으로는 금강산을 홍보하는 수단으로 보일 수 있으나, 금강산을 통해서 본 남북 평화 통일과 지구촌 마지막 분단국임을 절감할 수 있는 기폭제가 되기도 했다.

여섯 번째 초대전시는 꿈꾸고 바라던 북측 금강산 온정리 전시장이다. 2003년 육로관광을 경축하는 행사 중 하나로 보름 동안 전시가 열렸다. 그러나 전시결과는 기대에 미치지 못했다. 중국 리영 화백이 국가적 프로젝트로 참석지 못해 북측 작가들과 교류치 못했고 북측 주민들도 전시를 관람치 못했다. 그래서 세계 순회 전시를 마치고 난 후 기필코 평양에서 전시가 열리길 열망했다.

2004년 늦가을 중국 리영 화백 딸과 사위로부터 전화를 받고 놀라지 않을 수 없었다. 리 화백이 과로로 갑자기 돌아가셨다는 소식이었다. 이미 장례를 치렀고, 아버님 유언도 있어서 한국을 방문하겠다는 것이었다. 얼마 후 한국에서 만나 여러 얘기를 들었다. 그리고 딸과 사위에게 리 화백이 맡긴 작품 일체를 반환해 주었다. 리 화백 작품 43점과 낙관 8개, 최고급 카메라 세트, 의류와 가방 등이었다. 가족들은 보관된 물건들을 보며 눈시울을 적셨다. 그간 리 화백과 15년을 함께하며 금강산 황금화 제작에 전념했던 시간이 주마등처럼 지나갔다. 가슴에 열정을 느끼며 리 화백 가족과 석별의 정을 나누었다. 그리고 북경에 있는 묘소를 참배하고 리영 화백 고향에 기념비를 세우겠다고 약속하였다. 2005년 봄, 북경 만리장성 관광지 입구 건너편에서 고이 잠든 리 화백을 그의 가족과 함께했다.

금가루 봉지를 열고 "금가루가 날아가면 안 된다"며, "재채기하지 말고 저리가!"라고 했던 모습이 떠올라 목이 메었다.

리영 화백의 갑작스런 타계로 공허함을 느꼈지만, 이후 황금화 제작 작업 작가 선정에 더 많은 어려움을 느꼈다. 특히 경제적으로 사업 진행이 어려워 금가루와 화구를 살 수 있는 여력이 여의치 못한 채 시간을 보내야 했다. 그럴 때마다 리 화백이 남겨 준 작품을 뒤척이며 세월을 벗 삼았다.

금강산 황금화 세계 순회 전시

어느 날 지인 중 한 분이 한 장짜리 팸플릿을 내게 주었다. 자세히 보니 정형화한 말 그림인데, 그 필력과 조형미가 심상치 않았다. 말 그림을 이토록 자연스럽게 그릴 수 있다니 놀라웠다. 주제는 평화였다. 중국 속담에 '말을 잘 그리면 그림 실력은 묻지 말라'는 말이 떠올랐다. 서둘러 작가를 찾아뵈었다.

"참! 보기 드문 그림을 봤습니다. 실례지만 금강산을 금으로 그려 보지 않겠습니까?" 제안을 받은 배정화 화백은 겸손하게 거절했다. "그럴 만한 실력이 못 됩니다."

며칠 후 전화를 해 어렵게 다시 만나 그간 금강산 그림에 얽힌 사연과 과정을 상세히 알려줬다. 배 화백에게 리영 화백 전시 도록과 사진첩을 보여주었다. 그리고 그림을 그릴지 안 그릴지는 3개월 후 결론을 내리기로 하고, 필요한 화구와 금가루를 구매해 제공했다. 3개월이 지나서 그간 작업해온 금강산 황금화를 보는 순간 놀라지 않을 수 없었다.

리영 화백은 남자였음에도 세필로 작품에 임했지만, 배 화백은 여자임에도 터치가 힘이 있었다. 작품을 본 순간 리 화백의 화법과는 다르지만, 금강산을 상징적으로 표현하는 기법이 독특하게 느껴졌다. 리 화백의 그림은 여성스러웠지만 성스러웠고, 배 화백의 그림은 남성스러운 터치지만 금강산의 찬란함을 잘 묘사했다. 이렇게 작품을 시작하여 2년 뒤인 2014년 10월 1일 인사동 한국미술관에서 "해금 배정화 선생 금강산 황금화 초대전"을 열었다. 이때는 이미 금강산관광이 중단된 터라 세간의 관심도 없었고, 매스컴은 시기가 적절하지 않다는 반응으로 일관했다.

새로운 돌파구가 필요했다. 독일 전시를 모색하던 중 우연히 독일 베를린 장벽 박물관장을 만났다. 그간의 작품 성립과 전시 과정을 설명하고, 영문으로 된 배 화백 화집과 월간 화보지인 『지구촌 평화』를 선물했다. 이것을 본 관장은 참으로 훌륭한 이벤트라며 쾌히 박물관을 내주었다. 전시 기간은 2017년 10월 1일부터 31일까지 한 달간이며, 작품은 70여 점으로 준비해야만 했다. 이때 뜻이 있으면 길이 있다는 말이 참으로 실감이 났다. 전시 주제도 '평화의 산 금강산 황금화 평화 환타지'로 결정했다. 기쁨도 컸지만 한편으로는 중압감도 컸다. 모든 일이 순조롭게 진행돼야 하기 때문이다.

그동안 나름의 '희망의 다리'를 수 없이 넘어왔던 것처럼 금강산 황금화 세계 순회 전시 첫 관문으로 독일 베를린 박물관 전시가 성사된 건 어찌 보면 예견된 과업이 아닐까? 모든 것이 꿈만 같다.

돌이켜 보면 금강산 황금화 작품 제작에 힘써오면서, 금강산의 기와 찬란함을 담고자 했다. 나아가 남북 평화통일에 대한 염원을 담기 위해 노력했다. 그러나 독일 전시를 필두로, "돌산인 금강산이 글자 그대로 황금산"이길 바라고, 나아가 평화를 상징하는 산이라는 사실을 지구촌에 널리 알려 평화통일의 금자탑이 되길 빈다. 남북 분단 어언 70년! 분단 고착의 이념전쟁과 대립이 있었지만, 이제 평화를 사랑하는 홍익인간 정신과 비전이 금강산과 만나 평화통일을 이루는 동력이 되길 간절히 소망해 본다.

금강산을 심어 준 작곡가

-최영섭 작곡자와의 대화

일시: 2017년 4월 6일(목), 오후 1시-3시.
장소: 광화문 교보빌딩 16층.
사회: 심의섭(금강산사랑회 대표, 명지대 명예교수).
참석자: 류재복(일간투데이 대기자), 이오영(남북경제협력포럼 이사장), 이정수(금강산아트 대표, 사진작가), 전진희(아코필 지니 원장)

사회(심의섭): 선생님! 바쁘신데 이렇게 나와 주셔서 감사합니다. 저희는 금강산을 사랑하는 모임의 회원입니다. "아! 이제야 찾을 날 왔다. 금강산은 부른다." 노랫말처럼 이를 실천하며 금강산관광에 적극적으로 참여한 사람들의 글을 모아 책으로 엮는 중입니다. 이에 「그리운 금강산」을 작곡하신 선생님을 모시고 선생님의 노래에 얽힌 이야기와 감회를 듣고 싶어서 모시게 됐습니다.

최영섭 선생님의 대표곡은 「그리운 금강산」입니다. 이 노래는 저희에게 민족의 송가이고 통일 주제가이기도 합니다. 이 가곡을 1961년도에 KBS의 요청으로 작곡했다고 알고 있습니다. 그리고 1961년 8월 18일 최종 작곡을 완성했고, 그해 9월 7일 라디오를 통해 KBS 교향악단의 연주로 이 가곡이 처음 전파를 타면서 전 국민에게 소개됐습니다. 그 후 10년이 지나 남북적십자회담(1972)이 개최되면서 '통일 주제가'처럼 국민 애창곡이 됐습니다. 최근에 「그리운 금강산」 악보의 음과 음 사이를 컴퓨터 그래픽으로 그려 봤더니 '산' 모양이 나왔다고 말씀하셨더라고요. 이는 악상이 멋진 것이어서 가사와 곡이 잘 맞아떨어진 경우라고 말씀하셨는데 여기에 대해서 좀 말씀해 주세요.

최영섭: 그래요, 맞아요. 나는 악보의 초고에는 반드시 날짜를 기록하고 개인 사인을 합니다. 김영삼 대통령처럼 '영섭'을 'ys'로 표기합니다. 이정수 선생이 주신 만물상 사진처럼 악보 시작부터 끝까지 점으로 연결하니까 만물상과 같은 느낌이 나는 것 같은 그래픽이 됩니다. 맨 끝에 "오늘에야 찾을 날 왔나" 할 때는 비로봉 꼭대기 정점을 그린 것처럼 나타나고 다시 그 비로봉에서 내려오는 그런 느낌이 나더라고요.

(최영섭 선생은 즉석에서 그림을 그리면서 처음 작곡할 때의 곡 구상을 되새긴다. "띠디디라…, 라디디디…." 최영섭 선생의 표정이 사뭇 진지해진다. 진지한 표정과는 달리 악보를 연결하는 듯한 그림은 점점 금강산을 닮아 가고 있다.)

심의섭: 선생님께서는 「압록강은 흐른다」, 「백두산은 솟아 있다」, 「아, 우리 독도여」 일본 위안부 「그 누구가 알리오, 소녀의 눈물을」, 이산가족 상봉의 노래인 「금강산 가는 길」을 비롯해서 우리나라의 강과 산, 바다, 그리고 인정을 소재로 한 가곡을 100곡 넘게 작곡하셨습니다. 최근에는 함양군과 특별한 인연을 맺고 있는 것으로 알고 있습니다. 진주성 싸움에서 회자되는 장수 출신 논개가 순국하시어 생지에 모시고자 했지만, 육십령 고개를 하나 남기고 영면하신 유택이 함양에 있어서 '함양, 영혼의 동산 논개여!'를 작곡하셨는데, 이 노래를 인연으로 명예 함양군민증까지 받으셨지요. 나라 사랑과 관련해 작곡가로서 활동 소감을 말씀해 주시기 바랍니다.

최영섭: 대단하십니다. 어떻게 소소한 것까지 잘 아시는지 깜짝 놀랐습니다. 다볕(함양의 뜻: 큰 닭, 많을 볕) 함양을 두 번 다녀왔는데 여생을 살고 싶을 정도로 애착을 갖게 됐어요. 나는 편운 조병화 시인으로부터 운자를 받아서 운산이라고 호를 지었고, 시를 쓸 때에는 필명을 고운산이라 했습니다. 저는 구름 운(雲)자를 좋아합니다. 허전하게 떴다가 없어지고 바람 불면 날아가는 구름…. 그래도 구름이 있어야 비가 내리잖아요. 허전하고 허깨비 같은 예술이 구름같이 생각이 될지언정 그 구름 때문에 비가 내리고 비가 내리기 때문에 오곡이 여물고, 인간, 동물, 식물과 더불어 생을 공유합니다. 구름이야말로 근본적인 원동력이죠. 이를 위해서는 역시 비가 내리는 터전

이 있어야겠다 싶어요. 흘러가는 구름이지만 결론적으로 제 작품은 금전과 관계없이 그 자리에 산처럼 영원히 있을 거로 생각해서 운산으로 정했습니다. 비슷한 마음을 가진 최동호 시인은 운자 한자만 가져가서 고산이라고 했어요.

어느 날 고산 최동호 시인이 함양에 한번 놀러 가자고 했습니다. 논개 유적도 있고 지리산 근처이고 볼거리도 많아서 두 번 갔다 왔어요. 고산 최동호 시인이 6, 7개 노랫말을 써 주셔서 그중 「상림의 향기」, 「함양에 살리라」, 「함양 영혼의 동산 논개여」, 「농월정」, 「함양이 좋아요」 등 다섯 곡을 작곡해서 함양군에 헌정했어요. 이 곡을 '다별유스윈드오케스트라'가 연주해서 감명 받았어요. 2016년 7월 13일 함양 문화예술회관에서 개최된 5곡 헌정 기념연주회에서 경남오케스트라를 창단하고 이 오케스트라가 5곡을 처음으로 연주했습니다. 그날 군수가 오셔서 명예군민증을 주셨어요. 그리고 그 고장의 미술가 한 분이 눈 내린 백두산 호랑이 그림 한 점을 선물로 주셨습니다.

사회(심의섭): 고향이 강화도이시지요?

최영섭: 내 고향은 강화입니다. 참 살기 좋은 곳이지요. 대한민국의 최고의 섬에서 외람되게 제가 태어난 것만 해도 감사한 일입니다. 옛날부터 강화는 외부에서 들어오는 것이 없는 섬이에요. 지금도 그럴 거예요. 강화에서 생산되는 것이 밖으로 나가면 나갔지, 밖에서 안으로 들어오지 않는 자급경제를 유지하고 있어요. 외부에서 원조 안 받고 밖으로 주기만 한다는 섬이었기 때문에 '강화공화국'이라는 우스갯소리도 있습니다. 그것도 제 인

생과 작품에 영향을 미쳤지요.

1946년부터 인천에서 살았는데, 인천 시청 앞쪽 6만 평 밭과 논이 있었어요. 외아들로 태어난 저는 1945년까지 피아노를 연주했습니다. 한국을 대표하는 세계적인 피아니스트가 되려고 밤낮으로 지새면서 해방되는 해까지 연주했습니다. 그런데 해방되고 나서 가을이 되자 나에게 피아노를 가르쳐 준 숙대 음대 피아노과 주임교수이던 구연소 선생님이 개인지도를 하시다가 조심스럽게 할 말이 있다는 겁니다. 말인즉, 내 손가락이 짧아서 모차르트, 베토벤까지는 소나타도 다 연주할 수 있는데, 쇼팽, 리스트, 차이콥스키, 라흐마니노프 곡을 연주할 수는 없다는 거예요. "이제라도 늦지 않았으니까 작곡 공부를 하면 좋겠네." 이러시는 겁니다. 저는 펑펑 울기만 했어요. '아, 내가 피아노 대가가 되려는 꿈은 이렇게 없어지는구나!' 하고 펑펑 우는데 구연서 선생님이 어깨를 만지면서 지금까지 공부한 것은 이다음에 작곡할 때도 그대로 남아 큰 힘을 줄 거라고 위로를 해 주시더군요. 구연소 선생님 말씀대로 그때 제가 피아노를 공부하지 않았다면 어떻게 700-800곡이나 되는 곡을 작곡할 수 있었을까 싶어요. 그 고마운 생각을 지금도 하고 있어요.

내 동료나 선배나 후배들의 경우 멜로디는 작곡하는데, 반주는 멜로디 작곡 이후 거의 한 달이 지나야 나와요. 그래서 이상해서 물어봤더니, 피아노를 잘 모르니까 멜로디를 만들었지만 반주를 만들기가 어려워 늦었대요. 그걸 보면 죄송합니다만 많은 사람이 피아노를 잘못 배운 거라고 봐요. 피아노를 기능적으로 치는 것이지, 피아노를 아는 사람의 반주 서법이 아니더라고요. 그렇다고 상대방이 유명한 작곡가인데 뭐라고 할 수도 없고…, 속으로 그만 그렇구나 하고 생각할 뿐이었죠. 경복중학교 3학년 연말에 이

화여자 전문학교 음악부 작곡과 임동혁 교수님을 소개받아서 도미솔, 파라도, 솔시레 연결법부터 시작해 보통 작곡 공부하는 사람들이 2년, 길어야 3년이면 끝날 이론 공부를 저는 무려 6년을 했어요. 그 이유는 선생님이 내주신 숙제에 이론적으로 하나만 틀리면 난 죽었어요.

여러 번 죽었죠…, 어떤 때는 임동혁 선생님을 놀라게 하겠다고, 음악 노트 두 권 60쪽 정도나 되는 연습문제를 일주일 동안 밤을 새워서 다 풀어 제출했어요. '오늘은 내가 칭찬을 받을 거야' 하고 생각했죠. 아나나 다를까, 두 권의 과제물 중 한 권을 끝까지 보시면서 "으음, 놀지도 못하고 고생했겠군" 하시더군요. 그러다가 내 실수를 발견하신 거예요. 그때부터 불호령이 떨어졌지요. 무의식중에 실수를 한 건데, 선생님은 "다시는 너를 안 가르치겠다"며 노발대발하셨어요.

"아, 선생님 제가 거기 실수를 했습니다. 아는데도 무의식적으로 실수했습니다." 이렇게 말씀드려도 막무가내로 화만 내셨어요. "다시는 오지 마라!" 선생님은 한마디 말만 하고 벌떡 일어나서 북아현동의 이층집 아래 계단으로 내려가면서 문을 쾅하고 박차고 나가셨어요. 나는 울 수밖에 없었지요. 그래도 지주의 아들이라고 제가 레슨비를 남보다 두 배 이상씩 매번 드렸는데, 이런 소리를 들으니 우는 방법 외에 뭐가 있겠어요. 제가 막 우니까. 선생님 부인이 저를 달래더라고요.

"미스터 최, 우리 가족도 똑같아. 조금만 잘 못되면 문이 부서져. 그런데 15분만 있으면 잊어버려요. 이다음에 문소리 나면 울고 있어요." 임 선생님 부인은 일본 여자였어요. 그 말에 아랑곳하지 않고 그냥 울고 있는데, 20-30분이 지나도 선생님이 안 오셨어요. 그러다가 문소리가 나서 엉엉 울었어요. "미스터 최, 아직 안 갔어? 그 다음에 어디야? 첫 번째 노트 다 봤으니까 두 번째 노트 봐야지." 이 말씀을 듣고 나서야, 속으로 '이 분은 벌써 잊었구나. 다시는 이렇게 틀리면 안 돼.' 하며 다짐을 했지요. 그분이 돌아 가셨을 때 일본으로 문상을 갔어요. 연락선 타고 도쿄로 갔는데 잘 사시더 라고요. 저택도 어마어마하고. 이제껏 이런 얘기 누구에게도 한 번도 안 했 어요.

사회(심의섭): 1998년 북측에서 우리 측에 요청하기를 북측 땅에서는 '애국 가' 하고 「그리운 금강산」을 노래하지 못하게 해 달라는 것이었습니다. 금 강산관광 기간에 남측의 군가, 경축 의식가는 물론 대중가요 포함 71곡을 지정해 반주기, 관광버스, 유람선 등 북측 땅 어디에서도 금지했습니다. 아 직도 금지곡입니다. 가사를 고친 지가 오래됐는데 잘 모르는 사람도 많고, 아직도 어떤 인사들이 고의로 옛 가사 그대로 부르기도 합니다. 더 잘못된 것은 외국 가수들도 그대로 부른다는 겁니다. 2011에 슈베르트의 숭어 얘 기는 송어로 바로잡았는데, 한국에서는 이 문제가 아직도 헷갈리는데 작곡 가 선생으로서 소감은 어떻습니까?

최영섭: 1961년도에 KBS로부터 연락이 왔어요. 제가 리라국교 옆에 살고 있던 시절에 KBS의 부탁을 받아 급히 작곡했어요. 1972년에는 당국에서 요 구해서 한상억 작사자님이 원시를 직접 세 군데 고쳤어요. 1972년 남북회 담 때 원래 가사 중에서 너무 격렬하다 싶은 가사 세 군데를 고치면서 화해 분위기를 반영했지요. 그런데 지금 말씀하신 대로 가사 고친 것을 알면서 도 어느 소프라노는 무조건 원가사대로 불러요. "아, 우리 집안이 평안도에 서 그 사람들 때문에 우리 집안이 얼마나 혼이 났는데 왜 고치느냐?"고 하

면서….

사회(심의섭): 금지곡인데도 금강산관광 7주년 축하 공연장인 금강산 옥류관에서 배기선 의원의 부인도 불렀지만 별 탈 없었습니다.

최영섭: 제 개인적인 생각은 하늘이 무너져도 같은 하늘인데 어렵더라도 통일을 해야 한다고 생각해요…. 어쨌든 남과 북으로 분단돼 있으면 안 돼요. 통일해야 합니다. 45년 해방, 6·25로 38선이 생기고, 50년, 60년이 지나 반세기가 넘게 흘러도 통일은 아직도…. 여하간 형태라도 좋으니까 하나로 합쳐야 합니다. 나도 보수성향이지만 약간 다른 형태로라도 통일해야 한다고 봅니다. 노래 가사도 새로 고친 대로 불러야 한다고 생각합니다.

사회(심의섭): 북에서 남측의 노래 중 「애국가」, 「그리운 금강산」, 「전우의 시체를 넘고 넘어」 등 71개 곡을 금지곡으로 하고 있어요. 그런데 「그리운 금강산」에서 '자유만민'이란 단어를 문제 삼아 금지곡으로 한다는 말도 있는데요.

최영섭: 그런 얘기는 없었어요.

참석자: 만든 얘기군요.

최영섭: 북측에서 금지곡이 있었어요. 1998년 9월 21일, 북측에서 방송한 것을 KBS, MBC가 다시 방송했어요. 1998년 11월 18일, 첫 배가 금강산으로

가는 날 2-3개월 전 북측 땅을 밟은 사람들은 현지에서 부르면 안 되는 노래가 있다고 했어요. 남측의 「애국가」, 「그리운 금강산」, 「전우의 시체를 넘고 넘어」 등 세 곡은 일차적으로 절대 부르면 안 된다고 했어요. 72년에 가사 고친 것을 북측도 알 텐데 90년대 말에 부르면 안 된다고 공표했어요. 58곡 대중가요는 곡 수만 얘기했어요. 당시 저는 삼성병원에 하루 입원했을 때인데 TV 방송 보고 가슴이 콩알만 해졌어요. 그래서 1998년 11월 18일 첫 배를 안 탔어요.

신변 보장이 되니 금강산에 가도 된다 해서 2000년 5월에 처음 갔는데 아무일 없었어요. 그런데 재미있는 이야기가 있어요. 여자 안내원이 따라다니면서 도움을 주려고 해서 오히려 고맙더라고요. 제가 손을 웃옷 안주머니에 넣으려는 시늉만 해도 여자 안내원이 라이터 불을 켜 줘요. 그러면서 하는 귓속말이 정말 우스웠어요. "어서 한 모금만 빠세요. 그런데요, 한 모금만 빠시고 저한테 주세요. 여기는 25달러 벌금 지역입니다. 제가 갖다가 쓰레기통에 버릴 테니 한 모금만 딱 하세요." 참 재치 있는 사람이었어요. 그리고 산에서 내려올 때 물을 떠서 마시다 조금 흘리니까, 그 안내원이 안 된다면서 이유를 가르쳐 주더군요. "안 됩니다. 안 돼요. 물을 마시는 거는 좋은데 흘리시면 안 됩니다. 장군님께서 내려 주신 이 좋은 물을 다 마시면 모를까, 조금이라도 버리시면 안 됩니다. 이거 흘리면 15달러 벌금입니다." 그래서 다 마셨어요. 야…, 금강산 갔다 온 이야기만 써도 하나의 좋은 추억거리네요.

참석자: 그런데 한 번밖에 못 가셨어요? 봄에 가셨으니까, 여름, 가을, 8·15에 한 번씩 세 차례 더 간다 하신 약속 지키셔야지요. 그래도 딱 한 번 처음

가셨을 때 「금강산 연가곡一봄, 여름, 가을, 8·15」를 즉흥적으로 작곡하셨으니 다행입니다.

최영섭: 남북정세가 악화 일로로 나가니까 아무리 가사를 이해할 수 있게 고쳤더라도, 92년 1월 방송에서 아무리 잘 설명했다 하더라도 이유 여하를 막론하고 내가 지금 평양에 있다면 체포됐을 거로 생각합니다.

참석자: 선생님은 조국이 분단된 노래를 많이 작곡하시고 「그리운 금강산」은 국제적으로도 유명한 가곡이 됐습니다. 그런데 선생님은 차라리 「그리운 금강산」 같은 곡은 없었던 것이 좋았다 하시면서, 어떤 때는 노래가 불리지 않기를 바라는 심정이란 역설을 논하십니다.

최영섭: 그랬어요. 「그리운 금강산」 그만 좀 노래하고 내가 마음속으로 대표가곡으로 여기는 신경림 시에 곡을 붙인 「목계장터」라든가, 혜원 김영희 작시 「낙엽을 밟으며」라든가, 조병화 시의 「추억」과 「길」, 이런 곡을 노래해줬으면 좋겠어요. 빨리 통일이 되면 "아, 그 옛날에 분단됐을 때 통일을 바라는 이런 노래도 있었다"라고 하면서 그저 에피소드로 남았으면 좋겠어요. 어쩌다가 분단을 노래한 것이 가장 대표곡으로 알려진다면 내 인생이 이게 뭔가 싶고, 인생 자체가 분단이라는 생각이 들어요. 제가 그렇게 공적으로 이런 얘기를 한 적이 있습니다.

사회(심의섭): 업적을 많이 남겼는데 국가에서 너무 서운하게 하는 건 아닌가요? 예를 들자면, 시인 고은 선생에 대한 경쟁적 거처 권유, 안익태 선생께는 스페인에 집도 사주고 후손도 돌봐 주고 있는데, 선생님에게는 혹시 이런 비슷한 제안이 없었는지요? 함양은 좋게 생각하는데 제가 아쉬워서 여쭤보는 겁니다. 안익태 애국가 논란, 홍난파 같은 분들은 친일과 연결되는 논란도 있지만 선생님은 그런 거 하고는 관계없는 분입니다. 그런 분들은 대단한 분으로 예우하고 있는데, 그에 비해 국민가요의 작곡가이고, 한국음악의 거장이신 선생님께는 저작권료도 제대로 안 주는 세상이니 답답하고, 안타깝습니다. 선생님도 이런 얘기 들으면 만감이 교차하시겠지요.

최영섭: 아침 점심을 안 먹고 저녁때 먹어도 사람 앞에서 환하게 웃으면서 얘기하니 상대방이 아침 점심을 사정에 의해서 못 먹은 것도 모르고 그저 열심히 작곡하고 있으니까 어련히 잘살고 있지 않겠나 하고 생각하기 때문일 겁니다. 예를 들어, 독신 생활 20년을 하는데 아침 점심을 안 먹고 외출했는데 모처럼 만나는 그 사람한테 얼굴 찌푸리면서 "아이고, 그런 얘기는 둘째 치고 배고프니까 식사부터 먼저 하고 얘기 나눕시다" 하고 말하는 성격이 아녀서 그저 저를 만나는 사람은 대부분이 그저 제가 잘살고만 있을 줄 알아요. 그나마 저작권협회에서 그래도 한때는 500여만 원씩 들어왔어요. 「그리운 금강산」 때문이 아니라 오케스트레이션, 교향시곡, 합창, 편곡 등 내 작품이 많으니까요. 그런데 1997년 IMF 이후부터 약 1/10로 떨어졌어요. 500여만 원이 50여만 원으로요.

프랑스 문화부 직원들의 중요한 일은 프랑스 국내에 사는 음악가나 연극인, 화가, 시인, 발레리나 등 각 분야 예술가들의 생활을 살피면서 혹시나 끼니를 거르나, 잠자리가 없어서 노숙을 하나 열심히 살피는 거라고 들었어요. 그래서 프랑스가 선진국이구나 그런 생각을 했습니다. 우리나라에서는 윤용하 씨 같은 분이 '간 질환에 의한 영양실조'로 사망했다는 진단이 나왔는데, 그건 의학용어이지 그냥 우리말로 하면 굶어 죽은 겁니다. 아 그래 '보리밭'을 작곡하고 한국문화예술 총연합회 사무총장을 하던 윤용하 선생이 그렇게까지 어렵게 살아온 것을 나라에서는 콧방귀도 안 뀌다가 떠나니까 3급짜리 보관문화훈장 하나 덜거덕 던져 줬어요. 이거나 받아라 하고 던져준 게 양철쪼가리입니다. 이러면 안 됩니다. 100년 지나면, 500년 지나면 현재 위정자들의 이름이 남겠습니까? 뭐가 남겠습니까? 아무것도 안 남아요. 문화예술만 남아요. 그 문화예술을 창조하기 위해서 조석을 굶어 가면서 어려운 생활을 한 사람들이라고요. 대통령 취임식 행사 진행은 문화예술가가 1/3을 차지하는데 그 대통령이 어려운 문화인들에게 베푼 것이 딱 1원이라도 있어요?

사회(심의섭): 4계 연가곡인 「아! 우리 금강산아」(홍일중 작시, ① 봄이 오는 소리 〈봄〉, ② 놀라운 손길 〈여름〉, ③ 천년의 그리움 〈가을〉, ④ 고난의 숨결 그리고, 우리 그날 그날에 〈겨울〉)가 4개 이니까 8개입니다. 그리고 선생님의 애칭이 Korea Schubert(한국의 슈베르트)라고 하는데요, 하실 말씀이라도….

최영섭: 내가 작곡한 가곡이 600곡이 넘으니까 내가 작곡한 곡도 잘 몰라요. 언제인가? 어디 가다가 가곡이 들려오는데 내가 작곡한 거 같기도 해서 봤더니 '최영섭 작곡'이라고 돼 있더라고요. 슈베르트가 600곡을 작곡했다고 하지만 악보로 남아 있는 것은 80곡밖에 없어요. 분명히 600곡을 작곡했는데 200년, 300년 흐르니까 90%의 악보가 없어졌어요. 작곡을 안 했는데 600곡이라고 하는 서양 사람들은 아니에요. 그 슈베르트가 한번은 빈 중심

가 공원 동쪽에 있는 시골 우물가를 걸어가는데 아가씨들이 빨래하면서 노래를 불러요. 슈베르트가 들으니 자신이 작곡한 것 같은데 긴가민가해요. 그래서 묻지요.

"아주머니네들 지금 노래가 어떤 곡입니까?", "요새 시내서 가장 유명한 슈베르트가 작곡한 '보리수'란 곡인데 젊은이는 그것도 모르시오? 아, 우리 바빠요. 꺼져요." 무안만 당한 슈베르트가 뭐라고 했는지 알아요? "아, 그렇습니까. 어쩐지 내 곡 비슷하다고 생각했는데…." 이러고 가더랍니다. 그리고는 시내에서 일보고 저녁 6시 저녁 식사를 해야 하는데 마차를 탈 돈이 없어서 걸어갔더니 6시 5분에 약속 장소인 식당에 도착했더랍니다.

서양 사람들은 동양 사람과 달리 "저녁 식사는 어떻게 하셨습니까?" 하고 묻지 않아요. 6시가 넘었으니까 "식사는 하고 오셨겠지요?" 하고 물어요. 저녁 식사를 안 준다는 이야기예요. 그러면 슈베르트도 저녁을 먹고 왔다고 대답했어요. 그러니까 슈베르트도 윤용하처럼 굶는 것을 밥 먹듯 해서 결국 영양실조로 죽었어요. 슈베르트가 서른한 살에 죽었으면 얘기 끝난 거죠. 뭐. 슈베르트는 배가 고프면 작곡을 했어요. 신경을 쓰면 배고프지 않으니까 몰두한 것입니다.

참석자: 저도 마찬가지예요. 금강산의 좋은 경치 보고 셔터를 누르면 배가 고픈지, 점심을 먹었는지 생각이 안 나요.

사회(심의섭): 동영상으로 「그리운 금강산」을 검색해 보니까 조수미, 홍혜경, 플라시도 도밍고와 같은 국제적 성악가들 노래의 영어 제목이 다 틀려요.
- Our beloved Geum-gang Mountain

- Missing Mount Keumkang

- a longing for Mt. Geumgang

- Longing for the Mt. Diamond

- Longing for Mount Kumgang

- Nostalgic Geumgangsan

「그리운 금강산」 작곡가로서 적어도 외래어 제목을 결정할 분은 선생님밖에 없어요. 더구나 영문 번역본은 김보경의 번역본 하나밖에 없습니다. 그런데 후렴 부분 번역이 같지 않아요. 영문 제목을 어떻게 하면 좋을까요?

최영섭: 영문제목은 이렇게 하고 싶습니다. 〈Longing for the Mount Geumgang〉

사회(심의섭): 앞으로 특별히 하시고 싶은 일은 어떤 것들이 있는지요?

최영섭: 이제 올해 가곡집 7권 130곡을 출판해야 합니다. 비매품 200부 한정이라고 해서 한국 가곡은 당분간 안 하고, 오페라 「울림」을 완성해야 합니다. 서양 오페라에서는 레스타티브(서창)라는 부분이 있는데, 한국말에서는 레시타티브를 맞지 않아서 안 넣었어요. 안 넣었어도 530페이지거든. 그거 넣으면 한 700페이지가 되는데 국립오페라 단에서 그 레시타티브를 넣을 장면이 적지 않기 때문에 가사를 외우기가 멜로디 다음에 리듬이 있어야 쉽다는 겁니다. 그래서 다는 그렇고 60%만 넣어 달라 그래서 60%만 넣어 주면 공연을 올가을 아니면 내년 봄에 작품을 올리겠다고 했어요. 1955년부터 시작했으니까 60년 만에 빛을 보는 거네요.

사회(심의섭): 선생님, 긴 시간 동안 말씀해 주셔서 대단히 감사합니다. 늘 건강하시고 더 왕성한 활동이 이어지기를 바랍니다. 거듭 감사드립니다.

금강산사랑을
돌아보며

일시: 2017년 3월 29일(수) 오후 6시 30분-8시 30분

장소: 광화문, 교보빌딩 16층

참석자: 김영일(효원물산 회장), 심상진(경기대 관광학과 교수), 이정수(금강산 아트 사진작가), 전숙희(교육복지연구원 원장), 조항원(흥사단 고양파주 지부장), 김용기(KBS 전 남북교류협력단 위원), 이오영(남북경제협력포럼 이사장), 우성제(우리은행), 류재복(종합일간지 '일간투데이' 중국전문 대기자)

사회: 심의섭(명지대 명예교수)

김영일 김용기 류재복 심상진 심의섭

우성제 이오영 이정수 전숙희 조항원

사회(심의섭): 반갑습니다. 오랜만에 만났습니다. 지난날 우리가 금강산사랑운동의 한가운데서 통일운동에 진력했는데 금강산관광이 중단된 지 벌써 많은 세월이 흘렀습니다. 온갖 추억이 우리의 기억에서 서서히 멀어지고, 금강산을 남달리 사랑했던 몇 분은 이미 고인이 되셨습니다. 통일운동의 근간인 금강산운동을 재개해야 하고, 새로운 남북협력의 획기적인 돌파구를 마련해야 하는 엄중한 시기입니다. 새로운 변화의 시기를 맞이해서 우리의 기억을 더듬어 기록으로 남기고 싶습니다. 돌아가신 임병규 관장과 이병태 원장의 금강산 사랑을 되돌아보고, 급변하는 통일 환경에 적응하기 위해 새로 출범할 정부에 전하는 제안을 말씀해 주시기 바랍니다.

조항원: 고 임병규 관장(전 남양주향토사료관장, 다산문화연구원장. 2014년 8월 12일 별세)은 금강산을 너무나 사랑했던 분이에요. 동양화를 전공한 화가이면서, 탁본의 전문가로서, 금석학자로서, 또 문예에 심취한 학자로서 다양한 분야에서 열정적인 활동을 하셨지만, 무엇보다도 금강산 사랑에 온몸을 다 바쳤던 분이지요.

사회(심의섭): 맞습니다. 분단 한반도에서 진귀한 보물 같은 분이었어요. 그런데 이병태 원장도 졸지에 타계하셨지요.

전숙희: 고 이병태 원장은 여러 치과 학술단체의 창립에 관여하셨고 돌아가실 때도 대한치과의사학회 회장을 다시 맡으셨어요. 고 이병태 원장은 금강산 지역에서만 봉사활동을 하신 게 아니고, 중국 연변 조선족 자치주의 구강보건학 발전을 위해 인적, 물적 지원도 아끼지 않으셨어요. 2001년 남

북치의학교류협의회를 창립하고 북측 치과계 발전에 크게 이바지하고, 평생의 역작이라고 볼 수 있는 『이치의학사전』을 출판해 학문적 업적을 남기셨죠. 그뿐만 아니라 전문 산악인으로서, 문학가로서, 또 피아니스트로서 활동하셨던 멋진 분으로 기억하고 싶어요.

사회(심의섭): 아, 그리고 한국관광공사에서 남북관광을 담당하셨던 북측관광개발위원실 박춘규 실장도 돌아가셨어요(2004년 12월 21일 별세).

심상진: 한참 열정적으로 금강산관광 업무를 하실 때인데, 과로로 인한 사고를 당하셨어요. 금강산사랑운동과 남북관광 증진에 쏟으신 열정과 협력을 잊을 수 없는 분입니다.

사회(심의섭): 돌아가신 임병규 관장과 이병태 원장, 박춘규 실장에 대한 각별한 인연이라든지 잊지 못할 일화가 있으면 자유롭게 말씀들 나누시지요.

전숙희: 임 관장님 사모님 말씀에 따르면, 임 관장님은 100여 차례 가깝게 금강산을 다녀오셨다고 합니다. 주로 사료 조사가 목적이었을 겁니다. 탁본 전문가이시니까요.

김영일: 현지 탁본도 하셨을까요?

이정수: 아마 어려웠을 겁니다. 통제가 심하니까요.

심상진: 임 관장이 내금강 만폭동에서 한 이야기가 아직도 생생합니다. 만폭동에 새겨진 양사언의 휘호에 대한 임 관장의 열강…. 참으로 신이 나서 말씀을 하셨지요. 삼일포에서 양사언의 시와 필체에 대한 열변, 그리고 탁본에 대한 전문가로서의 해박한 해설까지…. 아, 흘러간 이야기가 되는군요.

전숙희: 한국전통탁본보존연구회의 회장을 하셨고, 말년에 팔당 한강변에 금석박물관 건물을 지어 놓고 연구에 매진해야 할 순간에 갑자기 타계하셨어요. 서일대 윤종일 교수가 임 관장님이 남긴 많은 자료가 사장되는 것을 안타깝게 여기고 남양주탁본박물관을 건립했습니다.

사회(심의섭): 저도 남양주탁본박물관에서 탁본 체험을 하고, 황장목도 본적이 있습니다. 추억이 아련합니다. 아, 그리고 금강산 가이드를 떠올리면 이관재 전 현대아산 금강산관광 안전관리실장을 빼놓을 수가 없어요. 오늘 참석해야 하는데 부득이 불참하게 돼 미안하다고 하면서 전하고 싶은 얘기를 보내 주셨어요.

저(이관재, 전 현대아산 금강산관광 안전관리실장)는 임병규 관장님을 금강산에서 자주 봬 많은 이야기를 나누었는데 그분은 남달리 금강산에 관심이 많으셨어요. 탁본 전문가로서 금강산 바위에 새겨진 시와 서에 무척 관심이 많아서 자연스럽게 가까워졌습니다. 금강산 자료를 찾기 위해 중국과 일본을 오가며 자료 수집을 하면서 금강산백서를 만들었다고 들었습니다. 어느 날 삼일포에 봉래 양사언의 시가 있다는 데 어디에 있는지 물어보시기에 수소문해서 사진을 찍어 필름과 함께 드렸더니 얼마나 기뻐하

금강산 만폭동, 김광석 제공.

시던지… 제게는 별것 아닌 수고로움이었지만 그분은 좋은 자료라고 하시며 얼마나 좋아하시던지, 연신 감사하다고 하시던 모습이 너무나 천진스러웠습니다. 진정으로 금강산을 사랑했던 분인데 금강산관광이 재개되는 것을 보지 못하고 타계하신 것이 못내 아쉽기만 합니다. 임 관장께서 좋아하셨던 양사언의 시를 함께 읽어 보고 싶습니다. 삼일포 봉래대 밑에 양봉래가 글을 읽던 봉래굴이라는 석굴에 초서체로 새겨져 있는 조선 4대 명필이며 초서의 제일인자인 양사언의 칠언절시입니다.

거울 속에 피어 있는 연꽃 송이 서른여섯(鏡裡芙蓉三十六)
하늘가에 솟아오른 봉우리는 일만이천(天邊鬐鬐萬二千)
그 중간에 놓여 있는 한 조각 바윗돌은(中間一片滄洲石)
바다 찾는 길손이 잠깐 쉬기 알맞구나.(合着東來海客眠)

사회(심의섭): 감사합니다. 고 임병규 관장 이야기를 하면 한도 끝도 없을 겁니다. 이제 고 이병태 원장 이야기를 나누실까요?

조항원: 2007년인가요. 당시 온정리 보건소에 치과 진료시설 설치와 관리, 진료 등으로 한 달에 두 번씩 다녔던 것 같습니다. 이 원장은 진료도 중요하지만 예방의학을 중시했던 분입니다. 열악한 환경에서는 질병 예방이 최선의 진료 방법이라고 생각하셨던 것 같습니다.

심상진: 그래서 그런지 이병태 원장님은 항상 칫솔을 여러 개 갖고 다니셨어요. 필요한 분에게 주려고 그랬겠지요. 그분은 현대아산에서 근무하던

중국동포(조선족)도 도맡아서 치료해 주셨어요. 가격도 꽤 비쌌을 텐데 최신 치과 시술설비를 많이 전달하셨습니다.

전숙희: 아직도 눈에 선합니다. 빨간 넥타이에 중절모의 항상 웃는 노신사…. 멋쟁이였어요. 왜 늘 빨간 넥타이냐고 물으면 열정과 활기의 상징이라고 했어요. 그분의 생활철학이었던 같아요.

조항원: 최신 치과 설비라서 현지에서 사용 방법에 대한 실수담도 많았대요.

심상진: 그거야 짐작되는 이야기지요. 우리도 새로운 기계를 보면 마찬가지 아닌가요? 전기 전자 제품 사용법을 잘 모르면 실수하게 마련이니까요. 또 가끔 전력이 불안정하면 그것도 문제이지요. 컴퓨터 사용이 보편화하기 전에 전력이 불안정한 곳에서는 전압기, 전류조정기를 별도로 사용했으니까요. 아마 그런 경험도 하셨을 겁니다.

김영일: 의료기계 기증, 의료 협력, 학술 교류 등에서 보여 준 이병태 원장님의 선도적인 역할은 역사에 길이 남을 것입니다.

이정수: 아무튼 그분은 정열적이었고 헌신적이었던 분입니다. 그런 분들과 활동을 같이한 것이 우리에게 자랑이지요.

사회(심의섭): 고 이병태 원장은 박정희 대통령 치과 주치의셨어요.

삼일포, 김용기 제공.

심상진: 정주영 회장님의 주치의도 하셨어요.

조항원: 뭐랄까, 그분을 간단히 평하라면 보수적인 분인데, 비판적이기도 했어요. 어쨌든 선도적인 분으로 기억하고 싶어요.

사회(심의섭): 통일운동에도 적극적인 활동가셨어요. 돌아가신 임병규 관장과 이병태 원장 두 분은 지금도 우리와 함께 있는 것 같습니다. 못다 한 얘기는 후일담의 밑반찬으로 남겨두고 금강산사랑운동에 대해 얘기해 볼까요?

이정수: 저는 금강산 신계사 복원과 '금강산 찾아가자'는 주제로 광주, 부산, 대전 등 전국을 돌아다니던 전국 버스 투어 캠페인을 카메라에 가득 담았어요. 대화관광에서 투어 버스를 지원해 준 것도 고맙다는 생각이 들어요. 열정적이었던 '금강산사랑운동' 시민 밀착 활동 추억이 되살아납니다.

김영일: 참 열심히들 했어요. 을지로입구에서 캠페인 하다가 노인들하고 언쟁도 하고, 명동에서 어깨띠를 두르고 전단도 나눠 주고…, 활동한 만큼 보람도 있었지요.

이정수: 금강산관광 초기 설봉호로 다닐 때가 기억납니다. 몹시 추웠을 때인데, 배가 장전부두에 접안을 못 하고 바지선으로 관광객을 운송할 때 답답해서 불평을 좀 했어요. 그 말을 들은 초병이 "선생은 금강산 산행이 안 됩니다"라면서 금강산관광을 허가하지 않았어요. 배 안에서 선장하고 얘

금강산 비로봉 답사. 현대아산(주) 제공.

기만 하다가 돌아왔지요. 하지만 항상 북측 관계자들이 남측 관광객을 제지만 한 건 아니에요. 해금강 일출 촬영을 할 때는 금강산 안내원의 도움을 받은 적도 있어요.

사회(심의섭): 이정수 작가님은 우리 일행 중에서 금강산을 가장 많이 다니셨지요?

심상진: 물론 많이 다니셨지요. 그러나 이 작가님은 횟수라기보다는 촬영의 특성상 체류 기간이 길었을 겁니다. 사계절 촬영에, 일출, 일몰 등 빛의 장관을 담으려면 오랜 시간을 기다려야 하니까요.

사회(심의섭): 김영일 사장님, 금강산 비즈니스는 어땠어요? 그때 많았던 캠핑카 생각이 나네요.

김영일: 당시 저는 금강산에 전부 다 바쳤어요. 비즈니스니까 돈을 벌기도 했고 손해도 봤어요. 오늘 우리는 옛날을 회고만 할 것이 아니라 비즈니스 마인드를 다시 가져야 한다고 봐요. 금강산관광사업을 이제는 뛰어넘어야 합니다. 북측이 우리 생각보다 빨리 변하고 있어요. 시장화가 속도가 붙었는데 우리의 답답한 사고로는 연착륙이 안 돼요. 새로운 비전과 발상으로 잠재시장에 눈을 돌려야 합니다. 오직 대결만이 능사가 아니고 전방위 전략이 필요합니다.
이제 대북관계의 획기적 전환이 필요해요. 북측 시장에 우리가 우선 접근할 거라는 생각은 자만입니다. 국제시장은 경쟁이에요. 이제는 대결보다는

협력입니다. 비즈니스는 비즈니스로 해결해야 합니다. 어떤 의미에서는 현대아산이 역사적인 매듭을 지을 수 있는 역할을 하지 않을까요?

사회(심의섭): 맞는 말씀입니다.

김영일: 북측의 경협을 원하는 의지는 현장에서 느낄 수 있어요. 이제 북측의 비즈니스는 젊은 세대들이 주역입니다. 그들도 국제 관행과 비즈니스 경험이 많은 세대들입니다. 그게 현실이고 대세입니다. 우리는 남북이 같이 살아야 합니다.

조항원: 그런데 현재는 상대방의 원인 제공에 따른 후발 대응이란 주장으로 서로 맞서는 치킨게임 같아요. 전쟁이냐 평화냐는 선택을 우리가 해야 하는데….

사회(심의섭): 아, 어려워지네요. 좀 가벼운 얘기로 돌립시다. 혹시 배석하신 분 중에서 금강산관광과 관련해서 남기고 싶은 말씀이 있으면 해 주시지요.

김용기: 저는 방송 협상 관계로 금강산을 자주 다녔습니다. 초기에 금강산 관광 길에 보초를 서던 북측군인들의 모습이 생각납니다. 처음에는 현지 근무 병사들이었던지 덩치가 고만고만했어요. 그런데 후에는 건장한 군인들로 바뀌는 것 같았어요. 그리고 북측 관계자들과 협상을 할 때는 자신감이 있어 보였고, 사석에서는 서로 얘기가 통하는 것도 경험했습니다. 인간은 감정이 통하므로 교류가 잦아지면 통일 후의 남북 동포들, 민초들 간 갈

등의 정도는 작아지고, 기간은 단축될 것이라는 믿음이 강해졌습니다.

조항원: 저도 같은 생각입니다. 감동은 솔직한 데서 터져 나옵니다. 대화할 때도 감동이 있어야 협상이 수월해집니다.

김영일: 북측은 빠르게 변합니다. 스마트 폰을 사용하면서 시장화가 더 빨라지고, 시장 규모도 커집니다. 이런 과정이 바로 자본주의의 바탕이 다져지는 것이 아니겠어요?

김용기: 저도 같은 생각입니다. 덧붙이자면 북측이 추진하던 13개 경제특구는 40대 해외유학파 북측 관리들이 주축을 이뤄 추진한 것입니다. 그래서인지 경제특구 안에선 자본주의 시장경제체제를 용인하는 방향으로 계획했다는 분위기를 느꼈습니다.

류재복: 저도 기자로서 여러 차례 방문하면서 여러분들이 느끼는 것 같은 경우를 많이 접했습니다. 늘 강조하지만 교류 확대가 우선입니다.

사회(심의섭): 배석하신 분들도 이런 이야기 들으면 느낌이 많을 것 같아요. 어떠세요?

이오영: 말씀을 들으니 그동안 금강산사랑에 쏟으신 열정이 느껴져 진심으로 감사드리고 싶습니다. 관광 교류 외에도 다양한 교류가 지속해서 이루어져야 합니다. 남북 교류의 물꼬가 터지도록 중지를 모아야 합니다. 저는

'금강산을 넘어야, 우리의 미래가 있다'고 생각합니다. 평창 동계올림픽은 이런 차원에서 남북교류의 분화구가 될 수 있습니다. 평창 동계올림픽의 남북 공동 개최, 분산 개최를 추진해야 하고, 이것이 성사된다면 금강산관 광은 해결될 문제이므로 지금부터라도 활발한 논의를 해야 합니다.

김영일: 금강산관광 초기에 북측 정부는 온정리 등 고성 주민들과 남측 관광객의 접근을 엄격히 금지했어요. 그런데 고성인민위원장이 북측 정부에 "고성 주민은 뭐냐?"고 호소했고 그 결과 북측 정부는 주민들에게 비닐하우스를 만들게 했어요. 이런 현상이 점차 퍼졌는데, 나중에는 삼일포 주민들이 물건도 팔더라고요.

사회(심의섭): 그게 바로 민생의 현장이고 시장경제의 싹이 돋는 것이 아니 겠어요? 민간 인프라를 구축해야 합니다. 그게 일자리 창출이기도 합니다. 북측 고성 군민이 농장용 대지 일만 평을 내놓았고 현대에서 비닐하우스 농사를 지은 것입니다. 그래서 금강산관광은 단순한 관광이 아니라 바로 민생 프로젝트라는 차원에서 접근해야 합니다.

조항원: 저는 협동조합에 희망을 걸고 싶습니다. 남북측이 역할을 분담하고 투자 사업을 구체적으로 진행해서 손익 분담을 하자는 것입니다. 그래서 한반도관광협동조합을 만들었어요. 그리고 시장 접목은 대기업보다 중소기업이 접근하는 것이 사회경제의 활착을 위한 변화에 훨씬 학습효과가 크다고 생각합니다.

우성재: 금강산관광의 중단, 개성공단의 폐쇄처럼 남북경협 중단은 경제적인 면에서 느끼는 또 다른 분단의 비애입니다. 가슴이 아픕니다. 빨리 남북교류를 정상화해서 젊은 세대들이 북측 시장의 잠재력을 인식하고 통일을 앞당기는 데 에너지를 쏟아야 합니다.

김용기: 북측에 방송 협력을 위한 접촉에서 금강산관광 중단 원인이 된 박왕자 씨 사건관련 다큐멘터리 제작을 제의했을 때 북측에서 흔쾌히 수락했습니다. KBS가 다큐제작에 필요한 금강산 피격 현장 촬영과 북측 초병 인터뷰 등을 요구하였고, 북측은 제작에 협조하겠다는 연락까지 받았는데 한국의 정치적 상황에서 포용이 안 됐어요. 세월이 흘렀어요. 역사는 기록입니다. 역사는 교육입니다. 평가는 후세의 몫이지만, 기록은 당대의 의무입니다.

이오영: "적자생존(적는 자만이 생존한다)"이란 말씀이시지요. 이제 금강산사랑운동에 참여하신 원로 여러분들의 땀과 눈물이 한 권의 책에 담겨 출간될 것으로 생각하니 감개무량합니다. 앞으로 금강산과 개성공단을 문화 콘텐츠로도 접근하면서 외연이 확대되기를 바랍니다.

김영일: 남북문제는 정치, 외교, 경제, 문화 등 여러 방면에서 과감하게 접근해야 합니다. 과감한 접근에 대비해야 합니다. 어느 쪽에서든지 과감하게 접근해 오면 기회를 놓치지 말아야지요.

사회(심의섭): 그렇습니다. 북측 시장은 한국 기업만을 기다리는 곳이 아닙니다. 중국, 일본, 미국, 러시아 등 세상을 좀 누빌 줄 아는 나라들은 이미 집요하게 접근하면서 챙긴다는 것을 알아야 합니다. 북측은 우리에게 가장 가까운 상대이면서 가장 먼 나라 같은 답답한 형국인데, 앞으로는 지리적으로 가장 가깝고 사업에서도 가장 가까운 파트너로 만들어야 합니다.

전숙희: 내년 2월 평창 동계올림픽 때에 평창과 마식령에서 일부 종목이라도 분산 개최한다면 금강산관광을 패키지로 묶어야 합니다. 그러면 세계 각국 선수들에게 분단 현실을 알리고, 통일의 열망과 분위기를 국제적으로 확산시킬 수 있어요. 우리 역사에 이런 기회가 다시 올 것 같지 않아요. 절호의 기회입니다. 남북측 당국자들이 획기적 정책을 마련할 수 있도록 우리 NGO와 기업인들이 분발해 주시기 바랍니다.

이정수: 저도 한마디 하겠습니다. 백두대간을 누비고 다닌 사진작가로서 감히 말하자면, 한반도의 백두대간은 기가 매우 센 곳이라고 느낍니다. 이 땅에 외세는 발을 못 붙입니다. 우리나라 역사를 보세요. 일시적으로 외세의 침략을 받긴 했지만 결국 외세를 내몰았고 지금도 우리가 지키고 있지 않습니까? 금강산 일만이천 봉, 팔만구 암자는 기가 셉니다.

사회(심의섭): 지금까지 자리를 함께하여 적극 의견을 개진해 주신 여러분들의 충정 어린 말씀 많이 들었습니다. "지나간 것은 지나간 대로 그런 의미가 있지요"라는 노래 구절이 생각납니다. 지금까지 고 임병규 관장과 이병태 원장에 대한 회고담과 금강산관광에서 얻은 값진 경험을 공유해 주셨고, 역사적 사실과 현장에서 느낀 귀중한 정책을 제안하고 그 의도를 정확

히 밝혀 주신 것에 대해 감사드립니다. 이러한 대담이 남북 정책 당국자들의 난공불락과 같은 고정관념을 비집고 들어가서 국제화 시대에 희망을 맞이하는 한 줄기 햇살로 비치길 바랍니다. 좋은 일 많아지기를 기대합니다. 감사합니다.

사진제공: 이정수

부록

• 간추린 금강산의 역사

• 금강산관광사업 약사

• 사진으로 보는 금강산관광

• 금강산관광 재개 촉구를 위한 시민단체 연대 성명서

간추린 금강산의 역사

정리, 임병규
남양주향토사료관 관장

삼국시대

514년(신라 법흥왕 1년)
- 진표 장안사를 창건.

519년(고구려 안장왕 1년)
- 신계사 창건.

520년(신라 법흥왕 7년)
- 아도화상 건봉사를 창건.

551년(고구려 양원왕 7년)
- 고구려 승려 혜량이 신라에 귀화하면서 장안 사를 창건했다는 설과 신라 법흥왕 때 창건 됐다는 설이 있다.

600년(백제 무왕 1년)
- 백제 고승 관륵과 융운이 정양사를 창건.

661년(신라 문무왕 1년)
- 원효 정양사를 중창.

670년(신라 문무왕 10년)
- 표훈 스님 표훈사를 세움. 지금의 표훈사는 한국전쟁 때 파괴된 것을 복구한 것이다.

672년(신라 문무왕 12년)
- 회정 선사 정양사를 창건.

695년(신라 효소왕 4년)
- 표훈, 능인, 신림이 표훈사를 중창.

769년(신라 혜공왕 5년)
- 진표 율사가 금강산 최남단에 화암사를 창 건.

고려시대

935년(태조 18년)
- 신라가 고려에 항복하자 신라 마지막 왕인 경순왕의 아들인 마의태자는 개골산(금강산) 에 들어가 일생을 마쳤다.

982년(성종 1년)
- 금강산 장안사에 임도현(고성군 염성리)의 염 분(소금구이 가마)을 줌.

1012년(읍종 3년)
- 왕가도가 「발연사진표율사장탑비」 비문을 쓰 다.

1123-1146년(인종 때)
- 임춘, 『동행기』. 우리나라 최초의 금강산 여 행기.

1168년(의종 22년)
- 유점사를 500여 칸의 큰 절로 중창.

1175년(명종 5년)
- 표훈사 종 제작.

1199년(신종 1년)
- 5월, 「발연사진표장골탑비」 제작.

1303년(충렬왕 29년)
- 7월, 종균이 「금강산도」를 가지고 원나라에 가다.

1307년(충렬왕 33년)
- 노영이 금강산 1만2천 암봉을 그리다. 국립

중앙박물관 소장.

1309년(충선왕 1년)

- 삼일포 매향비를 세움.

1248-1326년(충숙왕 13년)

- 민지, 『금강산유점사사적기』.

1327년(충숙왕 14년)

- 유점사 나옹 왕사의 고륭계첩 제작.

1329년(충숙왕 16년)

- 강릉도 존무사 안축(安軸)이 관동 명승지를 살펴보고, 그 감회를 한시로 읊은 기행시를 모아 『관동와주』 제작.

1330년경

- 안축이 강릉도 존무사로 부임하고 돌아오는 길에 지은 경기체가 형식의 「관동별곡」.

1343년(충혜왕 3년)

- 원나라 순제의 고려인 황후 기씨가 황제와 태자를 위해 금 1천 정과 공인을 보내 장안사를 중건.

1344년(충혜왕 4년)

- 금강산 유점사에 관청을 두고 매년 불교행사를 크게 거행.

1349년(충정왕 1년)

- 이곡이 13일간 금강산을 유람하고 쓴 기행문 『동유기』.

1350년(충정왕 2년)

- 장안사에서 방타아적이 시주해 청동완 제작. 일본 법륭사 소장.

1352년(공민왕 1년)

- 표훈사 향완 제작.

1353~1375년

- 평장사 기철이 지은 「총석정가」의 내력을 『고려사』, 「악지」 속락조에 기록.

1368년(공민왕 17년)

- 표훈사 향로.

1372년(공민왕 20년)

- 공민왕이 강릉 쌀 600석을 금강산 사찰에 나누어 줌.

1374년

- 천재지변 방지를 위해 표훈사에 법석을 개설.

1391년

- 강원도 회양군 장연리 금강산 월출봉에서 출토(1932년)된 사리장엄구가 만들어짐. 함께 출토된 백자완에 만든 시기가 명기됨.

조선 초기

1396년(태조 5년)

- 명나라에 사신으로 간 권근은 황제의 명으로 응제시 24편을 지었고 그중 1편이 「금강산」.

1398년(태조 7년)

- 조선 건국 초기 행로로 국가안녕을 빌기 위해 표훈사에서 기도행사 개최.

1408년(태종 8년)

- 조정에서 은 4만 냥을 주어 유점사를 3천 칸으로 증축.

1424년(세종 6년)

- 선종 18개, 교종 18개 모두 36개의 사찰을 남기고 사원을 정리. 이때 유점사와 표훈사는 300결의 수조지를 받는 사찰이 됨.

1425년(세종 7년)

- 36사찰에 들지 못한 장안사와 정양사를 흥룡사(태인), 서봉사(창평)로 교체하고 장안사에 300결, 정양사에 150결을 수조지로 줌.
- 세종이 장안사를 선종, 정양사를 교종으로 삼다.

1431년(세종 13년)
- 8월, 명나라 사신이 「금강산도」를 청함.

1453년(단종 1년)
- 유점사에 화재.

1455년(세조 1년)
- 조선 초기 대표적 화원 안귀생은 도승지 신숙주의 지시에 따라 명나라 사신들에게 「금강산도」를 보여 줌.

1456년(세조 2년)
- 유점사를 세조의 원당으로 지정.
- 세조 표훈사 보수.

1458년(세조 4년)
- 유점사 재건축 불사를 위해 도첩증을 발급.

1459년(세조 5년)
- 정양사에 대장 봉안.

1460년경
- 김시습, 『탕유관동록후지』.

1466년(세조 12년)
- 세조가 장안사, 표훈사, 정양사, 유점사를 돌아보고 해마다 쌀 100섬, 소금 50섬을 절에 주도록 지시.
- 고성별시를 실시. 18명 급제.

1466년(세조 12년)
- 2월 온정리에 행궁을 짓고 순행길에 올라 3월 21일 장안사, 정양사, 표훈사로 가서 간경

도감에 명해 수륙회를 설치하고 호조에 명해 쌀 300석, 찹쌀 10석, 깨 20석을 여러 사찰에 나누어 주다. 유점사에 들른 세조는 승학열에 명해 법당을 능인전이라 하고 산영루를 짓게 하다. 유점사 대종(정인지 찬, 정란종서)을 주조하다.
- 성종 때 일본 외교사절이 금강산 관람을 청했으나 국토의 깊숙한 곳을 보이는 것은 군사상 불리하다고 판단해 불허.

1468년(세조 14년)
- 배련은 금강산에 파견돼 「금강산도」를 그려서 바침.
- 1월 유점사 보수.

1469년(예종 1년)
- 4월, 명나라 사신에게 「금강산도」 줌.
- 8월, 11일 황제에게 「금강산도」를 보냄.
- 표훈사 종, 유점사 종 주성.

1485년(성종 16년)
- 홍귀달이 관동팔경의 명소인 삼일포를 읊은 「고성삼일포서」.

1485년(성종 16년)
- 남효온이 4월 15일부터 약 1주일간 금강산을 유람하고 쓴 『금강산기』. 15세기 대표적 기행문.

1490년경
- 1482년 폐비 윤씨 사건으로 김시습이 관동지방을 유랑하며 쓴 『관동일록』.

1493년(성종 24년)
- 이원이 20여 일 동안 금강산을 유람하고 쓴 『유금강록』.

15세기

- 성현은 금강산을 탐승하고 쓴 「유삼일포부」
와 「동행기」.

1550년(명종 5년)

- 양사언은 회양 군수 시절 금강산에 암각문을
남김.

1535년(중종 30년)

- 금강산 승려 성희가 도솔암 창건. 유점사 북
쪽 2km 지점에 있다.

명종 재위 시기(1545-1567)

- 성제원이 『와유록』에 「유금강록」을 남김.

1553년(명종 8년)

- 홍인우가 서울을 떠나 49일 동안 금강산을
육로 923리, 해로 405리, 산길 280리를 여행
하고 쓴 일기체 기행문 『관동일록』.

1555년경

- 이이는 19세 때 어머니 신사임당을 여의고
슬픔을 못 이겨 금강산에 들어가 1년 가까이
지내다. 이때 금강산을 속속들이 음미해 장
시 「풍악행」 외에 「만폭동」, 「비로봉」 등 10
여 편의 기행시를 남김.

1557년(명종 12년)

- 유운룡이 간성 군수인 조부를 뵈러가서 고을
선비 황후 등과 약 10일간 금강산(유점사, 내
무재령, 표훈사, 만폭동, 외금강)을 순회하고
쓴 『유금강산록』.

1567년(명종 22년)

- 고성군수 차식 산해정을 처음 건축. 그 후 네
차례 중수하고 한석봉, 송시열, 김수증이 현
판을 썼다.

1570년(선조 3년)

- 이지함이 50세가 넘어서 금강산을 유람하다.
이때 왜적의 침입을 예견한 내용이 『임진록』
에 나옴.

- 최운우 『향호문집』에 수록된 「금강산록」.

1580년(선조 13년)

- 강원도 관찰사 송강 정철(45세)이 지은 『관동
별곡』.

1585년(선조 18년)

- 정곤수 『와유록』 8에 실린 기행견문록 「금강
록」.

- 양사언의 만폭동 「봉래풍악원화동천」을 교
룡이 뛰어나오는 형상으로 표현. '봉래'는 금
강산을, 원화동천은 만폭동의 다른 이름.

- 이계현은 40회 금강산을 출입했다 함.

1586년(선조 19년)

- 11월, 장안사 「아이타오존화상〉 그림.

조선 중기

- 이희삼 시문집 『노재집』에 금강산을 유람하고
쓴 대표작 「영랑호」, 「총석정」, 「낙산사」가 들어
있다. 1592년 6월 일본 침략군이 평안도 함경
도까지 점령했다. 대장 모리 요시나리는 부하
를 이끌고 금강산에 큰 사찰이 있다는 사실을
알고 약탈했다. 신계사가 그때 소실됐다. 서산
대사는 1549년 승과에 급제, 대선을 거쳐 선교
양종판사가 되었다. 1556년 이 직책에서 물러
나 금강산, 두류산, 태백산, 오대산, 묘향산 등
을 순회했다. 유정은 금강산에 있던 중 스승 서

산대사가 승병을 모집하자 표훈사에서 의병을 일으켜 목숨을 걸고 싸우자고 호소하다. 그는 7000여 명의 승병부대를 이끌고 개성을 되찾는 데도 공헌했다.

선조 재위 시기(1567-1608)

- 양대박의 시문집 『청계집』(4권 2책)을 아들 양경우가 편집하다. 이 속에 「금강산기행록」이 들어 있다.
- 노경임이 『유금강산기』를 남기다.

1596년(선조 29년)

- 김개국이 도사 김제남, 참봉 김덕원과 함께 비현산과 금강산을 유람한 후 「관동록」을 쓰다. 『만취일고』에 들어 있다.

1597년(선조 30년)

- 일본군이 다시 쳐들어오자 사명당은 금강산의 승병을 재조직해서 크게 활동하다.(정유재란)

1600년경

- 배용길의 『금역당집』 권5에 「금강산기」가 들어있다.
- 제월당은 서산대사의 제자로 금강산에서 수도하고 있던 중 일본이 쳐들어오자 승병을 일으켜 좌영장이 돼 큰 공을 세웠다.
- 차천로는 부친 차식이 세운 해산정에 대해 「오산설림」에 자세히 기록하다.

1615년(광해군 7년)

- 이형윤은 7월 27일 서울을 출발해 한 달간 금강산을 유람하고 돌아오기까지의 내용을 담아 「유금강산기」를 쓰다. 그의 문집 『창주집』에 들어 있다.

1620년경

- 정엽은 저서 『수몽집』을 남겼는데 그 속에 「금강록」이 들어 있다.

1621년(광해군 13년)

- 양사언의 아들 만고는 8월 15일 친구 정여선과 만폭동을 찾아 부친의 암각문 「봉래풍악원화동천」이 심하게 마멸된 것을 보고 획을 보충하다.

1622년(광해군 14년)

- 문신 유몽인이 64세가 되던 해 금강산에서 여러 이인을 만나 『풍악기우기』를 쓰다.

1624년경(인조 2년)

- 조우인이 만년에 정철의 『관동별곡』을 보고 『관동속별곡』을 짓다. 『관동별곡』에 나오는 곳은 중복을 피해 간략히 다루고 정철이 가보지 못한 백천동, 비로봉, 구룡폭에 관한 시를 읊었다.

1627년(인조 5년)

- 사명당의 제자인 허백당은 금강산에 있었는데 후금이 침입하자 팔도의 승병대장이 돼 승병 4천 명을 이끌고 안주성에서 후금의 군대와 싸웠다.

1600-1650년

- 정두원의 『호정집』에 「동유금강록」이 들어 있다.
- 고승 언기의 『양편당집』에 「봉래산운수암종봉영당기」가 기록돼 있다.
- 이구의 『송암유집』에 「와유금강록서」가 들어 있다.

1632년(인조 10년)

- 백화암에 서산대사비 건립.
- 표훈사에 휴정대사비 건립.

1639년(인조 17년)
- 이민구 시문집 『동주집』 13책이 있다. 권두에 인조 17년에 쓴 자서가 있다. 이 속에 「동유록」과 「관동록」이 있다.

1640년(인조 18년)
- 이명한이 『유풍악기』를 쓰다.

1647년(인조 25년)
- 선조 때 승려 법견 스님의 문집 『기암집』에 금강산 유점사 법당 상량문, 장안사 법당 권선문, 유점사 천왕문 권선문, 표훈사 해회당 권선문이 기록되어 있다. 이 기록은 금강산 사찰의 역사적 사료로 중요하고, 금강산 백화암의 서산대사 비문발문은 청허의 제자 언기와 쌍흘이 청허의 법맥을 고려 말 태고와 연결시켜 후세에 유포시키기 위해 묘향산 보현사와 같이 세웠다. 법맥 연구의 중요자료이다.

인조 재위 시기(1623-1649)
- 이정귀가 금강산 탐승기 『유금강산기』를 쓰다.

1651년(효종 2년)
- 이경석이 단발령을 넘어 내금강 쪽에서 외금강 유점사 쪽으로 탐승한 일기체 기행문 『풍악록』을 쓰다.

1654년(효종 5년)
- 신익성의 시문집 『낙전당집』(15권 7책)을 아들 신면, 신최가 수집해 이민구에게 선정을 청해 간행하다. 이 속에 「유금강내외산제기」, 「유금강소기」가 들어 있다.

효종 재위 시기(1650-1659)
- 홍여하 시문집 『목재집』(13권 7책)에 「유풍악기」, 「총석정기」, 「풍악만록」이 들어 있다.

1662년(현종 3년)
- 표훈사 허백당대사비 건립.

1671년(현종 12년)
- 김창협은 13일간 금강산을 오르내리고 날짜별로 기록한 기행문 『동유기』를 남기다.

숙종 재위 시기(1675-1720)
- 송광연의 손자 송인명이 『범허정집』(7권 2책)을 편집 간행하다. 그 안에 「금강록결어」가 있다.
- 이세구는 시문집 『양와집』에 「동유록」을 남기다.

1680년대
- 송회석의 『동계유고』에 「몽유풍악기」가 있는데 고성 온정리에 병자를 고친다는 소식을 듣고 조부 송시열과 함께 온정리 여관에 유숙하는 동안 꿈속에서 금강산을 유람한다는 상상 속의 기행문이다.
- 고승 해일의 『영허집』에 기행문 「금강산기」가 있다.

1684년(숙종 10년)
- 유명악과 이몽상이 금강산을 유람하면서 지은 시를 친필로 『금강시첩』을 만들다. 사본 1첩이 국립중앙도서관에 소장돼 있다.

1687년(숙종 13년)
- 안서우가 한문소설 『금강탄유록』을 썼다. 성격이 방탕한 주인공 김생이 금강산에서 도승을 만나 신선이 되려다 실패한다는 내용이다.

1696-1698년

- 고성 군수 남택하가 처음으로 '해금강'이란 이름으로 부르다.

17세기

- 김득신 시문집 『백곡집』에 「금강산록」이 들어 있다.
- 송시열이 함경도 덕원으로 귀양 갔다가 다시 경상도 장기로 유배지를 옮기면서 금강산을 거쳐 동해안 물치를 통과하는 동안 유명한 시와 일화를 많이 남기다.
- 맹주서가 금강산을 여러 번 찾다.
- 이만부는 『지행록』에 「금강산총기」를 남기다.
- 태허자는 금강산 유람 후 「태허기역」를 쓰다.
- 종상윤의 『위와집』에 「유금강산일기」가 실려 있다.

1708년(숙종 34년)

- 장안사 종 중주.

1711년(숙종 37년)

- 김수증 시문집 『곡운집』(6권 3책)을 조카 김창흡이 간행하다. 그 속에 있는 「풍악일기」는 금강산을 두루 구경하고 쓴 일기체 기행문이다.
- 겸재 정선이 「신묘 풍악첩」을 그리다. 국립중앙박물관 소장.

1714년(숙종 40년)

- 이하곤은 37세 때 금강산 일대를 유람하고 시문집 『동유록』을 남기다.

1715년경

- 금강산 유람기인 「금강유산일기」는 연대, 작가 미상이나 내용 중에 "1714년 양주목사로 부임한 이진검이 구경 와서……"라는 기록이 있다.

18세기

- 서종태는 『만정당집』을 남겼는데 이 안에 「관풍악내산기」가 들어 있다.
- 최북이 「표훈사도」와 「금강산도」를 그리다.

1724년(경종 4년)

- 신의집은 조선 후기의 학자이자 왕족인 이곽의 시문집 『노주집』(2권 1책 목판본)을 편집 간행하다. 이 안에 즉흥시 「장안사」, 「만폭동」이 들어 있다.

1726년(영조 2년)

- 김창집의 시문집 『포음집』(6권 3책)에 「동유기」가 들어 있다.

1729년(영조 5년)

- 오도일의 시문집 『서파집』을 셋째 아들 수엽이 간행하다. 이 안에 「관동록」이 들어 있다.
- 유점사 동종 주성.

1731년(영조 7년)

- 장안사 대웅전 복구.

1732년(영조 8년)

- 법종이 금강산을 구석구석 답사하고 쓴 「유금강산록」이 『허정집』에 들어 있다. 등산 코스를 아주 자세하게 기술했다. 서울대학교 도서관과 동국대학교 도서관에 소장돼 있다.

1734년(영조 10년) 사진

- 정선이 58세 때 「금강전도」를 그리다. 국보 제217호로 호암미술관 소장.

1736년(영조 12년)

- 이린상이 금강산의 「은선대」, 「옥류동」을 그리다.

1739년(영조 15년)

- 박순우가 54세 때 한 달간 금강산 일대를 유람하고 국한문혼용 한글기행 가사 『금강별곡』을 짓다. 『금강별곡기미본』이라고도 한다.

1742년(영조 18년)

- 조재도가 봄 가을 답사 후 「유풍악기」를 『인암유고』에 싣다.
- 정선이 「해악전신첩」을 그리다. 간송미술관 소장.

1746년(영조 22년)

- 강원도 산간지방과 금강산 일대에 농민 폭동이 일어나다. 금강산에서는 유점사, 표훈사, 장안사의 승려들을 뽑아 주민들의 통행을 단속했다.

1747년(영조 23년)

- 겸재 정선 72세로 금강산 사생답사.

1748년(영조 24년)

- 이시선의 『송월재집』을 손자 인구 인당·인산이 이광정에게 부탁해 간행하다. 이 안에 「관동록」이 들어 있다.

1749년(영조 25년)

- 이명준 시문집 『잠와유고』(4권 2책)을 후손 징도가 편집 간행하다. 이 중에 「유산록」이 들어 있는데, 이명준이 1628년 강릉부사로 나가 있을 때 아들 현기 선기, 친지 박시창과 함께 금강산을 구경하고 쓴 기행문이다.

1750년(영조 26년)

- 권상룡 시문집 속에 금강산 기행문 「유금강내산대략」이 있다.

1751년(영조 27년)

- 김상직의 「동유록」이 『치재유고』에 들어 있다.

1752년(영조 28년)

- 이명환이 함경북도 병마평사로 있을 때 적은 시문집 『해악집』(4권 2책)을 냈다. 이 안에 「풍악지행」이 들어 있다.
- 이린상이 설성에 은거하면서 「구룡연도」를 그리다.

1754년(영조 30년)

- 이희조 문집 『지촌집』(32권 15책)을 아들 양신이 간행하다. 이 속에 「해산창수록」이 들어 있다.

1764년(영조 40년)

- 박지원은 27세 때 금강산과 동해안 일대를 여행하다.

1767년(영조 43년)

- 건봉사 대웅전 동종 주성.
- 박종이 지은 「동경유록」에 총석정, 삼일포 등의 기행이 기록돼 있다.

1768년(영조 44년)

- 겨울 금윤겸이 「금강산화첩」을 그리다.

1772년(영조 48년)

- 김응환이 김홍도에게 「금강산전도」를 그려 주다.
- 유점사에 풍악당 대사비 건립.

1774년(영조 50년)

- 김개국 시문집 『만취일고』(2권 1책)를 5대손 상규가 편집 간행하다.
- 유점사에 풍악당 대사비 건립.

영조 연간(1725~1775)

- 이도익의 글을 손자 이장옥이 모아 편집했지만 간행하지 못한 『희구재유고』(2권 2책 사본)가 있다. 이 속에 「배유금강록」이 들어 있다.

1775년(영조 51년)

- 채팽윤 시문집 『희암집』(29권 14책)을 종손 제공이 간행하다. 이 안에 「풍악록」이 들어 있다.

1778년(정조 2년)

- 작자 미상의 빼어난 금강산 기행문 『금강유산기』가 있다.
- 신광하가 50세 때 금강산 여행시집 『동유록』을 남기다. 이 속에는 「동유기행」도 들어 있다.
- 표훈사 복구.

1781년(정조 5년)

- 유명응 시문집 『노암유고』를 증손 찬조가 편집하다. 강원도 일대의 배경으로 한 「관동유람록」이 들어 있다.

1782년(정조 6년)

- 표훈사 종 개주.

1787년(정조 11년)

- 신광하가 59세 때 금강산을 재차 유람해 『풍악록』을 쓰다.
- 정조의 명으로 내부에서 문신, 학자 홍낙인의 시문집 『안화유고』(6권 3책 목판본)을 편집 간행하다. 3권에 시 「유점사」, 「해금강 등」이 들어 있다. 규장각 도서에 있다.
- 강주호의 『옥천련방고』에 「유금강산록」이 있다.
- 남한조의 『손재문집』에 「금강산소기」가 있다.

1788년(정조 12년)

- 김홍도는 44세 때 정조대왕의 명을 받고 「금강사군첩」을 그리다.

1789년(정조 13년)

- 강세황이 76세 때 금강산을 유람하고 「유금강산기」, 『표암고』를 남기다.

1790년(정조 14년)

- 황경원의 유고집 『강한집』(32권 15책)에 「구룡연기」와 「영원석기」가 들어 있다.
- 조선 후기 여행시인 박영석의 『만취정유고』에 「동유록」이 있다.

1791년(정조 15년)

- 이동항 시문집 『지암문집』을 1928년에 이상호가 편집 간행하다. 이 중에 해금강, 내금강, 외금강을 구경하고 쓴 「해산록」과 「풍악총론」이 들어 있다.
- 순찰사 윤사국이 장안사 어향각 적묵당, 설선당, 장경암, 영원암을 중수하다.

1794년(정조 18년)

- 유점사 개건.

1795년(정조 19년)

- 김홍도가 김경림에게 「총석정도」가 담긴 화첩을 그려 주다.

정조 재위 시기(1776~1799)

- 김종정은 강원감사를 지냈는데 「동정일기」를 『운계만고』에 남기다.
- 성해응은 『관동수산기』를 남기다.

1796년(정조 20년)

- 신계사에 어향각을 세웠다.

1790년 이후

- 서영보는 1790년 청나라를 다녀와서 함경도 암행어사로 나갔다. 금강산 기행문 『풍악기』(1책)와 『죽석문집』 등을 남겼는데, 『풍악기』에는 신대우·심상규·유득공이 풍악을 예찬한 글이 들어 있다.

18세기 말
- 강준흠은 금강산을 유람하고 시 「금강산에 들어가다」를 짓다.

1800년(정조 24년)
- 건봉사에 사명대사기적비 건립.

조선 후기

순조 연간(1800~1834)
- 송환기의 시문집 『성담집』에 「동유일기」가 들어 있다.
- 안국필의 시문집 『기암문집』에 「화금강병산서」가 들어 있다.

1808년(순조 8년)
- 오재순 시문집 『순암집』10권 5책을 순조 때 활자로 인행하다. 이 속에 「해산일기」가 들어 있다.

1816년(순조 16년)
- 작자 미상의 국문 기행가사 「금강산가」가 쓰여지다.

1800년대
- 구강이 「교주별곡」을 쓰다. 금강산관광 온 높은 이들의 횡포로 현지 백성과 승려들이 가혹한 고통을 받고 있다는 실상을 고발한 노래 「금강곡」 「총석가」 등이 전한다.

- 조필감의 『첨의헌유고』에 「동행일기」가 있다.
- 최소의 『형암문약』에 「이군금강기서」가 들어 있다.
- 김강의 『파서사고』에 「풍악유기」가 들어 있다.
- 최기영의 『용암시집』에 2800여 리의 여정 중 4분의 1에 해당하는 분량의 「관동기행」이 들어 있다.
- 오원 산문집 『월곡집』에 「유풍악일기」가 있다.
- 심육의 『저촌유고』에 「풍악록」이 실려 있다.
- 유정원의 『삼산문집』에 「유금강산록」이 있다.
- 강준흠의 『삼명시집』 권7에 「금강록」이 있다.
- 박순우의 『명촌유고』 중 한문기행문 「동유록」과 하룻밤 사이에 엮어 낸 기행가사 「금강별곡」이 들어 있다.
- 남기욱 『만포일고』에 장편일기체 「동유록」이 있다.
- 유의목의 『수헌문집』에 금강산 「오선암기」가 있다.
- 김창업의 시문집 『노가재집』(5권3 책목활자본)을 현손 조순이 간행하다. 이 중 금강산의 마하연과 보덕굴에 대한 시는 금강산의 기묘한 경치를 잘 묘사하고 있다.

1822년(순조 22년)
- 윤광렬이 「삼일포기」를 쓰다.

1824년(순조 24년)
- 이종도(1737~1781)가 지은 시문집을 아들 경요가 발행하다. 그 안에 일기체 기행문인 「동유기」가 있다.

1820년경
- 홍경모가 「보덕굴기」 「해악선불기」 「해산정

기」를 쓰다.

1826년(순조 26년)

• 필자 미상의 봄철 기행문인 『쾌객동유록』에 「동유소기」가 있다.

1827년(순조 27년)

• 방랑시인 김병연은 20세 무렵 금강산 유람을 시작하다. 「입금강」 「금강산경치」 등 많은 한시를 남겼다.

1829년(순조 29년)

• 강철흠은 사촌형 강장흠과 이형진이 3월 16일에 상주를 출발해 금강산을 유람하고 5월 3일 귀가할 때까지 행적을 「해산록」으로 엮다.

1830년(순조 30년)

• 금원 김씨는 조선 말기 여류시인으로, 14살 때 남자로 변장하고 단독으로 금강산 유람을 하다. 그리고 1850년에 『호동서락기』를 탈고하다.

• 이항로가 금강산 옥류동에 '正(정)'자 각자하다.

1832년(순조 32년)

• 유몽인이 아들과 함께 사형 당하자 유고집이 없어졌다. 그 후 정조 때 유고를 수집해 『어우집』을 간행하다. 여기에 「관동기행」 200운이 있다.

• 필자 미상의 「금강유상록」이 있다.

1834년(순조 34년)

• 정기안의 시문집 『만모유고』(6권 3책)를 아들 만석이 편집 간행하다. 이 속에 「유풍악록」이 있다.

1838년(헌종 4년)

• 전홍관이 내금강, 외금강, 해금강을 둘러보고 『금벽록』을 쓰다.

1844년(헌종 10년)

• 표훈사에 어실각을 다시 세우다.

헌종 재위 시기(1835-1848)

• 조병현의 시문집 원고본 『성재집』에 「금강관서」가 있다.

1843년(순조 9년)

• 이항로는 이전에 금강산을 방문해 1차 방문 시 글자에 '中(중)'자를 더해 각자하다. 또한 「주경집의」를 새기다.

1850년(철종 1년)

• 이상수가 『동행산수기』를 쓰다. 향토 순례적 성격으로 우리의 국토사랑과 자랑스러운 역사에 대한 애정을 표현에서 금강산의 기묘함을 잘 묘사하고 자연 형체를 보는 듯이 그렸다.

1850-1863년(철종 재위 시기)

• 필자 미상 「동유기」가 있다.

19세기

• 김정현의 시문집 『강재유고』에 기행문 「동유풍악기」가 들어 있다.

• 김사주의 『만산유집』에 「동유록」이 있다.

• 김훈의 『동해집』에 「동유록」이 있다.

• 이재의의 『문산집』에 「동유록」이 있다.

• 조성하의 「금강기」가 전한다.

• 김영학의 『병산문집』에 「금강기행」이 있다.

• 조진택의 『봉호유고』에 사실적 기행문 「유금강산기」가 있다.

• 작자 미상의 국문 필사 금강산 기행가사 「봉

래청기」가 있다.
- 김창의 『석권집』에 「풍악기유」가 있다.

1853년(철종 3년)
- 작자 미상의 금강산 기행문 「동유기」가 있다.

1856년(철종 7년)
- 이상수가 한문 기행가사 「금강별곡」을 쓰다. 「금강별곡 병진본」이라고도 한다.
- 전흥관이 「동유록」의 서문을 쓰다.

1859년(철종 10년)
- 작자 미상의 기행가사 「관동장유가」가 지어지다. 금강산과 관동팔경을 찾아다니며 즐기기 위한 것으로 1,600여 구의 장편이다.

1861년(철종 12년)
- 진덕립 백씨가 금강산을 봄에 기행하고 「금강소백완경기」를 남기다.

1865년(고종 3년)
- 조성하가 기행문집 『금강산기』를 쓰다. 43일간의 일기 「유금강일표」와 시문 「동유시」가 들어 있다.

1867년경(고종 4년)
- 김인섭은 금강산을 유람하며 「동천록」 「금강록」을 쓰다. 그는 1867년 강원도 고성 통천으로 유배돼 1년간 머물렀다.

1870년(고종 7년)
- 서응순은 1870년 이후 간성 군수로 부임해 『경당유고』(4권 2책)에 「삼유관기」를 남기다.

1871년(고종 8년)
- 승려 나은이 고려 충숙왕 때 민지가 편술한 『금강산유점사사적기』를 복사하고 『속사적기』를 지어서 합하다. 유점사의 사적을 모은

목활자본 책이다. 동국대학교 고려대학교 도서관 소장.
- 『관동읍지』(7책)가 편찬되다. 2책에 평해, 간성, 고성, 통천을 소개했다.

1880년(고종 17년)
- 이동표의 시문집을 현손 한응과 5대손 형이 유고를 모아 『나은문집』(11권 6책)을 간행하다. 이 속에 금강산 기행문인 「유금강산록」이 있다.
- 최현구의 시문집 『난사집』(2권 2책)을 황필수가 교감하고 아들 병직이 편집 간행하다. 그 속에 「금강음」, 「동유록」이 들어 있다.

1883년(고종 20년)
- 최익현은 50세가 넘어서 금강산을 찾아 내금강의 백운대 아래 백운계곡에 흐르는 금강수를 마시고 시를 짓다.

1887년(고종 24년)
- 필자 미상의 「동유록」이 전한다.

1889년(고종 26년)
- 주한 영국 부영사 켐벨은 금강산, 압록강, 백두산 등 내륙지방을 여행하면서 한국의 풍물, 정부조직, 민속과 관습, 광물자원, 아름다운 산하에 관해 상세히 기록해 영국 외무부에 보고하다. 켐벨은 금강산 등 북한 사진을 찍은 첫 외교관이다.

1890년(고종 27년)
- 화산이 표훈사 반야전 중수
- 조병균이 금강산을 구경하고 국문기행록 「금강록」을 쓰다. 이 작품의 모체인 한문일기로 『봉래일록』이 전한다. 원이름은 「금강록」이다.

200여 종의 신앙전설과 지명설화를 실었다.

1893년(고종 30년)

- 승 형령이 영산전 창건.

1894년(고종 31년)

- 4월 20일부터 약 50일간 여행한 조윤희가
  『관동신곡』을 쓰다.

1898년(광무 2년)

- 이희석이 지은 『남파집』(8권 3책 목활자본)
  을 손자 대원과 정원이 편집하고 간행하다.
  7권에 있는 「원유록」은 고종 3년(1866)에 쓴
  금강산 기행문인데 날짜별로 노정과 견문을
  기록했다. 금강산을 삼신산의 하나라 했고
  시로는 「성단음」, 「정양사」, 「마하연음」이 있
  다. 연세대학교 도서관 소장.

1901년(광무 5년)

- 정귀 시문집인 『명암집』(6권 3책)에 「관동록」
  이 있다.

1902년(광무 6년)

- 이진택 시문집인 『덕봉집』(9권3책)을 현손
  이규일이 수집해 간행하다. 이 속에 「금강산
  유록」이 있다.

1903년(광무 7년)

- 3월 23일 국가에서 5악, 5진, 4해, 4독을 결
  정 발표하다. 5악은 금강산, 삼각산, 지리산,
  묘향산, 백두산이다.

고종 재위 시기(1863-1907)

- 송근수가 「동유일기」를 남기다.
- 송병선은 을사조약이 체결되자 자결했으나,
  문인들이 송병선의 글을 수집해 『연재집』을
  간행하다. 그 안에 「동유기」가 있다.
- 허훈의 『방산전집』에 「동유록」이 있다.
- 김원복의 「금강일기」.
- 학산의 『해악록』에 「금강록」이 있다.

1904년(광무 8년)

- 이탈리아 외교관 카를로 로제티(Cario
  Rossetti)가 1904년 본국에서 『코레아 코레
  아니(Corea Coreani)』를 발간하다. 저자는
  1902년부터 1903년까지 서울 주재 이탈리
  아 총영사를 지냈다. 서울과 한국의 구석구
  석을 보고 느낀 것을 자세하게 서술했는데,
  우리나라의 지형을 이탈리아와 비슷하게 보
  았다. 특히 흰 머리산인 백두산은 알프스를
  연상시키고 금강산 봉우리와 그 거대한 산
  줄기는 국토를 세로로 갈라놓아 이탈리아의
  아펜니노 산맥에 비유했다.
- 핀란드 사람이 원산에 살면서 한국에 스키
  를 보급시켰다는 설이 있다. 국토 분단 이전
  에는 으레 삼방스키장이 스키인의 메카였
  다. 이른바 '은행령'으로 부르던 외금강 스
  키는 등산스키나 레저스키의 고장으로 일제
  치하 철도국이 선전해 명승산천과 더불어
  유명해졌다.
- 심우사가 한문소설 『봉래신선록』을 짓다.

1907년(광무 11년)

- 을사보호조약(1905) 후 군대가 해산되자 의
  병 700여 명이 유점사에 본부를 두고 저항
  하다. 일제는 유점사 주지와 승려 21명을 인
  질로 가두고 불상 등 문화재를 약탈하다.
- 순종의 명을 받은 김규진이 3개월 동안 금강
  산에 머물면서 「금강산도」를 그리다. 창덕궁

희정당에 남아 있다.

19세기 말~20세기 초

- 조석진은 금강산 풍경화 「구룡연」을 그리다
- 안중식은 금강산 풍경화 「명경대」와 「옥류동」을 그리다.
- 이도영은 금강산 풍경화 「외선담」을 그리다.

1909년(純宗 3년)

- 성해응이 『동국명산기』를 발행하다. 「동국명산기」를 쓰다.
- 12월 4일 유점사 월지국제의 거울 등 유물을 궁내부 박물관에 기증하다.
- 성해응의 「동국명산기」를 서유구가 교사했고, 동경외국어대 교우회가 간행한 인본 책 51면이 규장각 백상문고에 있다.

일제강점기

1910년(순종 4년)

- 일제가 통역관을 보내 유점사의 보물(청동향로, 종, 진주방석, 앵무잔등)과 안경점의 시문집을 강탈하다. 안경점의 증손인 인원과 지원이 『냉와문집』을 간행했다. 그 안에 「유금강산록」이 있는데 1774년 7월 21일 이진택과 함께 서울에서 출발해 38일 동안 여행한 일기를 남겼다. 만폭동에 있는 양사언 필적, 유점사에 있던 앵무배와 유리대, 인목대비 친필 불경에 관해 언급하고 있어서 관심을 모은 책이다. 고려대학교 도서관 소장.

1911-1913년

- 검돌 이규영의비망록에 「금강뫼」 노래 실리다.

1912년

- 유병준은 병점역을 출발해 금강산을 기행하고 서울로 돌아올 때까지 일기식으로 「동유일기」를 쓰다.
- 일제는 외금강에 중석광을 설치해 자원을 갈취하다.

1915년

- 작자·연대 미상의 고전소설 「금강취유기」 1권 1책을 동미서시에서 발행하다. 고려 공민왕 때 정달홍이라는 한 명사가 금강산 아래 취유정을 짓고 살았다는 것으로 시작하는 소설이다.

1916년

- 4월 6일 유점사 안치 53불상 중 16좌 금불 도난.
- 8월 금강산보승회 설립 (총재 이준).

1917년

- 월간 반도시론사가 주최한 금강산 탐승 기념호 『반도시론』을 발행하다.
- 이종림이 5월 금강산을 유람하고 「금강록」을 쓰다.

1918년

- 일본인 기쿠지 기유시는 1917년 6월에 금강산을 유람하고 「금강산탐승기」를 발간하다.
- 송성호가 조선 후기의 학자 송규필의 시문집 6권 3책을 목활자로 간행하다. 이 중에 관동지방의 명승과 금강산을 두루 돌아보고 쓴 글이 들어 있다.
- 독립운동가 월파거사 조정구가 금강산 반약암에 은거하다.

- 7월 1일 장안사 호텔 영업 개시하다.

1919년

- 3.1운동이 일어나던 해, 일본인 자본가들은 금강산 철도주식회사를 설립하다. 1924년 8월 1일에 철원과 김화 사이를 개통하고 1931년 7월 1일에 철원과 내금강 사이 전체 구간에 전기철도를 개통해 금강산을 일본인에게 개방했다. 그러나 태평양전쟁 때문에 1944년 10월1일 창도와 내금강 사이의 궤도는 철거됐다.

1920년대

- 송준필의 시문집 『공산문집』에 금강산시 55수와 기행문 「유금강산록」이 있다.

1920년

- 김규진이 금강산 불도의 부탁으로 외금강 구룡폭포 옆 절벽에 「금강산구룡폭미륵불대각서」를 새기다.
- 최원이 「금강유기」를 쓰다. 1969년 사위 권혁건이 편집 간행했다.

1921년

- 일본인 도쿠다 도미지로가 『금강산』(덕전미술서원)을 발간하다.

1922년

- 이광수는 1921년 금강산을 기행하고 「금강산유기」를 『신생활』 3월호부터 8월호까지 게재하다.

1923년

- 박윤묵의 『금강록』을 조선총독부에서 발간하다.
- 일본 아사히신문사가 보꾸겐기치 편집으로

『조선금강산백경』을 내다.

- 12월 금강산 전기철도(주) 3,000KW 발전 개시.

1924년

- 일본인 구보가 『조선』(조선총독부관보) 4, 5, 6월호에 금강산에 관해 연재하다.
- 금강산철도주식회사는 강원도 철원과 내금강을 잇는 금강선 철원과 김화 사이를 개통하다. 그 후 1931년 7월 1일 총길이 116.6km를 완전 개통하다.
- 박건희가 『특선내외금강산실기』를 내다.
- 이광수의 『금강산유기』를 시문사가 발간하다.
- 8월 1일 금강산 전기철도 철원 금화 간 개통.

1925년

- 일본인 나리다 세키우치가 『금강소시』(302쪽)를 펴내다.

1926년

- 스웨덴 구스타프 왕이 한국에 와서 금강산을 보고 "하나님이 천지를 창조하신 여섯 날 중 마지막 하루는 금강산을 만들었나 보다"고 감탄하다.
- 일본인 마쓰모토 다케시마와 가토겐키치가 『금강산탐승안내』(귀옥상점)를 공저하다.

1927년

- 일본인 나리다 세키우치가 『금강산가화집』(274쪽)을 펴내다.

1928년

- 월간 신민사는 『신민』 8월호를 금강산 특별호로 「금강산대관」을 발간하다. 금강산 지도와 탐승 안내 일정표와 조선조의 수많은 기행문과 한시가 실려 있다.

- 김진수의 시집 『연파시초』(상·하권 2책)를 아들 동필이 편집하고 손자 돈희가 간행하다. 기행시 중에 「비로봉」, 「해금강」 등이 들어 있다.
- 이상범이 「금강산일우」를 그리다.
- 최남선의 『금강예찬』을 한성도서주식회사에서 발간하다.
- 이상호가 이동항의 시문집 『지암문집』을 편집 간행하다.
- 일본인 우메다 가쿠치가 『조선금강산』(하관사진인쇄회사)을 출간하다.

1928-1929년
- 명리학자 박재완이 금강산을 둘러보고 『금강산탐승록』을 쓰다.

1929년
- 조선총독부가 천연색판 『세계명승-조선금강산교통대조감도』를 발행하다.

1930년
- 일본인 마에다 히로시가 조선철도협회지에 1월호부터 1931년 8월호까지 금강산을 연재하다.

1930년
- 경기잡가의 거장 최정식이 「금강산타령」을 작사 작곡하다.

1931년
- 일본인 마에다 히로시는 조선 철도국에 근무하던 산악인으로 금강산에서 30일간의 산중생활과 최초 항공촬영 조사 등을 기초로 『금강산』(320쪽)을 펴내다.
- 일본인 가쿠지 겐조가 금강산 탐승기록을 『금강산기』(192쪽)로 펴내다.
- 7월 1일 금강산전철 금강구와 내금강 간의 개통으로 철원과 내금강 간 모두 개통.

1932년
- 이은상은 월간지 신동아 8월호에 금강산과 묘향산 기행문 「명산잡기」를 발표하다.
- 김구하의 『금강산관상록』이 있다.
- 고려시대의 사리장엄구가 금강산 월출봉에서 출토되다. 「금강산월출봉출토사리장엄구」에 새겨진 내용을 통해, 이성계가 조선왕조 개국 1년 전인 1391년에 시납한 것임을 알 수 있다. 국립중앙박물관 소장.
- 일본 동경대가 금강산 등반 보고서(초등) 『금강산』을 내다.
- 일본인 오카모토가 『경성과 금강산』을 내다.
- 강명사진관이 『천하무비만이천봉조선금강산』 관광안내 사진첩을 냈다.

1933년
- 홍난파가 이은상 작사 「금강에 살어리랏다」를 가곡으로 작곡해 연악회에서 악보를 출판하다.
- 작자·발행처 미상인 『금강산탐승안내기』(292쪽)가 나오다.

1933~1939년
- 문일평은 조선일보 주최로 13일간 금강산 주변 5개소를 순회 강연하는 도중 틈틈이 금강산을 탐승하고 『동해유기』를 쓰다.

1934년
- 『조선여행안내기』(310쪽)를 조선총독부 철도국에서 펴내다.

- 부산 중국 장춘 간 직통열차를 운행 개시하다.
- 금상기는 54세 때 40일간 금강산 일대를 유람하고 『금강유람가』을 적다. 친구 이원국이 보관해 오다가 60년 만에 후손 금용국이 출판했다.
- 강남표가 「금강산지리도」를 그리다.
- 일본인 마쓰우라 스이고가 『금강산안내탐승기』(292쪽)를 내다.
- 일본인 오쿠마 류자브로가 『금강산안내기』(곡강상점인쇄부, 130쪽)를 내다.

1935년
- 권상노가 잡지 『금강산』을 창간하다.
- 일본인 도쿠다 도미지로가 『조선금강산대관』(덕전사진관)을 내다.

1936년
- 「관동팔경」 서도 잡가. 박헌봉 작사. 이창암 작곡.
- 「금강산 완경록」. 작자 미상의 금강산 기행 가사. 국문 필사본.
- 「금강산 유산록」. 작자 미상의 금강산 기행 가사. 국문 필사본. 「금강산 완경록」과 부분적으로 비슷하다.
- 「금강산 유산록」 작자 미상의 국한문혼용필사본으로 네 종류가 전한다. 『아락부가집』 4책의 「금강산유람가」, 김동욱 소장 국문필사본 「금강산유상록」, 국립도서관소장의 국문수필집인 『궁중잡록』에 합철된 금강산 「완경록」이 있다.
- 『금강산집』. 왕조실록, 문집, 문헌 등에서 발췌 기술한 편자 미상의 6편 23책 필사본.

- 「금강 유람가」. 작자 미상. 기행가사.
- 「금강 유산 일기」. 작자 미상. 금강산 기행록 1책 필사본.
- 조선철도국이 입체지도 『금강산지도(金剛山地圖)』를 내다.

1937년
- 4월 12일 동해안의 폭풍으로 양양, 고성군 어부 90명 익사, 선박 17척 파선.
- 안영호 시문집 『급산집』(4권 2책, 목판본)을 아들 승윤이 편집 간행했는데, 「봉래사」, 「개골산」, 「영랑포」가 있다. 연세대학교 도서관 소장.
- 일본여행협회 조선지부가 이네가와 세이이치 편집으로 『금강산』을 펴내다.
- 『송재집』은 이우의 시문집인데, 「관동행록」, 「귀전록」 등이 전한다.
- 11월 26일 간성 양양 간 동해 북부선 개통

1938년
- 이종수가 금강산 기행문 『와유금강』을 펴내다.

1939년
- 남중섭이 1934년에 금강산을 탐승한 기행문으로 쓴 『유금강산록』을 안동인쇄소 금곡서실에서 펴내다.

1940년
- 이동훈이 봄에 금강산을 유람하고 시와 기행록을 모아 『금강록』을 내다.
- 금강산협회의 일본인 이야마 다쓰오가 안내서 『금강산』(106쪽)을 내다.
- 9월 27일 양양발전소 건설

1941년

- 조선총독부가 팸플릿 『금강산』(12쪽)을 펴내다.

1942년
- 컬러 사진첩인 『금강산』(덕전상점, 42쪽)이 출간되다.

1943년
- 조선산악회의 이야마 다쓰오가 『조선의 산』을 내다.

일제강점기
- 작자 연대 미상의 기행가사 「금강유람가」가 있다.
- 나카이가 『금강산 식물조사서』를 발표하다.
- 조선총독부 철도국이 『금강산유람의 나뭇잎』을 내다.
- 조선총독부 철도국이 『조선금강산』을 내다.
- 오사카 아사히가 『조선금강산백경』을 내다.
- 다카오가 『조선금강산』을 내다.

- 한국전쟁으로 인하여 금강산의 유적과 유물이 많이 파괴되다.

1953년
- 「금강산」 강소천 작사 라운영 작곡 동요. 국정교과서 음악교과서 수록.

1962년
- 「그리운 금강산」은 한상억이 작사하고 최영섭이 작곡한 한국의 가곡이다. 1962년 초연된 칸타타 「아름다운 내 강산」(한상억 시, 최영섭 작곡) 11곡 중에 포함됐다. 1972년 남북적십자회담이 진행되자, 남북 화해 분위기 속에 전파를 많이 타서 국민적인 가곡이 됐다.

2003년
- 「아름다운 금강산」 금강산 사계의 사진을 사진엽서도판집으로 이정수 사진작가가 출판하다.

해방 이후

1945년
- 8·15 광복 전후 정비석이 「산정무한」을 쓰다. 이 금강산 기행문은 1950년대와 1960년대 고등학교 국어 교과서에 실린 명문이다.

1947년
- 최남선이 발표한 『조선의 산수』에 금강산에 관한 기록이 있다.

1948년
- 이무영 편 『고도승지대관』 명산편에 금강산이 소개되다.

1950년

금강산관광사업 약사

정리: 심의섭

1989.1.24-31 정주영 현대명예회장 첫 방북. 김일성 주석과 금강산 남북공동개발의정서 체결.

1989.1.3 금강산관광개발 의정서 체결(평양).

1998.4 우리 정부의 '남북경협활성화조치' 발표.

1998.6 정주영 현대그룹 명예회장 북한 방문, 조선아시아태평양평화위원회와 금강산관광 및 개발사업 합의.

1998.6.16 정주영 명예회장 소 500마리와 함께 판문점 통해 방북(2차), 금강산관광 및 개발사업 협의.

1998.10.27 정주영 명예회장 소 501마리와 함께 판문점 통해 방북(3차). 김정일 국방위원장과 첫 면담. 금강산관광사업 합의.

1998.10.29 금강산관광사업에 관한 합의서 체결.

1998.10.30 정주영 명예회장 김정일 국방위원장 면담.

1998.11.18 금강산관광선 금강호 첫 출항(826명 승선).

1999.2.5 현대아산㈜ 창립, 온정각 휴게소 및 금강산 문화회관 준공.

1999.2.14 평양모란봉교예단 첫 공연.

1999.6 민영미(6.19 풍악호 승선) 억류사건 발생(관광 중단)-민영미 장전항에서 현대 측에 인도.

1999.8.5 관광 재개-'관광 세칙' 및 신변안전 관련 합의서 체결(7.30).

1999.8.31 10만 명 관광객 돌파.

1999.10.1 정주영 명예회장 김정일 국방위원장과 2차 면담, 외국인시범관광 시행.

2000.3.9 유람선 풍악호 부산 첫 출항.

2000.3.21 금강산 관광객 20만 명 돌파.

2000.5 금강산 고성항(옛 장전항) 본선 부두 준공.

2000.5.8 미스코리아 선발대회.

2000.5.24 고성항 부두 준공.

2000.6. 정주영 명예회장 김정일 국방위원장 3차 면담. 금강산 특별경제지구 설정 및 서해안 공단 개발사업 조속 추진 합의.

2000.6.15 남북 정상회담.

2000.8 정몽헌 현대아산 회장 소 500마리와 함께 방북. 김정일 국방위원장 면담 육로 개성관광 연내 실시 및 연안 5마일 직항로 관광선 항로 개설 합의.

2000.9.14 30만 명 관광객 돌파.

2000.9.30 김정일 국방위원장 금강산 방문.

2000.10 해상호텔 개장 및 설봉호 취항.

2001. 정부가 한국관광공사에 남북협력기금 대출(900억 원).

2001.3.21 정주영 현대그룹 명예회장 사망.

2001.4.30 40만 명 관광객 돌파.

2001.6 현대상선 금강산관광사업 완전 철수.

2001.6.8 정몽헌 현대아산 회장 방북. 육로관광, 관광특구 지정 및 대북지불금 관광객 수 비례지급 합의.

2001.6.20 한국관광공사 금강산관광사업 참여 발표.

2001.6.21 금강산 자율통행지역 확대(온정각-온천장).

2001.7.29 현대아산, 금강산 관광선 설봉호 첫 운항.

2001.8.14 국제모터사이클 투어링 대회.

2001.10.4 금강산관광 활성화를 위한 당국 간 회담 개최.

2001.12 금강산회담서 관광특구 12월 15일까지 지정 노력 합의.

2002.1 통일부 관광경비 보조.

2002.1 해수욕장 개장.

2002.1 현대아산, 금강산 배편 축소 운영 시작.

2002.1.23 정부, 금강산관광사업 지원대책 발표.

2002.4 정부가 학생, 교사, 이산가족 등에 대해 관광경비 일부 지원.

2002.4 제4차~20차 남북 이산가족 상봉행사.

2002.9 경의선 동해선 철도·도로 연결 착공.

2002.11 금강산, 개성 특구법 채택.

2002.11 북한이 '금강산관광지구법' 발표.

2002.11.13 금강산 관광객 50만 명 돌파.

2002.11.22 현대그룹-아태 육로관광 실시 합의.

2002.12 동해선 임시도로 연결공사 완료.

2003.8.4 정몽헌 현대아산 회장 사망. 이 사건으로 1주일간 관광 중단.

2003.1 '동·서해지구 남북관리구역 임시도로 통행의 군사적 보장을 위한 잠정합의서' 타결.

2003.2.5 시범육로관광, 동해선 임시도로 개통식 및 금강산 시범 육로관광 실시(2.14).

2003.3 동해선 철도·도로 공사를 위해 임시도로 사용 중단으로 육로관광 연기.

2003.4-6 사스(SARS, 급성호흡기증후군) 전염 방지를 위한 북한의 검역강화로 금강산관광 두 달간 중단.

2003.6.30 개성공업지구 착공.

2003.9 금강산 육로관광 실시.

2003.10 북한이 금강산관광지구경계 확정.

2003.10.6 류경정주영체육관 개관.

2003.10.9 육로관광 실시.

2004.1 해로관광 중단.

2004.2.2 60만 명 관광객 돌파.

2004.3.18 평양모란봉교예단 금강산 공연 1000회 기록(515,803명 관광객 중 460,258명 관람).

2004.4 1박 2일 관광 시작.

2004.6 개성공단 시범단지 준공.

2004.7.2 당일 관광 시작, 금강산호텔 개관.

2004.7.3 금강산 당일 관광과 1박 2일 관광 개시.

2004.7.16 금강산관광 코스 북측 해설원 해설.

2004.9.7 충북전국체전 성화 채화.

2004.11.9 6돌 맞이 신계사 대웅전 낙성식 및 골프장 착공식.

2004.11.19 금강산골프장 착공.

2004.11.20 신계사 대웅전 낙성식.

2005.4.1 남북 신혼부부 나무 심기 행사.

2005.4.2 영화 '간 큰 가족' 촬영.

2005.6.7 금강산 관광객 100만 명 돌파.

2005.6.8 '금강산관광 100만 명 돌파' 기념 KBS 열린음악회.

2005.7.17 현정은 회장 김정일 국방위원장 면담.

2005.8 개성 시범관광 실시.

2005.8.31 이산가족면회소 착공.

2005.9.1 옥류관, 비치호텔, 온정각 동관 개관.

2005.10.4 제86회 울산전국체전 성화 채화.

2005.12 에머슨퍼시픽(주)의 금강산 골프&스파리조트 건설 운영사업을 위한 남북협력사업자 승인.

2006.4.28 제24회 MBC 창작동요제.

2006.5.27 현대와 북측(아태명승지종합개발회사) 간 내금강 코스 답사 공동 실시.

2006.7.17 화진포아산휴게소, 외금강호텔 개관.

2006.8.4 정몽헌 회장 추모음악회 개최.

2006.9.14 금강산관광 항공 이용 실시-제주항공 MOU 체결.

2007.4.13 금강산 택시(스타렉스 1대) 투입 개시.

2007.5.11-14 제15차 이산가족 상봉.

2007.5.28 관광공사 금강산 면세점 그랜드 오픈.

2007.6.1 내금강 관광 개시.

2007.10.4 남북정상회담.

2007.10.17-22 제16차 이산가족 상봉.

2007.12.5 개성관광 개시.

2008.3.17 금강산 승용차 관광 실시.

2008.5.28 금강산골프장(아난티) 그랜드 오픈.

2008.7.11 북한군에 의한 남측 금강산 관광객 박왕자 총격 피살 사건 발생.

2008.7.12 관광객 총격 피살 사건으로 금강산 관광 중단.

2008.8.1 정부, 합동조사단 모의실험 결과 발표 "박왕자 씨 100m 이내에서 정지해 있거나 천천히 걷고 있을 때 피격 추정".

2008.8.3 북한, '금강산지구 군부대 대변인 특별담화' 발표 "금강산관광지구 통제 강화".

2009.8.17 현대그룹-북한 조선아시아태평양 평화위원회 금강산·개성 관광 재개 합의.

2009.9.26-10 제17차 이산가족 상봉.

2010.2.8 금강산관광 중단 약 19개월 만에 금강산·개성관광 재개를 위한 실무회담 개최, 성과 없이 종료.

2010.3.18 북한 아태위 통지문 "금강산관광지구 내 남측 부동산 조사 실시", 금강산관광지구의 남측 부동산 소유주들에게 소집 통지문 전송하고 소집 불응 시 자산 몰수 및 다른 사업자를 선정해서 관광 재개를 추진하겠다고 경고.

2010.3.25-31 금강산관광지구 남측 부동산 조사.

2010.4.8 북한 명승지개발지도국, 이산가족면회소, 소방서, 면세점 등 정부·한국관광공사 소유 부동산 동결 및 관리 인원 추방 통보.

2010.4.13 북한, 정부·한국관광공사 금강산 자산 동결 집행.

2010.4.19-20 북한 박림수 국방위원회 정책국장 등 8명 개성공단 실태조사.

2010.4.20 현인택 통일부 장관, 북한의 부동산

동결조치 관련 "북한의 일방적 조치에 단호히 대처하겠다".

2010.4.22-23 북한 박림수 정책국장 등 15명 금강산 금강호텔, 발전소 등 실태조사.

2010.4.23 금강산관광사업을 총괄하는 북한 내각 산하 명승지개발지도국, "금강산지구 내 이산가족면회소 등 정부와 관광공사 소유의 남측 부동산 5건 몰수, 기타 민간 부동산은 동결 및 관리인원 추방".

2010.4. 현대아산의 외금강 주요 시설 자산에 대해 동결 조치 단행.

2010.10.30-11.5 제18차 이산가족 상봉.

2011.4.8 북, 현대의 금강산관광 독점권 효력 취소. 북한은 금강산관광 독점운영권을 가진 현대아산 측에 향후 중국에 사업(외국인 관광객 대상 관광사업)권 분할 가능성 언급.

2011.4.13 북, 금강산 내 우리 정부 민간 재산 몰수.

2013.6.6 북 개성공단·금강산관광 당국회담 제의. 정부 "북 당국 간 회담제의 긍정적으로 수용".

2013.6.11 통일부 "북, 우리 대표단 수석대표급 문제 삼아 당국 회담 무산".

2013.7.6 남북 1차 실무회담, 판문점서 개최.

2013.7.10 남북 2차 실무회담 개최, 개성공단 입주업체 설비점검 방북, 북측 이산가족 상봉·금강산관광 재개 실무회담 제안. 정부, 이산가족 상봉만 수용.

2013.7.11 북, 이산가족 상봉·금강산관광 재개 실무회담 모두 보류, 정부 "유감" 발표.

2013.7.15-22 남북 3~5차 실무회담 개최.

2013.7.25 남북 6차 실무회담 결렬.

2013.8.14 남북 7차 실무회담서 개성공단 재가동 합의.

2013.8.18 북, 금강산관광 재개를 위한 남북 당국 간 실무회담 제안.

2013.9.23 정부 "금강산관광 재개 실무회담, 선 제의 계획 없어".

2014.2.20-25 제19차 이산가족 상봉.

2015.7.26 홍용표 장관, 북에 관광 재개 협상 호응 촉구.

2015.10.20-26 제20차 이산가족 상봉.

2016.11.18 금강산관광 18주년 계기, 남북경협기업들 "금강산관광 즉각 재개하라." 성명 발표.

2018.1.1 김정은 위원장 신년사 "평창올림픽 대표단 파견 용의 있어".

사진으로 보는 금강산관광

사진제공: 현대아산(주)

제18차 남북 이산가족 상봉행사
2010년 9월 북한 조선적십자회의 제의로 추진돼 10월 30일 1차 상봉과 11월 3일 2차 상봉으로 나뉘어 금강산에서 각각 2박 3일의 일정으로 진행됐다.

평양에서 금강산관광개발
의정서 체결(1989. 1. 31)

정주영 회장 1차 소 떼 방북(1998. 6. 16)

1차 소 떼 방북 차량 행렬(1998. 6. 16)

북측 고성항 부두 전경
(1999. 12. 30)

미스코리아 금강산온천 방문(2000. 5. 9)　　　　　　　김정일 국방위원장 금강산 현지방문(2000. 9. 30)

금강산 통일연고제
(2002. 9. 23)

금강산 해수욕장 개장(2002. 7. 10)

금강산 육로 시범관광
(2003. 2. 14)

정몽헌 회장 금강산추모식
(2003. 8. 11)

815대학생평화캠프
(2003. 8. 16)

금강산 육로관광 버스 행렬(2003. 9. 5)

금강산 눈썰매장 개장(2004. 1. 2)

금강산에서 열린 금강산마라톤대회(2004. 2. 6)   금강산해수욕장 개장식(2004. 7. 1)

금강산새온천 개발식(2004. 11. 20)   금강산관광 100만 번째 여행객 기념품 전달(2005. 6. 7)

금강산 KBS 열린음악회
(2005. 6. 8)

금강산 음식점 옥류관 개관
(2005. 9. 1)

금강산 윤이상음악회
(2006. 4. 29)

금강산 내금강 답사(2006. 5. 27)

금강산 내금강 시범관광 출발(2007. 5. 28)

금강산 승용차 관광(2008. 3. 17)

북측 온정리 연탄보일러공장 착공식
(2006. 3. 25)

현정은 회장 김정일 국방위원장 면담
(2009. 8. 16)

금강산 영농사업장

북측 금천리 협동농장

대학생 금강산 모꼬지 단체 연중기획

남측 대학생 금강산 해상구조대 봉사

금강산 외금강호텔 전경

금강산관광 재개 촉구를 위한 시민단체 연대 성명서

일시: 2017년 7월 11일
참여: 금강산관광 재개를 촉구하는 시민사회단체 일동(11개 단체)
개성공단기업협회, 경실련통일협회, 금강산투자기업협회, 남북경제협력포럼, 남북물류포럼, 민주사회를 위한 변호사 모임, 시민평화포럼, 우리민족서로돕기운동, 참여연대, 통일맞이, YMCA

금강산관광 중단 10년, 다시 시작해야 합니다.

민족 동질감 회복과 상호공존, 나아가 한반도 평화체제 구축의 마중물로 삼아야.

오는 12일은 금강산관광이 중단된 지 10년이 되는 날이다. 금강산관광은 남북 주민들이 서로 대화하고 직접 접촉할 수 있는 대북사업이었다. 더불어 남과 북의 민족 동질감 회복과 상호공존, 더 나아가 한반도 평화체제를 구축하는 마중물이었다. 그러나 지난 2008년 금강산관광 중단 이후 관광 재개를 위한 어떠한 논의도 진행되지 못했다.

지난 10년간 관광 중단으로 인해 투자기업 49개 업체가 입은 매출 손실은 6500억 원, 투자금 손실은 3000억 원에 달한다. 또한 강원도 고성 지역 역시 관광객 감소 등으로 입은 피해는 직간접적으로 3000억 원에 이른다. 투자기업과 관련 지자체는 막대한 피해로 여전히 신음하고 있으며, 시간이 갈수록 금강산관광 재개를 위한 환경은 더욱 어려워지고 있다.

우리 11개 시민사회단체는 금강산관광 중단 10년을 맞아 공동 기자회견을 개최하며 다음과 같이 촉구한다.

첫째, 문재인 정부는 조속히 금강산관광 재개에 나서라.

문재인 정부가 들어서면서 남북관계 복원에 대한 기대가 한껏 높아졌다. 남북 민간교류 유연 검토, 민간단체의 방북 허용, 남북경협 기업 피해 보상 추진 등 이전 정부와 달라진 대북정책의 기조를 보여 주고 있다. 특히 지난 6일 문 대통령은 '베를린 평화구상'에서 '비정치·군사적 분야 교류협력 추진에 대한 입장을 밝혔다. 즉 쉬운 부분에서부터의 관계 복원을 이뤄 나가자는 것이다. 그 쉬운 부분이 금강산관광 재개가 될 수 있으며, 관광 재개가 남북관계 복원의 단초가 될 수 있다.

하지만 금강산관광 재개를 위해 넘어야 할 장애물은 너무도 많다. 역대 가장 강력한 대북제재, 잇따른 북한의 미사일 도발, 5.24조치, 북한의 금강산관광 재산 동결과 몰수 조치와 금강산국제관광특구법 제정 등이 바로 그것이다. 결국 금강산관광 재개를 위한 정부의 전향적이며 조속한 정책 변화가 있지 않고서는 금강산관광 재개와 함께 남북관계 복원을 기대하기 어렵다. 때문에 정부의 남과 북의 화해·협력을 위한 전향적 대북정책 변화가 필요한 상황이다.

금강산관광 재개는 선택의 문제가 아니며, 분단의 아픔을 넘어서 한반도 긴장 완화를 이루는 데 반드시 필요한 일이다. 금강산관광은 남북의 평범한 주민, 즉 사람과 사람이 만나는 대북사업이다. 그 어떠한 대북정책도 만남과 대화보다 우선할 수 없다. 사람과 사람이 만나야 남과 북이 하나가 될 수 있다. 따라서 남북관계 개선과 한반도 평화를 위해 금강산관광은 반드시 재개돼야 한다.

둘째, 교류·협력 재개를 통해 남북관계를 복원해야 한다.

이명박·박근혜 보수 정권 9년간 모든 남북관계는 단절됐다. 대화와 교류·협력이 없는 상황이 지속되고, 각종 통일 구호만 난무하는 사이 남북관계는 벼랑 끝으로 내몰리고 말았다. 남과 북이 서로 비난하고, 갈등하면서 만남과 평화를 잃어버리고 허송세월 시간만 보낸 것이다.

문재인 정부는 남북 교류·협력에 적극 나서야 한다. 금강산관광 재개를 넘어 한반도 평화체제 구축 위한 과정을 차근차근 밟아 가야 한다. 남북 간의 대화가 그 시작이 되어야 하며 남과 북의 교류·협력을 통하여 남북관계를 복원해야 한다. 더불어 5.24조치 해제, 금강산·개성관광 재개, 개성공단 재가동 등 전향적인 대북정책이 필요하다. 정부는 대내외 환경을 이유로 들어 대북정책 전환에 있어 신중함을 보이고 있지만, 시간을 지체하기에는 남북관계 악화로 인한 한반도 불안정성은 더욱 가중되고 있다. 우리가 남북관계 개선에 적극 나서지 않고서는 한반도의 평화체제 구축이 불가능함을 지난 보수 정권 9년을 통해 뼈저리게 경험하였다.

현재 대한민국은 심각한 저성장의 늪에서 허덕이고 있으며, 최악의 실업난에 그 고통은 나날이 더해 가고 있다. 때문에 금강산관광 재개를 포함한 남북경협 사업 정상화 및 남북경협 사업의 확대가 필요하다. 남북경협 사업을 통해 새로운 경제모델을 창출해 내고, 이를 통해 남과 북이 함께 번영의 길로 나갈 수 있을 것이다.